Parfois j'aimerais que ma vie ressemble à une COMÉDIE MUSICALE

pour Ceilin

www.actes-sud-junior.fr

Éditeur : François Martin assisté de Corentine Marie
Maquette intérieure : Myriam Bos

ISBN 978-2-330-17718-8
Loi 49-956 du 16 juillet 1949 sur les publications destinées à la jeunesse.

Parfois j'aimerais que ma vie ressemble à une COMÉDIE MUSICALE

TAÏ-MARC LE THANH

ACTES SUD jeunesse

Merci à tous ceux qui m'ont accompagné pendant l'écriture
de cet ouvrage, c'était en 2020, lors du premier confinement
(mais j'ai débordé un peu jusqu'au mois d'août).
Étaient présents : Rébecca, Mona, Nils, Camille et Martin.
Merci au docteur Andreas Hartmann, neurologue spécialisé
dans le syndrome de la Tourette, d'avoir éclairé ma lanterne
et gommé quelques imprécisions (quelques-unes tout de même)
en prenant le temps de lire ce texte dans sa première version.
Merci à June (ma première lectrice) d'avoir lu cette comédie
musicale et de m'avoir encouragé à aller jusqu'au bout du projet.
Merci à Nils (le bon pépère) d'avoir accepté de poser
pour la couverture.
Merci à Ceilin, pour ces moments de répit où je m'évertue
à postillonner sur le tapis de son salon (j'ai plein de *fa* en réserve
à t'offrir).
Et enfin, merci à mon père (qui lui aussi est parti). Son souvenir
est intact dans ma mémoire et je continue de chercher dans ses yeux
cette petite lueur de fierté si stimulante.

When I was older
I was a sailor on an open sea
But now I'm underwater
And my skin is paler than it should ever be

Billie Eilish

PREMIÈRE NOTE
(UN *FA*)

1

Raconte-moi une histoire

Les mains derrière la tête, je fixe l'alignement de petites voitures qui compose le motif du papier peint de ma chambre. J'ai quinze ans et je n'arrive pas à trouver le sommeil. Un diablotin vit dans ma tête et il refuse d'aller se coucher. C'est probablement à cette heure de la journée qu'il prend le plus de plaisir à se manifester. Les contractions se succèdent, se multiplient, comme autant de décharges électriques qui m'empêcheraient d'accéder au repos. Et il n'existe aucun remède pour tempérer l'ardeur de ce diablotin.

Mon père a pourtant essayé par le passé. L'art du coucher relevait chez lui d'une cérémonie aux accents solennels. Il me lançait du bout de l'appartement :

– Tu es en pyjama ?

Puis :

– Tu t'es lavé les dents ?

Et lorsqu'il entrait dans ma chambre, j'étais déjà blotti sous ma couette, attendant avec impatience que la séance débute. Il me bordait, prenant soin à ce que les couvertures ceinturent parfaitement mon corps. Puis il me passait une main sur le front, écartant les mèches de cheveux pour les coincer derrière mes oreilles.

– On y va ? me demandait-il alors.

– On y va, je lui répondais.

D'aussi loin que je me souvienne, mon père m'a toujours raconté des histoires.

Il y avait tout d'abord sa voix, et si je devais y associer une couleur, je choisirais l'orange. Avec une nuance dorée peut-être, qui la rapprocherait de la teinte du miel. Elle s'élevait lentement dans l'espace confiné de ma chambre, tel un lourd avion de ligne s'envolant vers une destination inconnue et portant dans ses flancs des trésors inestimables qui ne demandaient qu'à être découverts. Mon père n'avait pas besoin de hausser le ton pour capter mon attention. Souvent, je fermais les yeux afin de me concentrer sur ce timbre si particulier, mélange de douceur et de puissance contenue.

– Raconte-moi une histoire.

Au fil du temps, cette phrase a fini par devenir comme un signal, le feu passant au vert pour indiquer que la voie est libre, ou la sirène du cargo saluant les badauds restés à quai.

– Mais une vraie histoire ! précisais-je.

– Toutes les histoires sont vraies, répondait systématiquement mon père. Dès lors qu'elles franchissent le pas des lèvres.

Un soir d'automne, alors qu'une pluie drue tambourinait sur la vitre de la fenêtre, il commença :

– Voici l'histoire d'un petit garçon qui peine à trouver le sommeil...

– J'ai demandé une vraie histoire.

– Mais c'est une vraie histoire.

– Non, là tu parles de moi, protestai-je.

Sa voix se fit alors plus douce, encore plus douce, si tant est qu'elle fût capable d'atteindre un tel degré de douceur.

– Mais tu es une histoire, mon garçon, une histoire fabuleuse même. Une histoire comme il en existe nulle autre pareille. Laisse-moi donc continuer, je t'en prie, et te prouver que je te dis la vérité.

Je hochai la tête, les yeux brillant d'une fièvre exaltée, et me laissai de nouveau bercer par la voix.

– Donc, ce petit garçon qui peinait à trouver le sommeil vivait dans un royaume enchanté. Un royaume extraordinaire où se côtoyaient des fées, des licornes, des magiciens mais également d'épouvantables sorcières. C'est d'ailleurs l'une d'elles – Terribla était son nom – qui s'était penchée sur le berceau du petit bonhomme le jour de sa naissance.

– Terribla, c'est nul comme nom.

– Je te l'accorde. Il a pourtant l'avantage, quand on l'entend, de faire comprendre immédiatement à quel genre de personne on a affaire. Car Terribla était vraiment terrible. Dans sa méchanceté, mais aussi dans le malin plaisir qu'elle prenait à échafauder des plans diaboliques.

– C'est quoi, échafauder ?

– C'est construire, mais en réfléchissant beaucoup.

Il me passa une main sur le front, probablement pour que ce nouveau mot s'inscrive de façon définitive dans mon esprit, puis il reprit :

– La vieille sorcière Terribla s'était donc penchée sur le berceau et avait pincé son menton crochu en faisant mine de réfléchir. Elle resta dans cette position pendant un long moment, immobile. Seul son visage s'animait, ses sourcils se fronçaient, sa bouche se tordait en un rictus amer ou s'élargissait d'un sourire sournois. Les grimaces se multipliaient et toute l'assemblée qui était venue assister à la naissance du petit garçon était suspendue à l'annonce du mauvais sort qu'elle s'apprêtait à jeter sur le nouveau-né.

Je retenais ma respiration, dans l'attente du dénouement.

– Terribla sortit sa baguette magique, un vieux morceau de bois tout tordu et si noir qu'on eût dit une tige de charbon, et elle énonça de sa voix rocailleuse : “Ce petit bonhomme sera frappé d'une malédiction épouvantable, hi hi hi ! À l'intérieur de son corps vivra un esprit malin, un petit diablotin de toutes les couleurs, qui l'empêchera de faire ce qui lui plaît."

– Comment ça ?

Mon père fit rouler ses yeux et ajouta avec la voix rocailleuse de Terribla :

– "Quand il voudra aller à gauche, le diablotin l'obligera à aller à droite. Quand il voudra s'asseoir, le diablotin le contraindra à rester debout. Et quand il voudra dire quelque chose de gentil, il est fort probable que le diablotin lui fasse dire d'épouvantables méchancetés."

– Oh !

Ma voix n'était plus qu'un souffle ténu qui flotta avant de se dissiper au-dessus de mon lit.

– La sorcière disparut dans un ricanement sourd, abandonnant l'enfant à son terrible destin. Déjà, à l'intérieur du petit corps, le diablotin se frottait les mains à la perspective des mauvais coups qu'il allait pouvoir préparer. Mais c'était compter sans la présence de Sagessa, la grande magicienne du château.

– Sagessa, c'est nul comme nom.

– Peut-être, mais c'est un nom qui a également l'avantage de bien faire comprendre quel genre de personne était la magicienne. D'un seul regard, elle était capable de plonger n'importe qui dans un abîme de connaissances, d'intelligence et de subtilités.

– C'est quoi, subtilité ?

– C'est délicat, mais en réfléchissant beaucoup.

Et de nouveau sa main sur mon front.

– Sagessa se pencha à son tour sur le berceau et sortit elle aussi sa baguette magique – son outil était, contrairement à celui de sa rivale, d'une propreté irréprochable et aussi droit que le soldat au garde-à-vous lorsque son sergent procède à l'inspection. La magicienne la fit tinter sur le rebord du berceau, probablement pour faire comprendre à l'assistance qu'elle maîtrisait son art à la perfection.

– Son art ?

– Oui, son art. L'art de la magie, mais surtout l'art de trouver des solutions à tous les problèmes. Aussi commença-t-elle d'une voix posée : "Je ne suis pas capable de lever la malédiction de Terribla." Elle pouffa, car elle aussi trouvait ce nom ridicule, avant de poursuivre : "L'enfant devra vivre avec ce diablotin jusqu'à la fin de ses jours." Un murmure de déception parcourut l'assemblée. "Mais personne n'a jamais dit qu'il était impossible de vivre heureux avec un diablotin dans la tête !" affirma-t-elle alors.

– Oh ! je fis encore.

– Et elle avait parfaitement raison. Ce n'est pas pour rien qu'elle portait le nom de Sagessa.

Le petit garçon qui peinait à trouver le sommeil a grandi en essayant de respecter les conseils de Sagessa.

“La voix de la Sagessa”, comme il finit par l’exprimer lui-même dans la fleur de ses quinze ans (quitte à se souvenir d’une histoire avec des prénoms grotesques, autant y associer des calembours de piètre niveau).

Conseil n° 1 : Le diablotin n’en est pas forcément un. Ce n’est pas parce que les gens doctes (la peste soit des gens doctes, des gens tout court d’ailleurs, mais j’y reviendrai plus tard) ont décrété que cette créature portait des cornes qu’il est forcément malveillant.

Conseil n° 2 : Prends ton mal en patience. Le diablotin finira peut-être un jour par se lasser de ses facéties.

Conseil n° 3 : Va courir dans les champs, laisse le blé caresser délicatement tes flancs. À en perdre haleine. Jusqu’à ce que le diablotin lui-même soit à bout de souffle. Puis tu pourras dédier cette course au cul-de-jatte que tu as croisé la veille dans la rue.

Il y avait d’autres conseils, Sagessa n’était pas en reste. Sa connaissance paraissait sans fin. De temps à autre, elle n’hésitait pas à glisser un ou deux aphorismes au gré de la pensée du petit garçon qui n’arrivait pas à trouver le sommeil. Sa droiture d’esprit s’étiola pourtant au bout d’un moment. Ses conseils ressemblaient de plus en plus à des radotages fatigués. Comme un vieux disque rayé qui tourne sans cesse, perdant peu à peu son élan. “Va cooourir dans les chhhhamps.” Ouais c’est ça, et toi, va prendre tes vitamines.

Les années se sont écoulées et le petit garçon n'arrive toujours pas à trouver le sommeil.

Les petites voitures du papier peint se succèdent avec une régularité obsessionnelle. Peut-être aurais-je dû accepter l'année dernière la proposition de mon père de repeindre ma chambre ? Une belle couleur (orange, par exemple) aurait sûrement été plus en adéquation avec l'âge de quinze ans. Mais les petites voitures me conviennent. Elles me permettent surtout de ralentir mon agitation (conseil n° 28 : Compte les petites voitures). Je suis épuisé, comme tous les soirs, et le diablotin ne semble toujours pas vouloir contenir ses élans. Mon visage est saisi de soubresauts, ma lèvre supérieure se contracte, un jet de postillons jaillit de ma bouche entrouverte. *Dors, petit diablotin, dors, je t'en supplie. Laisse-moi juste un moment de répit.* Mais le diablotin ne l'entend pas de cette oreille. Et plus je le sollicite, plus il se manifeste. Terribla n'en finit pas de rire à gorge déployée, car il en a toujours été ainsi depuis qu'elle m'a légué cette terrible malédiction.

Mon diablotin porte désormais un nom, je l'ai appris par mon médecin traitant, qui n'a rien d'une magicienne aux manières éthérées, mais qui peut, de temps à autre, me prodiguer de précieux conseils. Mon diablotin s'appelle le syndrome de la Tourette.

Je pense souvent au premier homme qui a identifié cette maladie.

Prénom : Georges. Nom : Gilles de La Tourette.

(La simple présence d'une particule dans son patronyme le rend extrêmement antipathique. Comme s'il nous toisait, du haut de son aristocratie, et dispensait avec mépris ses diagnostics à la cohorte hagarde de ses patients.)

Profession : médecin neurologue qui a donné son nom à la maladie de la Tourette.

Définition : maladie nerveuse dont il est difficile de déterminer la cause, probablement une mauvaise connexion entre les neurones.

Symptômes : tics moteurs et vocaux (tels que la coprolalie : présence incongrue de mots, souvent grossiers, dans le flux des paroles).

Perspective de guérison : pratiquement nulle (mais on raconte que les symptômes s'atténuent au passage à l'âge adulte pour au moins cinquante pour cent des malades, il faut juste faire partie de la bonne moitié).

Conséquences : multiples et souvent désastreuses (tout du moins en ce qui me concerne), mais j'y reviendrai.

Les petites voitures continuent de défiler devant mes yeux mi-clos. Je ressasse les événements de la journée.

Sale journée.

Sur une échelle de 1 à 10, je lui mets 2. Et encore, je suis magnanime. C'est le genre de journée qui peut me plonger dans la détresse la plus crasse, malgré les encouragements permanents de la voix de la Sagessa. Mon épuisement n'est pas seulement physique (des milliers de contractions par jour, pas étonnant que je souffre de courbatures le soir venu), il est également psychologique. La Tourette est en soi un fardeau. Une sorte d'invité surprise qu'il va falloir nourrir avec tous les autres convives. Le genre d'invité plutôt bruyant et qui n'a qu'une approche très rudimentaire des bonnes manières. Malgré cet imprévu, les tâches resteront pourtant les mêmes. Il faudra dresser la table, préparer le repas et contenter la tablée de bons mots afin que tous et toutes passent un bon moment. La présence d'un invité surprise n'altérera en rien les exigences de cette réception. Pour la vie, c'est sensiblement la même chose. Ce n'est pas parce que tu vis avec un diablotin dans la tête que l'existence t'accordera une situation privilégiée. Parfois, j'ai même l'impression que c'est le contraire. Je ressasse donc les événements de cette sale journée notée 2 sur 10. Et je maudis mon manque de perspicacité, j'aurais pu prévoir qu'une journée débutant de cette façon ne pouvait dépasser une notation aussi médiocre.

Tout a commencé par une rupture.

***

La lâcheté d'une personne ne se mesure jamais mieux que lors d'une séparation.

Prenez Pénélope, par exemple.

Le souvenir de son visage refuse de disparaître malgré mes efforts pour l'effacer de ma mémoire. L'ourlet délicat de ses lèvres s'entrouvrant pour sceller à jamais les illusions que je m'étais faites à son égard. D'une phrase unique :

– Tu mérites quelqu'un de mieux que moi.

Et quand la lâcheté se conjugue avec l'hypocrisie, on atteint une apothéose de mauvaise foi.

Dans ma tête, c'était déjà la tempête. Malgré l'heure matinale et la luminosité blafarde, j'avais chaussé mes lunettes de soleil – mes préférées, celles avec le fin liseré doré soulignant la courbe des branches. Seul le haussement de mes sourcils pouvait trahir le clignement intempestif de mes yeux. Les mots se bousculaient dans ma gorge. Je les chassais d'un mouvement de tête – un peu trop vif à mon goût.

Ma nervosité se manifestait à fleur de peau, comme une irritation pelliculaire que seul un frottement vigoureux des ongles aurait pu soulager. Je posais mes doigts sur l'anse de ma tasse à café, puis les retirais, puis les posais de nouveau. Pénélope détourna le regard, troublée par mon comportement. Je priai la voix de la Sagessa afin qu'elle m'accorde l'inspiration d'une phrase, une seule phrase sans bafouiller, sans arroser ma presque-déjà-imminente-ex-petite-amie d'une gerbe de postillons. Quelques-unes se profilaient dans ma tête :

Mais non, j'estime que je suis aussi nul que toi. Nous nous accordons dans une parfaite harmonie.

Mes lèvres se retroussèrent en une moue dubitative, trahissant mon combat intérieur. Je veillai à les maintenir closes pour ne pas révéler ma dent ébréchée – brisée la veille contre l'émail du lavabo lors d'une crise (particulièrement virulente).

J'admets être largement supérieur à toi. Mais je consens à te porter jusqu'à mon niveau et à te laisser graviter librement dans la périphérie de ma luminosité.

La voix de la Sagessa faisait bien pâle figure ce jour-là. Cette dernière phrase était bien trop longue. Les syllabes s'y enchevêtraient dans un ballet orgiaque à la chorégraphie hésitante.

Pénélope détourna un peu plus les yeux, fixant à présent un point invisible dans la rue, à travers la vitrine du bar où nous étions installés. On eût dit que le faisceau de son regard refusait de se poser sur moi.

Ça ne me dérange pas de construire ma vie avec une personne inférieure. Car c'est ainsi que se sont bâtis les fondements de la civilisation. Les esclaves se soumettent au maître et l'ordre naturel est préservé.

Les phrases défilaient comme un listing ferroviaire d'horaires de train, dans le claquement ténu des connexions aléatoires de mes synapses. Je serrai encore plus mes lèvres, difficile de s'exprimer sans exposer ses dents. Mon menton eut un mouvement latéral vers la gauche, puis vers la droite. Trois fois de suite.

"Toc-toc.

– Qui est là ?

– C'est le diablotin, je suis sur le pas de la porte.

– Non, c'est fermé aujourd'hui. Je regrette mais je ne peux pas t'ouvrir.

– J'insiste. Il fait bien froid dehors et la nuit vient de tomber.

– Non, c'est impossible. Je reçois du monde aujourd'hui et... et tu n'es pas le bienvenu.

– J'insiste."

Prenez Pénélope, par exemple.

Elle possède indubitablement la maîtrise des mots. Les agencer en phrases et donner corps aux pensées qui lui traversent l'esprit ne lui pose aucun problème. Et souvent, elle fait mouche. Pas systématiquement, mais je dois lui concéder une certaine efficacité. Surtout dans l'affirmation qu'elle vient de m'adresser. Une phrase, et c'est un monde qui s'écroule, des perspectives qui s'effacent peu à peu et des sensations définitivement reléguées au passé. Celles de son corps contre mon corps, de nos bouches qui s'effleurent et de mon regard qui se perd dans le sien, aussi pur qu'un ciel d'automne vierge de toute présence nuageuse.

Ne me quitte pas.

C'était peut-être la phrase la plus simple, le dernier branchage auquel m'accrocher pour ralentir ma chute. Ce n'est pourtant pas celle qui s'échappa de ma bouche.

– Aaaaaaah !

Malgré l'effort fourni, le cri retentit sans que j'aie le temps de plaquer ma main sur ma bouche.

(En toute honnêteté, l'effort était moindre. Le diablotin préparait son coup, tapi dans les entrelacs de mon cerveau, prêt à jaillir, attendant le moment propice – ou au contraire le plus inopportun.)

La salle du bar se figea dans la suspension d'un sursaut violent. Les regards convergèrent vers moi, un à un, cueillant mon sourire gêné comme une maigre excuse à mon éclat. Et face à cette mosaïque de visages pétrifiés par la stupeur, je répétai mon cri cinq ou six fois. Mes lunettes glissèrent sur mon nez, mon champ de vision s'altéra d'un clignotement stroboscopique. Et à travers le voile de ce désastre (à peine quinze images par seconde), les clients finirent par reprendre le fil de leurs conversations.

– C'est à cause de ma maladie ?

C'est souvent à bout de souffle que je parviens à parler correctement. Pénélope prit un air légèrement offusqué (il faudrait que je lui rappelle de ne jamais embrasser la profession de comédienne).

– Non, non, Max ! protesta-t-elle. C'est juste que… c'est juste que tu mérites quelqu'un de mieux que moi.

La lâcheté d'une personne ne se mesure jamais mieux que lors d'une séparation.

Mais je n'ai pas dit mon dernier mot.

(Aaaaaaah.)

Le départ de Pénélope a creusé une béance dans mon cœur et ce n'est pas un alignement de petites voitures qui me fera oublier le vide qu'elle a créé. C'est comme si ma chambre se trouvait quadrillée de fils, un écheveau inextricable, et que chaque ligne convergeait vers sa silhouette élancée. La douleur fait battre une pulsation régulière sur mes tempes.

“ Une de perdue, dix de retr…” commence Sagessa.

Elle s'interrompt en considérant la larme aussi grosse qu'une perle qui vient de se former à l'orée de ma paupière. Le diablotin tambourine dans ma tête. J'aspire au repos, comme jamais. Six heures de sommeil me suffiraient, je ne demande pas la lune. Impossible pourtant de ralentir les battements de mon cœur. Les ruminations affluent avec l'insistance d'une grande marée sur une plage de galets.

Pénélope et moi avons regagné le lycée après l'épisode du café. Nous nous sommes fait la bise, maladroitement, nos lèvres ont failli se toucher. Et le reste de la journée a été à l'avenant de cette première étape.

"Quand il voudra dire quelque chose de gentil, il est fort probable que le diablotin lui fasse dire d'épouvantables méchancetés", avait bien spécifié Terribla. À la différence qu'en cette journée, je reconnais n'avoir eu aucune disposition à la gentillesse. Un surveillant contrôlait les entrées aux portes du lycée, je lui ai lancé un regard si mauvais qu'il en a blanchi sur-le-champ (Terribla a également doté le petit garçon qui peine à trouver le sommeil du pouvoir extraordinaire du regard qui coupe court à toute tentative de communication). Et dans les couloirs qui conduisaient à ma salle de cours, je me suis mis à pousser des cris stridents. Impossible de réfréner ma rage. Le moindre élément du décor me plongeait dans un état de colère noire, du manteau accroché de travers sur sa patère à la face lunaire de l'élève qui me dévisageait avec crainte avant de disparaître dans sa classe tel un lapin dans son terrier. J'ai fait encore quelques pas, j'ai consulté ma montre comme si je venais soudain me souvenir d'un rendez-vous important. Et puis j'ai pris la décision la plus sage (conseil n° 57 : Parfois, il ne faut pas insister) : j'ai rebroussé chemin.

Ce n'est pas la première fois de la semaine que je sèche les cours. "L'école buissonnière", comme le dit mon père dans un élan lyrique qui lui permet sûrement de dédramatiser la situation. Je me rends à chaque fois au même endroit : sur le pont qui surplombe les voies ferrées juste avant la gare de l'Est. Et je regarde passer les trains. Les rails forment un enchevêtrement de lignes sombres, semblables à des traces d'encre dessinées d'un seul mouvement par une main experte. De lourdes machines s'y engagent avec une indolence mécanique. Parfois, un coup de sifflet retentit, comme pour rappeler à l'ordre les impératifs des horaires et de la ponctualité. Je pose mes avant-bras sur la rambarde et mon menton sur mes deux mains jointes. La tension retombe peu à peu. J'imagine les excuses que je vais devoir fournir à mon père pour justifier cette nouvelle journée d'absence. Je sais que je ne lui avouerai jamais la plus sincère : je n'aime pas être méchant avec les autres. Mais c'est souvent ce qui se passe lorsque le diablotin est aux commandes.

Un train interrégional arrive en gare, il s'immobilise sur le quai dans un soupir pneumatique. Les portes s'ouvrent, une foule hagarde se précipite hors du ventre de la machine. Une jeune femme – tache claire et colorée – se détache du peloton pour se précipiter dans les bras de son fiancé. Je hausse les épaules. *Chagrin d'amour*, je crois que mon affliction porte ce nom.

Cent soixante-trois petites voitures. Pénélope est au volant de chacune d'elles. Elle s'engage vers une nouvelle destinée. Sans moi. La fatigue alourdit mes paupières. Cent soixante-quatre petites voitures. Pénélope m'adresse un signe de la main. *So long, baby.* Ça ressemble à un générique de fin. Ce n'est pourtant que le début de mon récit. Le début et je suis déjà au bout du rouleau. Le gouffre se déploie sous mes pieds, il me suffirait d'un pas pour m'y abandonner définitivement. Le diablotin trépigne, il ne me laissera aucun moment de répit. Si je pouvais juste lui mettre la main dessus, je lui tordrais le cou aussi sec.

Je finis par m'endormir. "Tomber dans les bras de Morphée", comme le dit mon père dans un autre de ses élans lyriques pour célébrer ce moment quotidien qui s'avère être pour moi une source d'angoisse permanente.

Le lendemain, je me réveille d'un bond, d'un sursaut et d'un cri. Et ma première pensée reste la même depuis que l'affreuse sorcière a jeté un sort au-dessus de mon berceau : *À l'attaque !*

2

Les cerisiers blancs d'Ithaque

Je suis beau.

(Et je tiens à préciser que cette constatation ne reflète en rien un excès de prétention. Je m'efforce d'être humble mais, parfois, admettre une évidence a du bon.)

Si beau que le miroir qui me renvoie mon reflet semble lui-même s'en ébahir. Le tube de néon qui en surligne l'arête supérieure également. Ainsi que tous les objets disposés sur le bord du lavabo : le verre à dents, le tube de dentifrice moribond, le coupe-ongle et la brosse à cheveux d'où émerge un jardin sauvage de filins gris cendré. La lunette des toilettes paraît elle-même figée dans un "O" de sidération.

La lumière crue dessine des ombres nettes sous mes yeux et dans le creux de mes joues, révélant avec précision les détails de ma physionomie. J'apprécie ce genre d'éclairage (pas loin d'être mon préféré avec celui des ascenseurs). Il m'évoque l'époque balbutiante des débuts du cinéma, où le noir et blanc ne se troublait d'aucune nuance de gris.

Je suis beau et ténébreux.

Ma chevelure de jais couvre mon front d'une mèche épaisse, striée de reflets bleutés (la mode n'a jamais eu d'incidence sur mon comportement capillaire). Mes yeux sont d'un gris-vert lumineux, une couleur associée à la sagesse au temps de la Grèce antique. Ma bouche est large, la pulpe de mes lèvres un tantinet boudeuse.

La beauté est un atout considérable et je mesure sa propension à ouvrir les portes.

Prenez, pas plus tard qu'hier matin, par exemple.

Je déambulais tranquillement dans la rue de Châteaudun (en vérité, je me rendais à mon lycée. J'étais légèrement en retard mais ne voulais manifester aucun signe d'empressement de peur de perdre le contrôle de mes nerfs). Un homme m'arrêta tout à coup, me présentant la paume de sa main ouverte comme une injonction à interrompre mon cheminement. Son geste, vif dans un premier temps, s'étiola ; les doigts esquissèrent une caresse aérienne dans le vide. Il n'eut pas besoin d'engager la conversation, je devinais qui il pouvait être : un agent de casting ou un photographe de mode. Il en possédait l'allure, tout du moins le regard – attentif à chaque détail de son environnement. Je déclinai son invitation à l'échange d'un discret mouvement de tête. Lui désignai ma montre comme prétexte supplémentaire avant de faire un pas sur le côté. Économie et précision des mouvements, je n'avais pas eu à ouvrir la bouche pour lui répondre. Le langage corporel est un des plus difficiles à contester. L'homme eut la bienséance de ne pas insister. Peut-être l'avais-je déjà croisé ? Il n'était en tout cas pas le premier à m'interpeller dans la rue ces derniers temps.

Trois coups sur la porte de la salle de bains m'arrachent à ma rêverie.

– T'es encore là ? Ça fait une demi-heure au moins que t'es enfermé là-dedans. T'en as encore pour longtemps ?

– Cinq minutes, p'pa.

– Et... (petite hésitation), j'ai vu qu'il y avait un pète sur le lavabo.

– J'ai fait tomber le sèche-cheveux hier matin.

– Ah... (nouvelle hésitation teintée d'une note de scepticisme), OK.

Mon père a la capacité innée de deviner quand je mens. Il a également la délicatesse de ne pas me le faire systématiquement remarquer.

Je passe ma langue sur ma dent ébréchée.

– On va dîner là, t'as faim ? demande-t-il.

– Ouais.

– Ah... OK.

Le bruit de ses pas s'éloigne. Je devine ses épaules lourdes affaissées sous le coup du découragement. On n'a même pas de sèche-cheveux.

(Et j'ai l'estomac si noué que je me sens bien incapable d'avaler quoi que ce soit.)

– Tu sais, mentir n'est pas une bonne chose, m'a-t-il sermonné un jour. Le mensonge n'est pas garant de fiabilité et la confiance reste le ciment de toute relation. Si tu choisis de t'engager sur le chemin du mensonge, tu risques fort de limiter ton cercle d'amitiés.

Il y avait comme une note de supplication dans le timbre de sa voix. Le désespoir d'une personne face à un mur infranchissable et qui se demande s'il ne serait pas préférable de le dynamiter pour pouvoir passer de l'autre côté. Mais la sagesse inhérente à son âge (cinquante-deux ans) lui a bien souvent dicté que la violence était un recours inutile. Surtout avec moi.

Prenez une huître, par exemple.

La coquille est close. Elle ne s'ouvre que sous l'action volontaire d'un couteau épais. Et ses franges ciliées réagissent au quart de tour à la morsure acide du citron. Rien n'est plus hermétique et plus sensible qu'une huître et si je devais associer mon caractère à celui d'un animal, c'est probablement celui que je choisirais.

– Mentir n'est pas une bonne chose, a répété mon père à bout d'argument.

J'ai acquiescé, pour ne pas lui faire de peine (ne pas faire de peine à mon père est une de mes priorités quotidiennes, je suis une huître pleine de mansuétude). Et j'ai baissé les yeux. Car force est de reconnaître que je ne suis pas du tout d'accord avec lui.

Mentir est un sport exigeant. Une personne qui ment construit et impose une subtile altération de la réalité à ceux qui l'écoutent. Une intelligence hors norme est nécessaire pour édifier un univers cohérent. Le mensonge requiert une vivacité admirable. Des faits et des données s'agencent les uns avec les autres pour former une architecture vraisemblable. Mentir est un sport que seuls les esprits brillants peuvent pratiquer. Et je pense sincèrement faire partie de cette catégorie.

Je suis beau et ténébreux et intelligent.

(J'admets avoir commis un impair concernant le sèche-cheveux, mais il s'agissait juste de mon père.)

Le grésillement sourd du néon nappe le silence d'un voile électrique. Je compte les jours depuis ma séparation avec Pénélope : un jour. Ça ne fait pas long mais ma douleur ne s'est en rien estompée. La raison qui a motivé son départ pèse toujours sur mes pensées comme un boulet que je traînerai dans mon sillage. Lorsqu'elle m'a vu pour la première fois, Pénélope ne pouvait se douter du mal qui me frappait.

Elle s'est laissé séduire par mon apparence physique, sans même soupçonner qu'elle allait au-devant d'une cruelle déception.

C'est ce qu'on appelle un vice caché. Comme une belle maison qui se révèle hantée. Ou une magnifique auto avec un pot d'échappement percé. Ou un bellâtre qui zozote. Ou un hamster carnivore. Les exemples sont légion, je pourrais les réciter des heures durant.

Je croise mon regard dans le miroir :

– On va y arriver, me murmuré-je à moi-même.

Le "À l'attaque !" de la première heure de la matinée s'est quelque peu dissipé, mais la journée s'est révélée bien moins pire que celle de la veille. Il me reste encore quelques cartouches avant la capitulation du soir. Le rituel de la salle de bains est quotidien, je reste là à m'observer, de la même façon que je peux regarder les trains arriver en gare. Et l'heure est au bilan. De ma journée mais également de ma vie passée. Peut-être dans le secret espoir de mesurer un infime progrès ?

La Tourette s'est manifestée lorsque j'avais cinq ans. Le souvenir de cet épisode reste vague, sûrement m'a-t-il été relaté par mon père et l'ai-je reconstruit avec l'aide de son récit ?

Nous étions attablés, mes parents et moi (c'était à l'époque où ma mère vivait encore avec nous) et j'avais une cuillère en main, fermement plantée dans ma purée de pois chiches. Le geste est parti tout seul, sans aucune préméditation ni coup de semonce. Et la surface nue du mur s'est enrichie d'une ligne grumeleuse filant sur une bonne trentaine de centimètres. Ma mère s'est agacée de ma maladresse, mon père attrapait déjà une éponge alors que je fixais ma main comme s'il s'agissait d'un membre qui ne m'appartenait pas. La stupeur et l'irritation se sont effacées respectivement et ma cuillère s'est de nouveau plantée dans la purée. Ce n'est qu'au second spasme que mes parents ont envisagé qu'il y avait un problème. Dès lors, tout est allé de mal en pis. Ma mère est partie ("C'est à cause de ma maladie ?" ai-je demandé à bout de souffle) et mon père s'est débattu pour garder la tête à la surface de sa dépression. Ça aurait pu être pire. Bien pire. J'aurais pu être laid, insipide et con comme un balai.

Je mets le couvert alors que mon père s'active aux derniers préparatifs du repas. Les assiettes tintent l'une contre l'autre entre mes mains. Je lisse la nappe du plat de la paume avant de les y déposer.

– T'es allé en cours aujourd'hui ? me lance mon père avec une note d'appréhension dans la voix.

– Yep.

(C'est vrai.)

Il semble se détendre d'un coup et embraye directement :

– Et avec Pénélope, tout baigne ?

(Je n'ai pas eu le courage de lui annoncer notre rupture.)

– Yep.

(C'est en partie vrai, je tiens à rappeler que je n'ai pas dit mon dernier mot.)

– Quoi yep ? Pénélope yep, ça ne veut rien dire.

– Bah, yep, tout baigne, quoi.

Son regard se perd soudain dans le vide, un mince sourire tend ses lèvres. Je l'observe avec une pointe d'agacement, je sais exactement où convergent ses pensées. Et je connais même le moment où il va vouloir les partager. Je fais tinter le bord du verre de la pointe de mon couteau, comme pour donner le signal du début de son allocution.

– Tu sais à quoi me fait penser ce prénom ? dit-il.

– Yep.

Malgré ma réponse affirmative, il me l'explique quand même :

– La femme d'Ulysse, explique-t-il.

Un trait de malice traverse son regard.

– Pénélope, la femme d'Ulysse, répète-t-il comme s'il s'agissait d'une bonne blague.

Il pose le plat de pâtes fumantes sur la table tout en me rappelant les grandes lignes de l'*Odyssée*. Avec un peu de recul, il existe un certain nombre de corrélations entre ma situation et celle du héros grec. En premier lieu, le désintérêt probant des dieux de l'Olympe à mon égard. Et en second, le nombre impressionnant d'épreuves qui m'attendent avant de pouvoir retrouver ma bien-aimée. J'écoute mon père sans ciller (à peine quelques clignements d'yeux, mais rien de très remarquable). Et tout comme Pénélope (celle d'Ulysse, pas la mienne), j'attends (qu'il se soit bien engagé dans son récit avant de me servir de pâtes).

Rien de plus déprimant que le fromage qui ne fond pas. Je ravale ma rancœur à travers d'imprécis enroulages de spaghettis sur ma fourchette. Je bois une gorgée d'eau au moment du cyclope, puis une autre à la mort d'Achille (le respect de la chronologie n'est pas une qualité dominante chez mon père, ni le discernement entre l'*Odyssée* et l'*Iliade* d'ailleurs). Au moment du dessert, il se sert un verre de vin. M'en propose, d'un vague oscillement du goulot tendu dans ma direction. Je refuse en contenant mon agacement d'un sourire en biais ; il sait très bien que l'alcool est à proscrire de mon traitement.

– Un coup de rincette, dit-il d'un air entendu.

Il trempe ses lèvres, en avale une lampée, juste ce qu'il faut pour lui arracher une expression grimaçante d'approbation.

– Chienne de vie, maugrée-t-il.

Il n'en pense rien, ne serait-ce que l'espace d'une seconde.

Mon père n'a jamais été dépressif, c'est un mensonge que j'utilise régulièrement pour concentrer l'attention sur ma personne.

– On regarde un film ? propose-t-il soudain après avoir fini son verre d'un trait.

– Yep.

Il me désigne alors le placard bleu du regard. C'est le moment de ma médecine, l'instant de mon répit quotidien, où mon cerveau cessera pendant une heure ou deux d'être sujet à d'incontrôlables sursauts.

– Je le roule, si tu veux ? propose mon père.

– Papa… protesté-je sans grande conviction.

Le pharmacien m'a engagé à consommer le cannabis thérapeutique sous forme d'huile avec le vaporisateur prévu à cet effet, me déconseillant formellement l'utilisation de l'herbe et du tabac. Après tout, je n'ai que quinze ans, j'imagine mal l'individu dans sa blouse blanche me vantant les vertus du joint.

– Si tu veux, dis-je à mon père.

Le renoncement est devenu une habitude dans nos échanges. Plus d'une fois j'ai capitulé. Surtout lorsqu'il m'a affirmé pouvoir se procurer le meilleur cannabis de la capitale (autrement plus pittoresque que le flacon d'huile vendu par le pharmacien).

Il attrape la petite boîte au couvercle rouge, sur la dernière étagère du placard. Et en dispose le contenu sur la table, avec l'application d'un rituel païen : le sachet d'herbe, le papier et une cigarette à moitié tordue. Puis il se met à l'ouvrage.

Son joint est parfait (mon père, prince de la géométrie).

– Je l'allume, si tu veux.

(Mon père, cet irresponsable.)

Il en tire deux bouffées avant de me le tendre.

– Je vais dans le salon, dis-je.

Je n'aime pas trop fumer devant lui.

Le canapé épouse parfaitement la ligne de mon dos. Les bruits de vaisselle montent de la cuisine de façon sporadique. Les motifs du papier peint (des arabesques fleuries dans le cas de cette pièce de l'appartement) me défient dans leur agencement géométrique. Mon père chantonne en essuyant les assiettes. Comme film, il va sûrement choisir une comédie musicale, sachant que je ne suis pas indifférent au genre. Mon esprit flotte au-dessus de mon corps. Un courant d'air léger soulève les rideaux de la fenêtre avec délicatesse, une voiture klaxonne dans la rue, mon père lâche un pet, comme pour lui répondre. Une moto passe à proximité, la puissance de son accélération fait trembler les vitres. La voisine joue du piano, la mélodie se révèle avec une précision remarquable, jusqu'à ce qu'une fausse note vienne troubler brutalement le morceau. La jeune fille (ou le jeune garçon, impossible de deviner ; il exulte cependant une certaine féminité dans sa technique de jeu) reprend quelques mesures plus haut, avec un acharnement similaire à celui du printemps qui revient chaque année. Je place mes mains derrière ma nuque, un sourire de contentement aux lèvres. Mon père vient de faire irruption dans la pièce, un DVD dans la main. Le chantonnement s'est mû en sifflotement, il s'interrompt pour me montrer la jaquette : *Les Cerisiers blancs d'Ithaque.*

– Un péplum musical, annonce-t-il, les yeux brillant de gourmandise.

Pourquoi pas ?

Le film ne date pas d'hier. Et les protagonistes y chantent avec une conviction réjouissante, malgré leur jupette en lanières de cuir et leur plastron de métal forgé. Même si Ulysse est particulièrement convaincant, ma préférence va plutôt au cyclope. La créature (un acteur de belle stature portant un masque de latex) possède une voix chaude et profonde. Je l'imagine noir sous l'artifice de caoutchouc qui dissimule son visage. Pénélope n'apparaît qu'à la fin du film. Dans un verger de cerisiers en fleurs, comme le laissait supposer le titre de cette production. Les pétales volent en tous sens, portés par les caprices de violentes bourrasques.

C'est joli.

Difficile pourtant de conserver un semblant de dignité dans ce chahut.

Le technicien a dû régler le ventilateur trop fort. L'actrice écarte régulièrement des mèches de cheveux qui viennent couvrir son regard. Mais sa voix est belle, tout en volupté contenue. Je me laisse bercer gentiment. La mélodie n'est pas désagréable. L'orchestre s'emporte sur le générique de fin. Mon père s'étire en bâillant.

– On regarde le making of ? propose-t-il.

C'est une de nos traditions (qui tient plus de la prolongation apathique que d'un réel intérêt culturel).

– Ils faisaient déjà des making of en... ?

– 1964, répond mon père. Le film date de 1964.

Non seulement ils le faisaient déjà mais, en plus, les comédiens et le réalisateur y débitaient les mêmes lieux communs. Les voilà défilant à tour de rôle, expliquant avec une sincérité à peine déguisée combien il est agréable et épanouissant de travailler les uns avec les autres.

C'est chiant.

Ou peut-être est-ce les effets du chanvre qui s'estompent ? Mon environnement commence à se gorger d'une hostilité latente. Les klaxons de la rue sont plus stridents. Le morceau de piano adopte la pénibilité des derniers mètres d'une course de fond. Et la voix de l'interprète de Pénélope me semble soudain plus nasillarde. Mais au moment où je m'apprête à prendre congé, un détail attire mon attention sur l'écran de la télévision.

– A… t… t… attends ! adressé-je à mon père, le visage pris de violentes convulsions.

Il se redresse d'un coup, sur le qui-vive.

– Mets en arrière, l… là.

Il s'exécute, le doigt pressé sur la télécommande.

– V… vas-y, stop, là ! aboyé-je.

L'image se fige sur le visage de l'actrice, dans une suspension quelque peu dévalorisante. Je m'approche à quatre pattes jusqu'à avoir le nez collé sur l'écran. Mon visage est le théâtre d'un vrai festival de tics et de congestions.

– Tout va bien ? demande mon père, inquiet.

– Oui, oui c'est juste que…

Là, à la lisière de l'œil de l'actrice, la paupière présente une infime contraction, insignifiante pour la majorité, mais tellement révélatrice en ce qui me concerne.

Un nœud se délie lentement dans mon esprit.

Nous autres de la Tourette faisons partie d'une confrérie. Nul autre n'est mieux placé qu'un membre de notre groupe pour mesurer le fardeau du mal qui nous frappe. Et aucune personne n'est plus indiquée pour identifier les adhérents de ce club au demeurant très fermé.

Je note le nom de l'actrice sur un morceau de papier : Claudia Wilmer.

Même si cette précaution est inutile. Je connais déjà ton nom par cœur, Claudia. J'envisage même d'ériger un autel à ta gloire. Claudia, Claudia, nous faisons partie du même clan. Et c'est avec cette certitude en tête que je m'empresse de souhaiter une bonne nuit à mon père.

– Il faudrait peut-être que j'achète un sèche-cheveux, marmonne-t-il en guise de bonsoir, perdu dans ses pensées.

(Inutile de préciser que mon père est également un individu beau, ténébreux et terriblement perspicace.)

Plus tard dans ma chambre, les vidéos d'interviews de Claudia Wilmer défilent sur mon ordinateur portable. Rien sur le syndrome de la Tourette, bien évidemment – nulle personnalité publique ne veut être associée à cette malédiction. L'actrice observe une tenue irréprochable face aux questions des journalistes. Pourtant…

Plus d'une fois, je m'approche de l'écran, à l'affût du moindre signe pouvant trahir sa maladie. Il en est un autre qui me saute aux yeux.

– Punaise, elle est défoncée, murmuré-je entre mes dents.

C'est indéniable, les paupières pèsent sous la pellicule du maquillage. Le débit est lent, comme si chaque mot était calculé avant de se glisser dans la phrase. Et les sourires s'offrent comme une pâle excuse à son état second.

– Oh, Claudia, pauvre pauvre pauvre Claudia…

Le cannabis thérapeutique n'a aucun point commun avec le folklore hippie des drogues douces. Personne ne pourrait trouver d'intérêt à vanter les effets secondaires de l'aspirine. Ou des suppositoires à l'eucalyptus. Comme son nom l'indique, la consommation du cannabis thérapeutique fait partie d'un traitement médical. Et je doute que Claudia Wilmer l'ait pratiquée par pur plaisir avant de se présenter sur les plateaux télé. Immobile devant l'écran de mon ordinateur, les deux index joints posés sur ma lèvre inférieure, je réfléchis.

Et si… ?

L'intensité de ma réflexion produit un bourdonnement continu sur mes tempes. Et les questionnements que je me pose quotidiennement à l'heure du bilan refont leur apparition. Convergeant en masse vers cet unique désir, mon vœu le plus cher adressé depuis mon plus jeune âge à la voix de la Sagessa : Accorde-moi (l'espace de quelques heures, je n'en demande pas plus) un moment où j'aurais l'impression d'être normal.

3

Purée, punaise et autres détails du quotidien

Afin d'éviter de froisser les délicats, il serait convenable de mentionner une précision cruciale sur mon statut de menteur : je ne suis jamais à l'initiative d'un mensonge. Je me permets d'altérer la vérité uniquement lorsque je réponds à une question.

Prenez par exemple mon meilleur ami Olive (je reviendrai plus tard sur lui, mais il est important de savoir d'ores et déjà que, si ma vie devait être adaptée en film, Olive serait probablement dans la liste des nominés pour le meilleur second rôle).

Prenez donc par exemple Olive. Pas plus tard qu'hier matin, il me posait l'éternelle question, celle qui marque le moment exact où nous nous retrouvons dans la cour du lycée : "Ça va ?" Je lui répondais par l'affirmative. ("Ouais.") Ce qui était, en toute bonne foi, loin d'être le cas. Aurais-je dû cependant lui répondre "Écoute, non, ça ne va pas du tout. Ce matin je me suis réveillé avec un nœud dans l'estomac, une angoisse terrible qui concernait ma présence sur cette terre, sur l'incertitude de mon parcours et sur l'éventualité d'en finir au plus vite" ? Mon mensonge a surtout servi à préserver Olive de mon état semi-dépressif. Idem pour mon père avec cette histoire de sèche-cheveux. La vérité n'aurait fait que l'alarmer et lui fournir de nombreuses sources d'inquiétude concernant mon état nerveux. Personne n'a envie de savoir que mes crises de spasmes sont parfois très violentes, que je suis obligé de me bâillonner la bouche pour éviter de hurler trop fort et de réveiller toute la maisonnée.

Mentir est un défaut (certains iront même jusqu'à qualifier cet écart comme un péché). Il s'agit juste pour moi d'une façon comme une autre de préserver mes proches de l'enfer qui constitue mon quotidien. De plus, mentir n'est pas mon moindre défaut : j'écoute aussi aux portes.

C'était il y a environ trois ans, peut-être trois ans et demi. Mon père et mon oncle discutaient dans la cuisine (mon oncle : personnage haut en couleur, nominé également pour le meilleur second rôle, catégorie senior). J'étais dans ma chambre, sur mon lit, en pyjama (comme j'étais supposé l'être à cette heure indue de la soirée), l'oreille collée à un verre, lui-même posé sur le mur. Grâce à ce pavillon improvisé, les voix de mes deux aînés me parvenaient dans une clarté étonnante. J'aurais tout aussi bien pu être là, assis entre eux deux, les bras croisés, orientant mon regard alternativement sur celui qui prenait la parole.

– T'as une sale gueule, dit mon oncle.

Mon père ne répond pas, mais je perçois le grommellement qui fait vibrer sa barbe (il la portait à l'époque mais l'a rasée depuis).

– T'as vraiment une sale gueule, insiste mon oncle.

C'est sa façon à lui de parler : il énonce une phrase puis il la répète en y ajoutant un adverbe ou un adjectif.

– Suis fatigué, ânonne mon père.

C'est sa façon à lui de répondre : il formule une phrase en omettant le sujet, une manière comme une autre de poser une distance (surtout quand on parle de soi).

– Tu vois quelqu'un en ce moment ? demande mon oncle.

Je décolle mon oreille du verre en affichant un air offusqué – évidemment qu'il voit quelqu'un : moi, tous les jours même – avant de comprendre le sujet qu'il vient d'aborder.

– T'as la tête de quelqu'un qui n'a pas tiré sa crampe depuis un moment. Ça fait combien de temps que t'as pas trempé ton biscuit ?

– Rhaaa, fait mon père dans un élan d'agacement.

Je décolle de nouveau mon oreille pour attraper mon petit carnet posé sur ma table de nuit. J'y note soigneusement "tirer sa crampe" et "tremper son biscuit".

Je les souligne d'un trait fin avant de me replacer en position.

– Et avec le petit, ça se passe bien ?

Le rouge de la honte me brûle les joues. Un être normal aurait dû renoncer à écouter la suite. Mais c'est plus fort que moi, j'ai besoin de connaître la nature exacte de mon contexte familial.

– Il est gentil, dit mon père.

Les larmes me montent aux yeux (peut-être ai-je oublié de préciser que je suis beau et ténébreux et intelligent et émotif).

– Et à l'école ?

– Quand il y va, ça a l'air de pas trop mal se passer. Tiens... sers-moi donc à boire.

(Bruit infime du goulot qui se pose sur le bord du verre, liquide qui s'écoule en délicats hoquets successifs.)

– On va réussir à la finir, cette satanée bouteille, dit mon oncle.

Il y a quelque chose de réjouissant dans les libations de mon père et de son frère. Ils n'ont ni l'alcool triste, ni l'alcool agressif, ni même l'alcool crétin. Ils ont ce que je pourrais qualifier d'alcool fraternel (je reconnais toutefois que mes connaissances en la matière sont réduites en raison de mon jeune âge). J'ai pu les observer plus d'une fois face à une bouteille, ils donnent l'impression d'être deux alpinistes considérant une paroi escarpée, plissant des yeux pour en discerner la cime, à travers les filaments nuageux. C'est souvent mon oncle qui prend l'initiative de servir le premier verre. Ses gestes sont précis, dénués de toute hésitation. Les mines sont graves, le sourire n'apparaît que lorsqu'un toast est porté.

– À maman ! disent-ils systématiquement en chœur.

(J'aurais moi aussi voulu avoir un frère. À une époque, c'était même mon vœu le plus cher, mais la configuration des planètes était loin d'être favorable à la réalisation d'un tel événement.)

– À notre maman bien-aimée, ajoute mon oncle.

– Suis d'accord, complète mon père.

J'essuie ma paupière, et j'attends la suite. Ils peuvent rester de longues minutes ainsi, sans mot dire, nourrissant leur affection respective d'un silence apaisant. Parfois un soupir aérien trouble leur réserve, témoin discret de leur quiétude.

– Concernant le petit, finit par dire mon père. Je pensais à un truc.

– Je t'écoute.

– Tu sais par rapport à sa coprolalie.

– La corpol…

– La coprolalie. Je t'ai déjà expliqué. C'est quand le gamin ne peut pas s'empêcher de dire des grossièretés.

Mon père explique à son frère et les accents de sa voix trahissent une patience à toute épreuve. Normal, c'est lui le grand frère.

(Famille de deux enfants, la mère qui succombe à une infection des bronches alors que l'aîné avait seize ans, suffisamment âgé pour pouvoir prendre la vie à bras-le-corps, encore un peu enfant – juste ce qu'il faut pour subir cette perte comme un déchirement affreux. Quant au père… aux abonnés absents, on va dire. L'existence se poursuit et répète inlassablement les mêmes schémas mais dans un accès de facétie, elle se permet parfois un petit jeu de symétrie d'une génération à l'autre.)

– Oui, et alors, la corpophagie ? demande mon oncle.

– Bah, je me disais que lorsque le gamin répète des grossièretés, c'est que forcément, il les a entendues quelque part.

– Sûr qu'elles ne peuvent pas sortir de la fesse de Jupiter.

(Mon oncle et les citations… mais j'y reviendrai plus tard.)

– Alors je me disais, reprend mon père, qu'on pourrait peut-être lever le pied tous les deux. Si tu vois ce que je veux dire.

– Je ne vois pas ce que tu veux dire, répond mon oncle.

Il marque une hésitation avant d'ajouter :

– Je ne vois pas du tout ce que tu veux dire.

– Bah, je veux dire que si on s'empêche de dire des gros mots, ça sera déjà un bon début.

– Mais putain, comment tu veux qu'on fasse ?

– Bah, déjà, le mot que tu viens de dire, celui qui commence par un *p*, tu peux le remplacer facilement.

Mon oncle reste coi. Je n'ai aucun mal à imaginer ses yeux ronds malgré sa mine soucieuse.

– Punaise, propose mon père.

Aucune réaction.

– Purée, ajoute-t-il.

Toujours rien.

– Ça commence par la même syllabe, il y a juste la fin à changer. L'effort requis sera moindre.

– C'est pas con, murmure mon oncle. Enfin je veux dire, c'est pas bête.

– C'est une simple gymnastique mentale. Et je crois que ça rendra bien service à Max.

– Mais concernant les autres ?

– Les autres ?

– Ses copains d'école, par exemple. Tu penses qu'on va réussir à les persuader de faire un effort ? Et la télé, ou internet ? C'est une belle cause que tu défends là, mais elle m'a tout l'air d'être une cause perdue.

– Les autres, répète mon père d'une voix pensive.

(Extrait du discours paternel (fréquence relativement régulière, souvent pendant le repas avec une préférence pour le moment où il mélange la salade) : le problème, c'est les autres. Les gens, pour être plus précis. Tu es là tranquille à planifier ta vie dans le plus petit détail, à appréhender les déconvenues qui pourraient se dresser sur ta route et à envisager les solutions pour pouvoir les contourner, et voilà qu'un *autre* intervient et contrecarre tous ces plans soigneusement édifiés. Car s'il est bien une chose imprévisible, c'est bien les *autres*. Imagine seulement le nombre de trajectoires susceptibles de se télescoper. Imagine le nombre d'avis contraires. Le bon sens te dicterait qu'il en existe deux : l'avis d'une personne et celui de celle qui vient s'y opposer. Eh bien non, il existe un nombre infini d'avis contraires, aussi vaste que l'étendue de gens qui peuplent notre planète. Et le bon sens n'y trouvera jamais sa place. Parce que dès qu'il y a des gens, il y a problème (et bien souvent le discours paternel se conclut sur la sentence qui en faisait également l'ouverture : le problème, c'est les autres).)

– Je suis pas contre les causes perdues, avance mon oncle. Je dois même avouer que ce sont celles que je préfère.

Mon père a dû lui serrer la paluche à cet instant parce qu'à partir de ce jour, tout n'a été que purée ou punaise à la maison. Concernant les *autres*, ça a été une autre paire de manches.

***

– Ça va ? me demande Olive.

– Yep.

Il n'insiste pas, se contentant de me serrer la main. Sa poigne est étonnamment forte (c'est à chaque fois une surprise pour moi), surtout si l'on se réfère à sa silhouette dégingandée, les courbes s'appliquent à y effacer toute trace d'angulation. Ses épaules sont si basses qu'elles semblent sur le point de se disloquer. Son pantalon pend (difficile de trouver un autre verbe pour décrire le phénomène) sur ses hanches. Olive est grand, il me dépasse de quelques centimètres, sans compter la masse volumineuse de sa tignasse, comme un champ en jachère abandonné à la désinvolture des vents tièdes de l'automne.

– On a quoi là ? me demande-t-il.

– Anglais. Deux heures.

– Hmmpf.

(Le "hmmpf" d'Olive mériterait un chapitre entier. D'un point de vue sonore, il tient du pneu qui se dégonfle ou du soufflé posé sur la table alors que les convives tardent à venir s'installer et qui renonce lentement à sa superbe. De l'autre point de vue (sa signification), il peut souligner un état de lassitude extrême ou une considération mesurée d'un problème donné, ou un encouragement muet à une épreuve appréhendée. Le "hmmpf" d'Olive est un son signature.)

– Et après ? dit-il une fois que le pneu a fini de se dégonfler.

– Sport.

– Hmmpf. Pénible.

Je détaille son visage. Ses traits sont parfaitement inexpressifs. Impossible de déterminer le degré de pénibilité qu'il associe réellement à la perspective de cette dernière activité. Il renifle bruyamment, je remarque un fragment de corn-flake fossilisé sur sa lèvre supérieure. Olive et moi, on forme la fine équipe. Il souffre d'un strabisme terrible, comme s'il regardait de façon perpétuelle par-dessus mon épaule, à veiller sur une éventuelle menace qui se profilerait dans mon dos. Les autres (maudits autres) l'appellent le batracien ou Igor (référence au fidèle serviteur du baron Frankenstein). C'est d'une façon tout à fait naturelle que nous nous sommes unis face à l'adversité et je me suis souvent demandé si son amitié n'était pas en fin de compte un vicieux calcul de ma part : sa présence fait peser bien moins lourd le mal qui m'accable.

– Pénible, répète-t-il de sa voix grave.

Nous nous trouvons isolés dans la cour, la sonnerie n'a pas encore retenti. Des groupes disparates d'élèves commencent à se former. L'air est frais ce matin malgré les températures clémentes de ce milieu d'hiver. Un nuage blanc de buée se forme à chaque expiration. Une silhouette familière se profile à la porte d'entrée du lycée, comme une minuscule tache spectrale dans la grisaille du matin. J'ai toujours aimé le manteau de Pénélope. Le col en fourrure se confond avec la blondeur de sa chevelure dans le plus gracieux des effets.

Une série de tics agite mon visage. Mes lèvres se retroussent dans ce que j'imagine un rictus bestial – celui d'un chien par exemple.

Olive s'apprête à s'éclipser, pour me laisser aller rejoindre ma belle. Je détourne mon regard de Pénélope. Il me considère, une lueur de suspicion dans les yeux.

– Tu es sûr que ça va ? demande-t-il.

– On a rompu il y a deux jours.

– Bah, fait-il, peinant à masquer son soulagement.

Olive a toujours vécu mes différentes aventures avec les filles comme une trahison, même s'il ne l'a jamais vraiment formulé. Il existe des règles tacites dans notre fine équipe, comme celle de ne jamais laisser tomber l'autre. Se mettre en couple peut être considéré comme une forme d'abandon.

– Hmmpf, conclut-il au moment où la cloche se met à sonner.

Une rumeur agite les différents groupes d'élèves, comme un soupir d'accablement poussé à l'unisson. Et chacun se met lentement en marche vers les portes du bâtiment principal, troupeau nonchalant de bovins contraint par les ordres d'un paysan tyrannique.

Le cours d'anglais a lieu au deuxième étage. En gravissant les escaliers, mon ami me déclare :

– T'en trouveras une autre, t'as jamais eu trop de soucis avec les filles.

Il reste silencieux, dans l'espoir d'une réponse de ma part qui pourrait ressembler à : "J'arrête avec ça, je préfère me concentrer sur la fine équipe, c'est une valeur bien plus fiable."

Et on resterait ainsi jusqu'à la fin de notre vie, la fine équipe, réunion de canards boiteux qui bravent les intempéries en se tenant bien serrés l'un contre l'autre.

Je préfère ne pas répondre. S'il savait ce que j'ai en tête…

Nous pénétrons dans notre classe, et soudain la fine équipe s'enrichit de douze autres membres.

Quatorze élèves composent la seconde K. C'est bien peu comme effectif, c'est beaucoup pour les professeurs qui se sont portés volontaires pour assurer notre enseignement. La seconde K se compose d'élèves présentant un handicap susceptible de troubler le bon déroulement d'un cours (un cours avec des gens normaux, j'entends). Une présentation de chaque membre de ce hasardeux équipage se révélerait fastidieuse, même si certains élèves de la seconde K ne manquent pas de piquant.

(Je me suis toujours demandé pourquoi l'administration de notre lycée avait choisi cette lettre. Il y a sept secondes dans l'établissement, de la A jusqu'à la F. Et puis on franchit un fossé pour atteindre le K, comme pour marquer la différence entre les normaux et ceux qui ont besoin d'une attention particulière. Mais pourquoi le K ? Quelle peut être la signification de cette nomenclature ? K sociaux ? Kamikaze (plutôt pour les professeurs, dans cette occurrence) ? Les mécanismes de l'administration ont toujours été un mystère.)

Je m'installe seul à une table. Olive respecte mon besoin d'intimité. Il se place deux rangs devant moi. La prof d'anglais lance "*hello*" à la cantonade en entrant dans la salle. Tous les élèves (sauf moi) lui répondent. Je n'ai pas le cœur à parler anglais aujourd'hui (l'ai-je eu d'ailleurs un jour ?). Je préfère réfléchir à mon futur plan d'action.

Pénélope, cette séparation n'est que provisoire. Cette épreuve ne sera que source d'enrichissements et je m'en trouverai grandi. Une fois sorti de cette tourmente, je serai irrésistible, alors tiens-toi prête.

– Maxence ? demande la prof d'anglais. Tu es avec nous ?

(Une note à l'intention des nouveaux venus qui pensaient que Max était le diminutif de Maxime : je m'appelle Maxence et ce, malgré les protestations que j'ai pu émettre dès que j'ai été en âge de m'exprimer. Maxime signifie "le plus grand" en latin, j'aurais préféré m'accommoder de ce prénom. Mais Maxence m'a été échu et sa signification n'est certainement pas "le plus grand".)

– *Hello*, je réponds à la dame en lui faisant un clin d'œil (involontaire bien évidemment, je ne suis pas de nature cavalière).

Je sors un crayon de ma trousse, le dispose en parallèle à l'arête de la table, le déplace de quelques millimètres sur la droite avant de le faire glisser dans sa position initiale.

– *Today is Monday*, dit la prof, *and…*

Le son de sa voix se perd dans la brume de mes préoccupations. J'ai besoin de douceur, d'une attention bien plus marquée que celle développée dans le cours d'anglais (seconde Koala ?). Je sais parfaitement qu'aujourd'hui est jeudi ou que le père de John est dans l'arbre à la recherche du chat ou que Brian est en train de faire un gâteau dans la cuisine (seconde Kitchen ?). J'ai toujours été un excellent élève en anglais, à force de DVD en version originale et de paroles de chansons traduites au cordeau. Ce qui me laisse une bonne marge pour réfléchir à la tournure que vont prendre les semaines à venir. Avant toute chose, je dois évaluer les différents événements qui m'ont conduit jusqu'à cette situation. D'une façon posée et méthodique.

Je déplace mon crayon sur la gauche du bout des doigts. Le bois de la table me semble chaud sous mes paumes. Je reprends le fil de mes pensées où je l'avais laissé.

D'une façon posée et méthodique.

Je trace de l'index une ligne invisible sur le pupitre. Une ligne constituée d'un point de départ et d'un point d'arrivée. Puis je ferme les yeux et m'applique à ralentir le rythme de ma respiration, comme me l'a enseigné mon médecin traitant. Si je suis posé et méthodique, il n'y a aucune raison que je ne réussisse pas à étouffer le chaos qui règne dans mon cerveau. Mon histoire avec Pénélope s'est construite en respectant le protocole de toutes les histoires d'amour. Et, comme la majorité des histoires d'amour, tout s'est amorcé par une rencontre.

****

Le jeudi n'est pas loin d'être ma journée préférée. Je n'ai cours que le matin et consacre souvent mon après-midi à flâner dans un parc ou à rêvasser dans ma chambre. Le jour de ma rencontre avec Pénélope, j'avais choisi de me poster à la fenêtre de mon appartement à observer les passants qui arpentaient les rues grises de mon quartier. Le son étouffé d'un disque s'élevait dans mon dos, j'étais seul à la maison et prisais particulièrement ces instants que je considérais comme des moments de recueillement. Ma rue est souvent engorgée par les embouteillages. Le théâtre du quotidien – les voix qui montent, les klaxons qui déchirent la rumeur de la ville, les coups de poing d'exaspération sur le volant – a la capacité de me plonger dans des abîmes de réflexion que d'aucuns pourraient associer à de la philosophie. Un camion-poubelle bloquait le passage, obstrué par une voiture stationnée en double file.

Eh ouais, pensai-je, quand l'ouverture est trop étroite, même en forçant tu connaîtras toutes les peines à passer de l'autre côté. À moins d'y laisser quelques plumes.

Des pans de carrosserie froissée, dans le cas présent.

Un homme sortit de son véhicule, le poing dressé et la mâchoire serrée. Dans son mouvement, il se cogna le coude sur l'angle de sa portière et lâcha un vitupérant juron.

Eh ouais, pensai-je, la violence n'a jamais rien résolu. Depuis la nuit des temps, les hommes s'efforcent de faire la guerre. Et pour quel résultat : les camions-poubelles continuent à être trop gros pour pouvoir se faufiler entre deux voitures.

L'homme en colère apostropha violemment les éboueurs, qui lui retournèrent un regard placide, tout en moquerie contenue.

Eh ouais, pensai-je, il faut bien peu de choses pour inverser les valeurs de l'échelle sociale. La hiérarchie est un concept bien fragile.

L'homme s'avança, le pan de son pantalon s'accrocha au pare-chocs de sa voiture. Même d'en haut, je pus percevoir le bruit du déchirement. Je levai alors les yeux au ciel :

Se pourrait-il qu'il existe une puissance céleste qui nous punirait pour chaque acte négatif ?

L'homme en colère regagna son véhicule, sous les rires des passants. Le spectacle de la rue n'est jamais décevant. Mais alors que je m'apprêtais à refermer la fenêtre, un éclat attira mon regard en contrebas sur ma droite. Une tache blanche venait de surgir, telle une apparition diaphane. Au même instant, une nouvelle chanson démarra sur le disque – ma préférée, une cadence lancinante marquée par une basse sourde. Se pourrait-il qu'il existe une puissance céleste chargée de la bande sonore de notre vie ?

La jeune fille marchait d'une allure mesurée. Le col de fourrure de son manteau était comme un nuage mousseux qui se soulèverait à la cadence de ses pas. Ma bouche s'entrouvrit lentement. Je connaissais cette fille, elle était dans le même lycée que moi. En première littéraire.

Sans plus attendre, j'enfilai mes chaussures. Sur la table de nuit de ma chambre se trouvait mon inhalateur de cannabis. J'en pris une rapide bouffée – juste ce qu'il fallait pour calmer le tremblement de ma main ainsi que ma paupière gauche qui commençait à danser la samba –, et me voilà dehors, sur le perron de mon immeuble. Ma respiration était lente bien que j'eusse dévalé les escaliers quatre à quatre. Je me concentrai sur les éléments du décor, sur la régularité des espaces entre les voitures en stationnement, sur les fenêtres ouvertes, et celles qui étaient fermées, sur les couleurs des manteaux, sur la géométrie induite par les façades d'immeubles, les lignes de fuite convergeant vers le bout de la rue.

Je trouvai la ligne d'horizon. Et ma respiration ralentit encore un peu.

Pénélope m'aperçut, tout du moins elle esquissa un mouvement dans ma direction. Alors qu'elle s'approchait, je pris le temps de chausser mes lunettes de soleil, rangées dans la poche de ma chemise. Tranquillement, dans une économie de gestes brusques. Mon champ de vision se voila de nuances brunes, le manteau blanc de Pénélope n'en ressortit pourtant pas avec moins d'éclat.

– Salut, lança-t-elle.

– Salut, lui répondis-je.

L'échange était direct. Nous *savions* tous les deux.

Nous savions que nous nous étions déjà repérés. Nous savions que la possibilité d'une rencontre nous avait déjà effleurés. D'une union également. Car c'est ainsi que fonctionnent les personnes belles. Nous étions un peu comme les nantis de l'apparence physique dont le privilège ultime serait de se reconnaître entre eux et former ainsi un club très fermé.

– Tu te balades ? demandai-je.

– Je vais juste acheter un truc pour ma mère.

– On peut marcher un peu, si tu veux ? je lui proposai.

– OK.

Les premiers mètres se firent dans le silence, comme si chaque partie évaluait avec soin les différentes options que proposait la situation. Nous attendîmes sur le trottoir que le feu passe au vert, dans une discipline qui ne nous ressemblait pas. Ma main toucha celle de Pénélope. Premier contact physique.

– C'est bien, la première littéraire ? demandai-je.

Pénélope ne réagit même pas au fait que je sache dans quelle classe elle était. Ça faisait partie du jeu.

– C'est intéressant.

– J'hésite pour l'année prochaine. Je ne suis pas mauvais en maths mais je me sens plus attiré par les lettres.

– Et tu es en quelle classe ?

Je perçus un léger déséquilibre sur la balance. Parfait. Mieux valait éviter que Pénélope apprenne tout de suite que j'étais en seconde K.

– Seconde, je répondis juste.

Nous traversâmes la rue. Pénélope n'insista pas.

– La pharmacie est là, dit-elle en désignant le caducée sur notre droite.

Je sentis ma bouche se tendre sur le côté. Peut-être aurais-je dû prendre une inhalation plus forte ?

– Je vais de l'autre côté, dis-je.

Nos regards se croisèrent. Nous aurions pu en rester là. Mais je me penchai et déposai un baiser furtif sur ses lèvres.

– Pardon, murmurai-je. Mais… ça a été plus fort que moi.

Pénélope ne marqua aucun mouvement de recul. Elle accepta les excuses d'une légère coloration des joues. Peut-être aurait-elle été déçue que je ne prenne pas cette initiative. Car elle aussi faisait partie du club.

Je m'éloignai d'une démarche souple. Je me tournai une dernière fois pour adresser à mon amie un discret geste de la main. Puis je disparus au détour d'une rue. Aussitôt après, mon visage fut pris d'une série de tics terribles.

***

Une histoire d'amour qui commence de cette façon ne peut raisonnablement pas s'achever dans un café au petit matin avec de piètres excuses comme seul argumentaire de la séparation.

Lorsque j'ai embrassé Pénélope pour la première fois, j'ai senti des papillons virevolter dans mon ventre, comme si le printemps venait soudain d'apparaître et que mon estomac s'était tapissé d'un champ de fleurs multicolores. J'ai même couru dans la rue. Mon corps entier se trouvait soumis à une explosion de joie impossible à contenir. J'ai couru à en perdre haleine. Jusqu'à ce que mon visage se torde en une pantomime douloureuse. Jusqu'à ce qu'une vieille dame se fige de stupeur sur mon passage. Puis je suis rentré chez moi et, à bout de souffle, j'ai hurlé. J'ai poussé des cris qui ressemblaient à ceux des animaux sauvages lorsqu'ils se retrouvent au point d'eau alors que le crépuscule s'étend sur la savane. J'ai dansé sur une musique imaginaire au diapason du rythme endiablé des battements de mon cœur. J'ai levé mes bras vers le ciel pour remercier les Puissances célestes d'avoir coordonné notre rencontre d'une manière aussi minutieuse, jusqu'à ce point d'impact délicat de nos lèvres jointes, dans la plus parfaite des étreintes. Dans ses premiers instants, notre histoire d'amour a tutoyé le divin. Impossible qu'elle s'achève d'une manière aussi… triviale.

Sur le pupitre de ma table, je suis de nouveau du doigt la ligne invisible que j'ai tracée. Avec un tel point de départ, elle est capable de se développer jusqu'à l'infini. L'éternité m'invite à graver nos deux noms sur les tablettes des destinées hors normes et je suis prêt à relever le défi.

– Maxence ? appelle la professeure d'anglais.

Je ne réponds pas.

Je ne suis plus là.

Ma bouche s'entrouvre sous le coup d'une stupeur inattendue. Pénélope a disparu de mes pensées soudainement. Contre toute attente, une autre personne a pris sa place : Claudia Wilmer. Les pétales blancs des cerisiers enveloppent sa silhouette d'un rideau joyeux et crépitant. Elle me regarde et me dit : "J'y suis arrivée moi, alors pourquoi pas toi ?"

4

Un mainate dans les ténèbres

Lorsque Mme Avdeïev m'ouvre la porte, j'identifie immédiatement une mauvaise pioche.

(Le principe de la mauvaise pioche et de la bonne pioche anime mon quotidien d'un caractère ludique. Pas la peine de se morfondre quand on récupère une carte sans intérêt sur le talon pendant une partie. Autant se résoudre à dire "Mauvaise pioche", et poursuivre la partie en espérant un meilleur jeu au prochain tour. Dans la vraie vie, c'est également aussi simple que ça.)

Mme Avdeïev dépasse même ce simple concept, elle est la réincarnation de la mauvaise pioche.

– Entre, mon garçon, dit-elle.

Sa façon de rouler les *r* m'évoque immédiatement une mauvaise imitation de mon oncle. Je ne pouvais soupçonner la présence d'autant de consonnes dans une phrase aussi courte.

Je m'engage dans le couloir sombre de son appartement. Une fois dans la salle de séjour, la mauvaise pioche se confirme de façon spectaculaire. L'espace est saturé de cages à oiseaux. Il y en a de toutes les tailles. La plus volumineuse se trouve au centre de la pièce et abrite une petite dizaine de volatiles. Des perruches aux couleurs bigarrées qui me fixent avec un étonnement fébrile. L'odeur est épouvantable, je réprime un hoquet de dégoût dans mon poing fermé.

– Les filles, je vous présente Marc, annonce Mme Avdeïev.

– Max, je la corrige.

Sans tenir compte de ma remarque, elle s'avance, les bras écartés, embrassant d'un geste ample l'assemblée de ses animaux domestiques :

– Marc, voici ma petite famille.

À ces mots, les perruches se lancent dans un concert strident de pépiements. Je fais un pas vers la porte de sortie.

– Nous allons nous installer ici pour travailler, Marc. As-tu préparé quelques chansons pour que je puisse t'évaluer ?

– Je… je…

– Mais ! m'interrompt-elle. Qu'as-tu à ton visage ?

Je passe une main tremblante sur ma joue avant de comprendre ce à quoi elle vient de faire allusion.

– J'ai une maladie, le syndrome de la Tourette, expliqué-je.

Il me semble voir sa main esquisser un discret signe de croix. Elle me toise de haut en bas, avant de tonner en faisant rouler ses yeux :

– Le grand mal !

Sa voix est d'une puissance terrifiante, comme si elle prenait sa source du fond de sa personne, se répercutant sur les parois de sa volumineuse carcasse avant d'aller exploser dans une vocifération assourdissante.

Je fais un deuxième pas en direction de la sortie. Je n'ai pas le cœur à lui expliquer que le grand mal désigne l'épilepsie. Une seule motivation me préoccupe : décamper de ce lieu le plus vite possible (et trouver un maximum d'arguments pour ne plus jamais y mettre les pieds). Mme Avdeïev s'est approchée de moi, réduisant considérablement mon espace de confort. Elle détaille mon visage sans la moindre gêne.

– Hmmm, intéressant, dit-elle d'un air songeur.

Une perruche souligne sa réflexion d'un trille aérien.

– Je crois que je vais pouvoir faire de grandes choses avec toi, mon garçon, déclare-t-elle. Mettons-nous au travail sans plus tarder.

– Je… Je…

Je me trouve bien incapable de formuler une phrase.

– Allons ! insiste-t-elle de sa voix des profondeurs.

Tout s'annonçait pourtant sous les meilleurs présages. J'avais trouvé le nom de cette professeure de chant sur internet. Son nom à consonance russe m'avait tout de suite séduit (ce peuple avait la réputation d'être de solides chanteurs, ma référence ultime étant bien entendu les Chœurs de l'Armée rouge). J'avais attendu quelques jours avant de me résoudre à l'appeler.

– Mais oui, s'était-elle écriée lorsque nous avions convenu de prendre rendez-vous.

La souplesse de son emploi du temps aurait dû me mettre la puce à l'oreille.

– Le mardi... je suis libre, le mercredi aussi, et... le jeudi et le vendredi, avait-elle débité d'une voix qui laissait entendre qu'elle consultait son agenda, le combiné coincé contre son épaule.

En considérant la pièce où nous nous trouvons, il m'apparaît évident que je dois être son seul élève. Un détail attire alors mon attention : une des cages est recouverte d'un linge noir.

Je m'empresse d'attraper ma besace. Plus vite on en aura fini...

– Alors, Marc, qu'as-tu choisi comme chanson ?

Je fouille dans mon sac, la panique a fini par avoir raison de moi. Mes mouvements sont brusques, exempts de toute coordination. La feuille que je sors est déjà à moitié froissée. Je regrette de ne pas avoir pris ma dose de cannabis avant de venir. J'ai pourtant l'expérience de ce genre de situations.

Les *premières fois*.

Le moment d'une rencontre qui se résume la plupart du temps à une confrontation.

(Les *autres*, maudits *autres*. Mais pourquoi faut-il que mon père ait toujours raison ?)

***

J'avais six ans.

Mon père venait de déménager. Ma mère ne vivait déjà plus avec nous. J'intégrais une nouvelle école en cours d'année (si l'on considère le troisième jour après la rentrée comme le cours de l'année). En me conduisant jusqu'à ma classe, la main du directeur n'avait pas quitté mon épaule. Je suppose que ce geste se voulait rassurant, il se révélait au contraire comme un poids, une présence indésirable qui m'obligeait à caler mon allure sur la sienne. L'homme marchait vite, comme s'il souhaitait s'affranchir de sa tâche le plus rapidement possible (et se débarrasser de moi par la même occasion).

– La classe où tu vas être intégré est une bonne classe, annonça-t-il alors que nous longions le préau. Une des meilleures de mon établissement. Il n'y a aucune raison que tu ne te fasses pas des amis.

J'aurais pu lui donner mille et une raisons capables d'empêcher qu'une telle chose se produise. À commencer par mon visage. Mon état nerveux s'y révélait à travers une série de convulsions. Un mouvement incontrôlé des épaules me permit d'échapper quelques secondes à l'étreinte de la main du directeur. Il la remit en place consciencieusement.

Le nom de la classe était inscrit sur la porte : CP2. Un dessin d'enfant décorait le panneau, un arbre avec un oiseau posé sur une branche. Le directeur donna trois petits coups brefs sur le battant avant d'entrer sans même attendre une réponse. Les élèves se levèrent à l'unisson, bruit de chaises qui glissent sans ménagement sur le linoléum, et marmonnèrent un "Bonjour monsieur le directeur !" manquant cruellement d'enthousiasme.

– Voici votre nouveau camarade, annonça l'homme.

Il lança un regard entendu à l'institutrice, comme s'ils avaient déjà répété tous deux la scène qu'il s'apprêtait à jouer.

– Il s'appelle Maxence, déclara-t-il. Maxence n'est pas un petit garçon comme les autres. Il souffre d'une maladie des nerfs. Mais je suis sûr que tout le monde réussira à s'habituer.

Sa main quitta enfin mon épaule lorsqu'il prononça :

– Va t'asseoir, Maxence.

L'institutrice me désigna une place libre au deuxième rang, à côté d'une petite fille. Cette dernière s'écarta sensiblement lorsque je m'installai. Un silence gêné s'était abattu dans la salle de classe. Ma nervosité monta d'un cran (le stade suivant ne pouvant être que celui de l'explosion). Le directeur quitta la salle sans un mot.

– Poursuivons, dit l'institutrice. Et toi, Maxence, installe-toi vite.

Alors que je sortais ma trousse de mon cartable, un bruit de reniflements monta de ma voisine.

– Qu'as-tu, Mélanie ? demanda l'institutrice.

– Maxence, il clignote, hoqueta la petite fille. Je veux pas être à côté de lui.

La femme poussa un profond soupir, la journée s'annonçait longue. On me changea de place sous les hurlements incontrôlés de la fillette (j'apprendrai plus tard qu'elle souffrait elle-même d'une émotivité maladive, ce qui pouvait justifier certains de ses comportements). Le rang où je m'assis devait devenir par la suite celui que je privilégierais : le dernier, en toute simplicité. À l'abri des regards, là où mes camarades étaient obligés de tourner la tête pour me voir. Mon voisin poussa un grognement lorsque je pris place. Malgré sa frange qui lui couvrait une partie du visage, j'avais remarqué le problème avec son œil. On avait l'impression qu'il regardait tout le temps par la fenêtre. Je lui répondis par un grognement similaire au sien. Son nom était inscrit sur sa trousse au stylo-bille, dans une écriture hésitante : Olive.

En ce troisième jour après la rentrée des classes, la fine équipe venait de se former.

J'avais huit ans.

– Il faut que tu fasses du sport, m'annonça mon père.

– Non, je lui répondis d'une voix ferme.

Il ne dut pas m'entendre (ou peut-être fit-il semblant ?), parce qu'il me tendit la brochure du club de foot de notre ville. L'instant d'après (quelques jours plus tard, je le concède), je me trouvais sur un terrain, dans un short blanc bien trop large que je tenais d'une main de peur qu'il ne glisse sur mes chevilles.

– La passe ! hurla Simon (un abruti).

– Mais là, la passe ! vociféra Léo (un crétin).

– Putain mais démarque-toi ! cria Valentin (un imbécile).

J'étais arrière gauche, et j'avais bon espoir de briguer la place du droit si je parvenais à toucher une fois le ballon pendant ce match. Ce qui ne fut pas le cas.

Plus tard, dans les vestiaires, je me changeai dans un coin, essayant d'attirer le moins possible l'attention. Les autres gloussaient en m'observant du coin de l'œil. Certains des mots échangés me parvenaient, "la mitraillette", "le stroboscope"… Autant, dans une salle de classe, les élèves étaient réprimandés s'ils venaient à se moquer de moi, autant dans les vestiaires d'un club de foot… La méchanceté (la méchanceté pure et dure, j'entends, celle qui jaillit dans une gratuité obscène avec pour seule finalité que celle de blesser) s'exposait à moi pour la première fois.

J'avais dix ans.

– On peut ne rien faire ce week-end, si tu veux, proposa mon père. Rester dans le canapé à mater des films, et je commanderai des pizzas.

– Une quatre fromages pour moi, répondis-je.

Je mesure à quel point j'ai eu de la chance d'avoir un père comme le mien. Dès le début il devait avoir compris le problème que représenteraient les *autres*. Et notre rendez-vous le plus régulier fut celui de l'emmental, de la mozzarella, du parmesan et du gorgonzola, sur le canapé du salon, les yeux rivés devant la télévision.

De temps à autre, il me prodiguait un conseil, l'air de rien, avec une désinvolture assumée, comme s'il n'y attachait qu'une attention moindre. Il faisait mouche à chaque fois, en me conseillant un livre qui lui avait plu ou un disque qu'il adorait. Ce fut par exemple à cette période qu'il glissa dans sa liste de films un nombre non négligeable de comédies musicales. (Parfois, dans de fragiles instants de paranoïa aiguë, j'en viens à penser que mon père est le grand ordonnateur de ma vie. Inutile de scruter les cieux à la recherche d'une quelconque voix de la Sagessa, elle se dissimule derrière cet air débonnaire de quinqua sur le retour. Je l'imagine tenir un tableau de bord, contenant tous les éléments cruciaux qu'il disséminera au fil de mon enfance et qui se révéleront essentiels à mon avenir. Je l'imagine metteur en scène scrupuleux du film de ma vie, je l'imagine écrivain pointilleux du roman de mon existence.)

J'appelais notre appartement le Cocon. Car c'était bien de cela qu'il s'agissait, d'un havre de paix où je pouvais m'abandonner en toute quiétude au mal qui me frappait, sans craindre d'être jugé ou moqué. À l'abri du monde, à l'abri des *autres*.

J'avais douze ans.

– Je te prends une quatre fromages ? me demanda mon père.

– J'ai pas trop faim.

Partout dans les magazines, sur les affiches dans la rue, dans les publicités à la télévision, dans les films (dans les films ! Bon sang, surtout dans les films !), partout les gens s'embrassaient (quand ils ne se livraient pas à des activités encore plus embarrassantes).

Mon père n'insista pas. Il me rapporta quand même une pizza et lorsqu'il ouvrit le carton et que le fumet de la pâte chaude flatta mes narines, l'appétit refit son apparition. Les questionnements ne disparurent pas pour autant : partout les gens s'embrassaient, alors pourquoi pas moi ?

J'avais douze ans et demi.

Mariella me souriait. J'avais posé ma tête sur son épaule pendant toute la séance et le film venait juste de s'achever. Je la raccompagnai chez elle sans qu'aucun de nous deux ne prononce un mot. De temps en temps, un cri s'échappait d'entre mes lèvres, semblable au caquètement d'un volatile en proie à la panique. Mariella faisait comme si de rien n'était. Mariella est peut-être la personne la plus gentille qu'il m'ait été donné de croiser dans ma vie. Mariella souriait souvent, comme si cette simple attitude avait le pouvoir d'apaiser les tourments. Devant le pas de sa porte, nous nous trouvâmes face à face. Elle déposa un baiser sur mes lèvres ; l'instant d'après, elle n'était plus là.

Je flottais, béat.

Plus jamais mes pieds ne se poseraient sur le sol, j'en avais la certitude. Le soir, dans la salle de bains, je contemplai mon reflet dans le miroir au-dessus du lavabo. J'avais l'impression de le faire pour la première fois, comme si l'on venait de me présenter à un inconnu avec qui je m'apprêtais à passer ma vie entière. Peut-être est-ce à ce moment que je réalisai que mon physique était plutôt agréable ? Je mesurais en tout cas les atouts que j'avais en main, et le monde dont mon père avait cherché jusqu'à présent à me préserver me paraissait soudain moins hostile. Comme un gigantesque terrain de jeu, où je pouvais choisir d'en découvrir chaque recoin.

***

– Vas-y, me demande Mme Avdeïev.

Le ton est suffisamment ferme pour que je comprenne que, dans la situation actuelle, je suis une proie. La femme m'adresse un sourire carnassier.

– Je ne vais pas te manger, susurre-t-elle.

L'ironie de sa remarque m'explose au visage. Sur la feuille blanche où sont notées les paroles de la chanson, les mots sont flous et effectuent un ballet hypnotique. Un détail dans sa physionomie me frappe alors. Alors qu'elle dodeline de la tête, son œil droit reste fixe sans suivre ses mouvements. Je pense aussitôt à Olive et son strabisme. Se pourrait-il que… ? (Prenez par exemple mon oncle : un jour, il m'a avoué avoir croisé trois nains dans la même journée. "Tu te rends compte, m'avait-il confié, j'ai l'impression d'être passé dans une dimension parallèle. Comme si les nains avaient décidé de prendre le pouvoir et sortaient un à un de leur cachette pour partir à la conquête du monde.")

Je me concentre sur l'œil de Mme Avdeïev. Le reflet lumineux qu'il renvoie tire sur les gris. Je comprends alors qu'il s'agit d'un œil de verre.

– Détends-toi, me dit-elle.

J'aimerais lui hurler de se taire. Ses remarques achèvent de me plonger dans un état de nervosité incontrôlable. Les muscles de mes joues sont tendus à craquer. Ils tressautent comme s'ils étaient soumis à un influx électrique. J'ouvre la bouche, seul un souffle parvient à en sortir. Ma gorge est si serrée que l'air s'en échappe en filet, une ouverture minimum pour m'éviter de suffoquer.

– Je… je…

– Vas-y, m'encourage-t-elle de nouveau.

(Je… je, je vais sortir, prendre mes affaires et m'en aller. Et je ne reviendrai jamais.) J'émets une première note. Un *do* (une impression de *do*, une volonté de *do*).

Puis, je reprends mon souffle. Sous la couverture noire posée sur la cage, je remarque alors un mouvement, à peine perceptible. Et une douce voix féminine qui s'élève :

– C'est nul.

Mme Avdeïev se tourne brusquement avant de hurler :

– La ferme !

– C'est toi qui la fermes, grosse truie, répond la voix.

La suavité du timbre est inattendue. Le visage de la professeure de chant se congestionne de colère. Elle se saisit d'une baguette et tape sur le bord de la cage à coups répétés.

– Vas-tu te taire ! Vas-tu te taire !

– Oh là, du calme, ça ballotte par ici.

La cage tangue dangereusement. Je crains un instant qu'elle ne se décroche. Mme Avdeïev tempère son accès de rage.

– C'est bon, c'est bon, j'arrête, fait la voix sous la couverture noire.

– Je te rappelle que tu es puni, l'admoneste la femme. Ce n'est pas par hasard que tu passes ta journée dans le noir.

Elle se tourne enfin dans ma direction, le visage pétri d'une expression de gêne.

– C'est Émile, mon mainate, explique-t-elle. Il a été méchant, j'ai été dans l'obligation de lui infliger une lourde sanction.

La situation a basculé du malaise à une ambiance proche de la terreur malsaine.

– Oublie-le, déclare Mme Avdeïev. Et reprenons où nous en étions.

– J'ai la gorge un peu sèche, serait-il possible d'avoir un verre d'eau ?

Je formule ma requête en prenant soin d'utiliser un français irréprochable. Je procède souvent de cette façon lorsque je m'apprête à commettre un coup d'éclat.

La professeure de chant s'éclipse dans la cuisine. J'en profite pour fuir.

– Trouillard, me lance la voix sous la couverture.

Lorsque mon père le soir me demande si mon cours de chant s'est bien passé, je lui réponds d'un air détaché :

– Je crains que mon emploi du temps ne soit pas vraiment compatible avec celui de la professeure. Mais ce n'est pas grave, je vais en chercher une autre.

– Tu as raison.

– Raison de faire quoi ?

– De prendre ton temps, de ne pas agir dans la précipitation.

Il pose délicatement le gratin de chou-fleur sur le dessous-de-plat, comme s'il voulait accompagner ses propos par l'exemple.

– Regarde Ulysse, il a mis un certain temps avant de parvenir à rentrer chez lui.

Nous y revoilà. La conversation ne peut que converger vers celle qui l'attend sur les rivages d'Ithaque.

– Mais il s'est montré patient, poursuit-il en me servant une ration fumante et odorante.

– Tout vient à point pour qui sait à poindre, intervient mon oncle.

(Dès qu'il y a du chou-fleur, mon oncle s'invite pour le repas. C'est une des grandes lois universelles qui régissent notre vie familiale.)

Mon père hausse les épaules, cela fait déjà longtemps qu'il a renoncé à corriger les expressions de son frère.

– Quelle galère pour Ulysse, reprend mon oncle comme s'il s'agissait d'un de ses proches amis.

Il avale une bouchée, ferme les yeux de contentement, et déclare sur le ton du conspirateur :

– En même temps, il l'avait bien cherché.

– Comment ça ? interviens-je.

– Bah, il avait manqué de respect à Poséidon en aveuglant son fils Hippolyte.

– Polyphème, corrige mon père.

– Ouais, ouais, le cyclope quoi. Normal que son paternel l'ait mal pris. Et manque de pot pour Ulysse, le gaillard, c'est le dieu de la mer lui-même. Le patron des vagues, le prince des marées. Alors moi, je dis que c'est normal qu'Ulysse ait autant ramé avant de pouvoir retourner chez lui.

Il tend son assiette.

– Ressers-moi, demande-t-il.

– Le mot magique ? dit mon père.

– S'il te plaît.

Une fébrilité joyeuse danse dans le creux de sa pupille. “C'est le dernier plat que nous a préparé maman, m'a un jour confié mon père. J'avoue que c'est pas franchement mon préféré, ça sent comme une odeur de couche de bébé, pour rester poli. Mais je sais qu'il adore. Et j'ai jamais pu résister à faire plaisir à mon petit frère."

Une généreuse louche de gratin coule dans l'assiette de mon oncle.

– Faut pas défier les dieux, murmure-t-il en guise de conclusion.

Mon père s'est arrêté de manger, son regard se pose sur moi avec une insistance déconcertante. Je connais cet air par cœur, l'instant précis où une idée commence à germer dans sa tête, à peine plus grosse qu'une graine mais qui va pourtant se développer à une vitesse hallucinante. Il ouvre la bouche, puis la referme. Il fait ensuite tourner sa fourchette dans son assiette, un mince sourire aux lèvres.

– Il y a un truc qui se prépare, chantonne mon oncle à mi-voix.

Il nous observe tous les deux et je crois percevoir une lueur de jalousie dans son regard. Peut-être aurait-il voulu lui aussi avoir un garçon avec qui entretenir une telle complicité ?

Mon père continue de me raconter des histoires. La fréquence a pourtant diminué ces dernières années, sa façon de procéder également. Mon père écrit désormais, il a opéré un virage spectaculaire dans sa carrière professionnelle. Avant… avant, il partait le matin de bonne heure pour son travail et il rentrait le soir, fatigué. Il m'a parlé de son métier dans le temps. Avec si peu de conviction que je n'en ai retenu que des détails ne me permettant pas d'associer un nom à son activité. Il rencontrait des gens, leur parlait, parfois leur donnait des conseils. Certaines semaines, il s'absentait. Il pouvait partir à l'étranger et ne manquait jamais de me rapporter un souvenir. Ces objets sont tous alignés sur une étagère dans ma chambre : la figurine du Mexicain au large sourire qui joue de la guitare, le mug avec le logo de la route 66, le petit drapeau hongrois et tant d'autres qui témoignent de son attention à mon égard. Et puis un jour, il m'a annoncé :

– Je plaque tout.

La phrase a sonné comme un soulagement.

– J'ai écrit un livre, m'a-t-il expliqué.

– Un livre ?

– Ouais, un livre. Un truc qui paie pas de mine, mais j'ai réussi à trouver un éditeur. Il a l'air confiant, il m'a dit que c'était de la belle ouvrage. Que le public était friand de ce genre de récit. Alors je me suis dit que j'allais persévérer. J'ai touché suffisamment d'indemnités en quittant ma boîte pour qu'on puisse être à l'abri pendant un petit moment.

– Mais ça parle de quoi, ton livre ?

– C'est une histoire…
– Une histoire vraie ?
– Toutes les histoires sont vraies.
Évidemment.
Et c'est ainsi que mon père continue à me raconter des histoires. Sur une commode dans le couloir devant ma chambre est posée une bannette en plastique rouge. Parfois, le soir, j'y trouve des feuillets. Les récits ne concernent plus un petit garçon qui peine à trouver le sommeil. Tout du moins, il a grandi et s'appelle désormais Patrick.

***

La coque du navire se soulevait sous l'amplitude grandissante de la houle.

Une tempête s'annonçait. Au loin, la ligne d'horizon était à peine visible, fondue dans les entrelacs nébuleux du ciel et de la mer. Le bateau paraissait flotter dans une dimension incertaine, comme s'il se jouait des forces de la gravité. Le vent soufflait par bourrasques, la voile se tendait dans une protestation déchirante. Les rames battaient la surface de l'océan avec régularité. L'allure était stable, les marins scandaient un chant d'un autre âge, issu de temps immémoriaux, et la chaleur de leurs voix nuançait leur périple d'une couleur épique. Installé à l'avant, une main posée sur la figure de proue, Patrick fixait un point dans le lointain.

Sa mine était sombre, son front marqué par un pli vertical. Il s'était volontairement mis à l'écart, afin d'éviter que son trouble ne mine le reste de l'équipage. Un point se dessinait sur la frange imprécise de l'horizon. Une île, vilaine tache dans l'immensité du décor. Patrick sentit un nœud se former dans le creux de son estomac. Ils allaient manquer de vivres et n'avaient d'autre choix que celui d'accoster. Qui sait quelles créatures abjectes pouvaient bien les attendre en ces contrées oubliées ?

Patrick se languissait de Pénélope, sa bien-aimée. Un fredonnement s'échappa d'entre ses lèvres. Il imagina sa belle répondre à son appel, dans un fredonnement tout aussi ténu.

L'île présentait ses flancs noirs au regard des marins, falaises aux scarifications nettes. Une langue de plage s'avéra l'endroit propice pour jeter l'ancre. Une goutte de pluie s'écrasa sur le front de Patrick avant de couler lentement sur l'arête de son nez. Il n'avait cessé de fredonner. Armageddon, son plus fidèle lieutenant, se posta sur sa droite. Il donna un vigoureux coup de poing sur le plat de son armure avant de s'écrier :

– Allons-nous chercher des vivres ?

– Nous y allons, décida Patrick.

La cohorte se mit en route, longeant la falaise en direction du sommet. À travers la chape d'eau qui se déversait du ciel, Patrick décela une ouverture dans le flanc de la roche. Cette grotte se présentait comme un abri providentiel. Les marins étaient déjà trempés jusqu'aux os et Patrick craignit qu'ils n'attrapent la mort.

À l'intérieur régnait une humidité poisseuse. L'odeur musquée qui y flottait laissait présager une présence animale. Patrick s'avança à tâtons, la lumière dispensée par l'éclat du jour était vacillante. Sa main rencontra soudain une texture laineuse et chaude.

– Par ici, commanda-t-il à ses hommes. Un troupeau de moutons a eu la même idée que nous.

Mais alors que le reste de la troupe approchait, une ombre gigantesque se déploya contre la paroi de la caverne.

– Qui ose troubler mon sommeil ? tonna une voix sépulcrale.

La troupe se figea comme un seul homme. Il était cependant trop tard, le cyclope avait remarqué leur présence. Il prit un homme au hasard et lui arracha la tête d'un coup de dents. Le corps du malheureux gesticulait encore alors qu'un geyser de sang jaillissait de son cou tranché.

– J'ai toujours faim lorsque je me réveille, grommela le cyclope.

Patrick et ses hommes se réfugièrent au cœur du troupeau de moutons. La main du géant plana au-dessus de leurs têtes. Il saisit un autre homme pour lui faire subir le même sort que le premier. Les hurlements de terreur contenue commençaient à monter dans les rangs. Patrick se dressa alors face au monstre. Ce dernier, quelque peu surpris par l'impudence de l'individu, écarquilla son œil unique avant de déclarer :

– Je te trouve bien téméraire, microbe. Te portes-tu volontaire pour constituer mon dessert ?

– Il n'en est rien, sanguinaire créature. Et si je me dresse face à toi, c'est pour te proposer un marché.

– Qu'en est-il, vil vermisseau ?

– Je te propose d'agrémenter tes agapes d'un chant. La musique est favorable au confort digestif, dit-on.

– Très bien, dit le cyclope. Mais tâche de te montrer à la hauteur du marché que tu me proposes, ou il t'en cuira.

Patrick posa ses mains sur ses hanches et inspira une grande goulée d'air. C'est à ce moment qu'il remarqua un oiseau noir de belle taille juché sur l'épaule du monstre. Le volatile le fixait avec une attention déplaisante. Patrick sentit sa gorge se nouer. Le premier son qu'il émit ressemblait plus à une porte qui grince. Le cyclope se redressa. La seconde note fut encore pire. L'oiseau paraissait se délecter de sa pathétique prestation.

– Ça tombe bien, murmura le monstre, j'avais encore faim.

Mais au moment où il tendait la main, Patrick sortit son épée de son fourreau. Son agilité était légendaire ; d'un mouvement du poignet, il trancha le pouce du monstre. Le cyclope hurla de douleur. Profitant de l'affolement de son adversaire, Patrick bondit. Il se projeta dans les airs, resta un court instant en suspension dans le vide, l'épée brandie à bout de bras au-dessus de sa tête. La lame se ficha dans l'œil du cyclope en un bruit humide. Elle resta plantée, aussi droite qu'un point d'exclamation. La bouche du géant se figea dans un interminable cri muet. Patrick n'attendit pas le déferlement de rage, il fila à toutes jambes. Dehors, la pluie avait cessé de tomber et les nuages avaient disparu du ciel comme par enchantement.

Lorsqu'ils regagnèrent leur embarcation, Armaggedon lui déclara :

– Maintenant, tu as une bonne raison de craindre la colère des dieux.

Debout sur la falaise, le cyclope lançait des rochers dans leur direction. Peine perdue, ils étaient à présent hors d'atteinte. Au-dessus du bateau, l'oiseau décrivait des cercles et ses ailes déployées masquaient par intermittence les rayons du soleil.

***

Ça ne s'est pas vraiment passé comme ça.

Mais l'essentiel est relaté.

Les émotions surtout.

Patrick affronte souvent les tempêtes avec un stoïcisme qui me plaît. Le souvenir de l'œil mort de Mme Avdeïev est une image qui n'est pas près de me quitter. Et son mainate Émile m'a laissé une impression de malaise qui peine à se dissiper.

Mon père fait souvent mouche. Pas à tous les coups mais, à travers ces récits, mon quotidien s'enrichit d'une note épique qui peut parfois me faire relever la tête, et même bomber le torse.

5

À cœur vaillant mérite fortune (ou quelque chose dans le style)

Parfois, je sors du Cocon en compagnie de mon oncle.

Un jour, j'ai surpris, l'oreille soudée au verre contre le mur, une conversation particulièrement édifiante entre les deux frères :

– T'as l'air crevé, avançait mon oncle.

– Juste un passage à vide.

– Je peux te soulager, si tu veux.

– Me soulager ?

– Avec le gamin, je peux te soulager.

– Le gamin n'est pas vraiment le problème.

– Je sais bien mais si, de temps en temps, tu ne l'as pas dans les pattes, ça te permettra d'être un peu tranquille et de faire le grand nettoyage dans ta tête.

– Si t'insistes.

Mon oncle est effectivement du genre à insister, et c'est ainsi que le mercredi et au moins une journée du week-end, il m'emmenait en balade. Des fois au cinéma, ou au musée, selon le temps qu'il faisait ou la qualité des expositions.

J'avais cinq ans lors de notre première sortie au parc. Mon oncle me laissa une bonne heure faire des allers-retours sur le toboggan. Lui s'assit sur un banc, me regarda pendant un moment avant d'engager la conversation avec une maman ou un papa qui avait pris place à ses côtés. Par la suite, à chaque fois, nous obéissions à un rituel soigneusement édifié : on allait au parc, je jouais une heure, on rentrait par les quais et, lorsque la température était clémente, il me payait une glace. Je prenais parfum citron (la seule saveur capable de calmer ma nervosité et empêchant de m'en mettre partout). Bien souvent, lorsque nous rentrions, mon père était occupé à faire le ménage (le terme "grand nettoyage" employé par mon oncle avait été suivi à la lettre : mon père mettait de l'ordre dans ses pensées plus efficacement lorsqu'il passait la serpillière dans le salon).

Lorsque j'atteignis l'âge de dix ans, les agrès du parc soulevaient moins mon enthousiasme. Nous nous baladions alors plus souvent, parfois en discutant, parfois dans le silence. La présence de mon oncle avait quelque chose de réconfortant. Il offrait une alternative rafraîchissante à l'éducation prodiguée par mon père. Ainsi, il fut le premier à évoquer les filles avec moi (en évoquant par précaution les garçons également, des fois que mes préférences s'orientent vers les personnes de mon sexe (mon oncle est d'une prévenance rare)).

– Rhaaa, les tourments de l'amour, récitait-il dans un murmure étouffé.

Il ne se confiait pas sur sa vie privée et jamais je ne l'avais vu en compagnie d'une demoiselle. Il était pourtant bel homme, avec ses cheveux sombres mi-longs en bataille, ses favoris qui encadraient son visage émacié et ses yeux aussi noirs qu'une nuit sans lune. Et lorsqu'il évoquait, à bout de souffle, les tourments de l'amour, je lui trouvais un air profondément romantique. Le banc sur lequel nous étions assis pouvait alors (avec un peu d'imagination) se transformer en un promontoire escarpé offrant une vue spectaculaire sur un océan déchaîné. Car c'est ainsi que je concevais les tourments de l'amour (je n'ai par ailleurs pas changé mon point de vue). Le visage ruisselant d'embruns, multitude de gouttes d'eau se gorgeant intimement du sel de mes larmes, j'écoutais mon oncle deviser à propos du tumulte inhérent aux passions et à la destruction engendrée par les flèches décochées par Cupidon lui-même. Son vocabulaire pouvait s'étoffer dans ces instants où ma présence n'était qu'accessoire. Car j'avais parfaitement conscience qu'à travers ses mots, il ne s'adressait qu'à lui-même.

– L'amour, l'amour, l'amour que j'aime tant, chantonnait-il.

À l'aube de mes treize ans, je surpris un regard insistant sur une jolie femme qui passait devant nous. Il s'en aperçut et, avec un air qui m'évoqua celui que j'affichais après avoir chipé une poignée de friandises dans le placard au-dessus de la cuisinière, il me confia :

– Je regarde les culs.

Sa confession m'arracha un sursaut involontaire (qui n'avait rien à voir avec la Tourette).

– Mais ce n'est pas ce que tu penses, poursuivit-il.

Difficile de ne pas deviner ce à quoi je pensais. J'avais réalisé l'année passée que partout les gens s'embrassaient. Je commençais à subodorer la pratique d'une activité où une très forte promiscuité était engagée. La partie physique mentionnée par mon oncle y était liée.

– Ce n'est pas du tout ce que tu penses, insista-t-il.

Il avait la voix engourdie, un peu comme s'il venait de hurler de toutes ses forces un chant paillard contenu trop longtemps dans son esprit.

– J'aime les culs, je trouve ça beau et leur présence me réjouit. Mais ne cherche rien de grivois dans cette considération. Pour moi, un cul est l'expression même de la perfection géométrique. Laisse-moi donc t'expliquer.

Je tendis l'oreille, essayant autant que possible de réfréner mes tics faciaux (le thème me rendait un tantinet nerveux).

– Le cul est pluriel car il se compose de deux fesses. Ce premier principe exhorte à l'abondance, à la générosité. La belle fesse appelle à l'altruisme, au partage. La structure musculaire d'un cul est fascinante. Sais-tu que le grand muscle fessier est le plus volumineux et le plus puissant du corps ?

Je secoue la tête, mimant tant bien que mal l'incrédulité.

– Sais-tu également que le développement de la masse des fesses s'est véritablement amorcé lorsque l'être humain a adopté la stature debout ?

– Oh…

– Eh oui, la fesse est intimement liée à l'évolution de l'espèce. Mais revenons à la géométrie, si tu le veux bien.

J'acquiesce d'un mouvement de tête. Finalement son exposé est assez édifiant.

– La présence des deux fesses ne se révèle que par le pli qui les sépare et que l'on nomme communément la raie du cul.

– Oh…

(J'avais parfaitement conscience du ridicule de mes interventions, mais tenais à accompagner les propos de mon oncle jusqu'au bout, même si je soupçonnais que son discours ne connaisse jamais de fin.)

– C'est peut-être ce pli qui me fascine le plus, reprit-il. Car, en y réfléchissant bien, il n'existe pas.

Sa dernière phrase claqua comme un coup de tonnerre.

– C'est du vide, une abstraction qui ne tire son existence que par la promiscuité des deux fesses.

– Ah… OK.

– Mais les mots ne sont pas vraiment à la hauteur pour décrire pareille perfection. Regarde plutôt.

Une femme vint à passer. Elle arborait une quarantaine épanouie et laissait flotter la générosité de ses formes au gré d'une démarche chaloupée.

– Observe comme les muscles interagissent entre eux, me chuchota mon oncle en se penchant vers mon oreille. N'est-ce pas magnifique ?

– Oui.

Ma voix n'était plus qu'un filet. J'oscillais entre une gêne manifeste et l'enthousiasme que mon oncle cherchait à me communiquer. Son exposé se termina par une observation approfondie d'une poignée de passantes. Je finis pourtant par lui poser une question :

– Mais tu ne regardes que les filles.

Il prit un air concentré avant de me répondre :

– Chez les femmes, la masse fessière est bien plus développée que chez les hommes. Ses attributs en demeurent bien plus faciles à analyser.

C'était ma première confrontation avec la mauvaise foi.

Avant que nous quittions le banc, il nuança ses propos d'une recommandation importante :

– Un regard trop insistant peut se révéler embarrassant, nous ne sommes pas des rustres, n'est-ce pas ? Et nous ne tenons pas à manquer de respect envers la gent féminine. Je préconise une observation discrète, à peine un regard en coin. De cette façon, tu ne froisseras personne.

Et, juste avant d'entrer dans l'appartement, il se pencha vers moi pour me glisser sur le ton de la confidence :

– Tu dis rien à ton père, hein ? Déjà qu'il m'a recommandé de choisir mes mots en ta compagnie. Alors s'il venait à apprendre ce que je t'enseigne au parc, je prendrais un de ces savons…

L'observation des culs devint régulière et pouvait nous plonger dans un silence songeur, les pensées en profitant pour déferler dans leur multitude. L'univers entier semblait se traduire à travers ces masses charnues, la portée cosmogonique des fesses se révélait réjouissante. Au fil du temps, j'affinai mon regard, sans toutefois atteindre le degré d'expertise de mon oncle.

Ces moments de recueillement devinrent également un prétexte pour continuer de sortir régulièrement avec lui, bien que je me sois définitivement détourné de l'espace de jeu du parc.

Et ce jusqu'à aujourd'hui.

– Tonton ?

(Depuis tout petit, j'ai pris l'habitude de l'appeler de cette façon.)

– Oui ?

– Je m'interroge sur l'expression "Ne pas avoir de bol".

– Ne pas avoir de pot ?

– Oui.

– Le bol et le pot désignaient le cul dans l'ancien temps. Lorsque tu parleras de popotin, tu sauras désormais quelle est la source de ce mot. (Mon oncle, puits de science.) Je pense cependant avoir suffisamment évoqué le sujet ces derniers temps. Une petite pause nous fera du bien à tous les deux.

– Oui, mais d'où vient cette expression ?

– Ça, je l'ignore, malgré mes grandes connaissances en matière d'expressions.

Il me dévisage alors avec une intensité inhabituelle.

– Mais je crois comprendre que ta question n'est pas anodine, me dit-il. Si tu me l'as posée, tu dois sûrement te considérer du côté des moins vernis.

Il pose sa main sur mon épaule, dans un geste empli d'affection.

– La chance, articule-t-il avec une inflexion traduisant un questionnement intérieur. L'aléatoire et les probabilités. La grande roue tourne et il arrivera bien un jour où la fatalité se détournera de toi.

– Tout ce que j'entreprends finit lamentablement par capoter.

– Sois patient.

– Mais j'ai l'impression que ça dure depuis toujours.

– Détrompe-toi. Il y a des choses qui se sont inscrites de façon tellement durable dans ton quotidien que tu en viens à négliger la chance que tu as de les posséder.

Il reste un moment silencieux, guettant une réaction dans mon regard.

Je lui souris, le rouge de l'émotion aux joues.

Il a raison. Tout comme mon père. Ça doit être de famille et j'ai bel espoir de faire partie un jour ou l'autre de ceux qui prêchent la bonne parole. La patience n'est pas vraiment mon fort, mais je consens à attendre que la roue de la chance se mette enfin à tourner. Juste pour le plaisir de donner raison une fois de plus à mon oncle. Sur le banc du parc, où le froid commence à nous transir en cette fin de journée, je bombe le torse.

À cœur vaillant mérite fortune (ou quelque chose dans le style).

***

Le jour où ma chance explose, j'en ai littéralement le souffle coupé.

– Ta prof de chant a appelé, me dit mon père.

– Ce n'est plus ma prof de chant, déclaré-je d'un ton sec.

J'avais fini par lui confier ma rencontre avec la dame, il en avait tiré un épisode des aventures de Patrick, le chapitre était clos.

– Tu peux descendre acheter une plaquette de beurre ? me demande-t-il.

(Le coq à l'âne reste une activité hautement pratiquée par mon père.)

J'obtempère sans rechigner.

Le supermarché se trouve à un pâté de maisons de notre appartement. Les rayonnages témoignent d'une opulence obscène. Les couleurs me donnent le tournis, ainsi que les injonctions à la consommation. Ici, tout n'est que points d'exclamation, pastilles rouge vif et démarques à outrance. Le rayon où se trouve le beurre se présente comme un havre, le bleu y domine. Je choisis la marque habituelle (une vache paît sur l'emballage, avec nonchalance, l'échine courbée sur un rectangle de prairie). Une queue d'une dizaine de personnes se profile devant la caisse. Un caddie plein à craquer occupe la première position. Les gens s'impatientent, chapelet de grognements mécontents. L'homme devant moi chantonne l'air diffusé dans le magasin, avec un temps d'avance. Il connaît la chanson par cœur et semble disposé à le faire savoir. La nervosité des consommateurs est contagieuse, je me concentre sur la gondole des bonbons placée devant la caisse (petites sphères blanches serrées les unes contre les autres dans une intimité sucrée). Une femme peste dans mon dos, je me retourne. Nos regards se croisent. À peine une poignée de secondes.

Et je la reconnais.

(Dans ma tête, je projette la conversation que j'aurais demain avec Olive, à la première heure de la journée :

"C'est dingue !

– Quoi, qu'est-ce qui est dingue ?

– Mais c'est dingue la cohésion de l'univers ! À croire que les Puissances célestes existent réellement, devine un peu qui se trouvait derrière moi à la caisse du supermarché hier soir ?

– Brad Pitt ?

– Oh non, arrête, t'es con…

– Bah je sais pas, moi, dis-moi.

– Claudia Wilmer.

– Qui c'est ?")

La plaquette de beurre fond entre mes mains (tout du moins, elle semble un peu plus molle). Je pousse un cri, à peine un pépiement, rien de très remarquable. Les gens se tournent pourtant dans ma direction. Je passe un doigt sur la base de mon nez pour me gratter, une fois, deux fois, trois fois. Je recommence jusqu'à huit.

– Jeune homme, me lance la caissière quand c'est mon tour.

Je paie et file sans demander mon reste. Une fois dehors, je me poste à l'abri d'une porte cochère, et j'attends. Trois minutes plus tard, Claudia Wilmer sort du magasin. J'éprouve une violente émotion à l'observer marcher à petits pas, regarder à droite puis à gauche avant de traverser la rue. Sa silhouette est menue et voûtée. Si mes calculs sont exacts, elle doit avoir plus de quatre-vingts ans.

Je reprends mon souffle lentement. Ma poitrine est comprimée, dans mes souvenirs, je n'ai jamais été confronté à pareille situation. Je sors la tête de l'ombre. Claudia remonte la rue, elle ressemble à une souris regagnant sa tanière en jetant des regards inquiets tout autour d'elle pour se prévenir du chat qui pourrait la surprendre.

– Réfléchis, me murmuré-je à moi-même.

Je le répète une bonne dizaine de fois, sans réussir à contrôler le timbre de ma voix qui passe de l'aigu au grave comme les notes de la partition d'une pièce contemporaine.

Claudia habite dans mon quartier, c'est indéniable. Peut-être est-elle une cliente régulière de ce supermarché ? Je m'étonne de ne pas l'avoir croisée plus tôt. En même temps, je ne la connais que depuis une semaine. Des perspectives s'offrent à moi, convergeant toutes vers le même but : celui d'un contact.

Elle disparaît au coin d'une rue. Je la suis discrètement, en essayant de ménager une distance respectable. Nous marchons une dizaine de minutes. Quelques rues plus loin, je l'aperçois pénétrer dans un immeuble de belle facture. Ainsi, Claudia et moi sommes voisins. Je lève les yeux vers le ciel et adresse un remerciement muet aux Puissances célestes.

Puis je rentre chez moi, ma plaquette de beurre molle dans la main.

***

Ça ne s'est pas vraiment passé comme ça.

Mais l'essentiel est relaté.

Les émotions surtout.

(Si j'avais avoué avoir contacté son fan-club. M'être mis en relation avec son président pour obtenir son adresse, avoir fait le guet devant son immeuble pendant quelques heures avant de l'apercevoir enfin sortir dans la rue. Puis l'avoir suivie en catimini comme aurait pu le faire un détraqué. Je serais probablement passé pour un dingue. Un doux-dingue peut-être mais un dingue.)

Alors peu importe la vérité (inutile de rappeler que je suis et je reste un menteur patenté), dans ma situation l'important se résume au fait d'avoir retrouvé la trace de Claudia Wilmer et je compte bien essayer d'entrer en contact avec elle.

J'établis avec soin son emploi du temps (l'avantage avec les personnes âgées, c'est le rythme régulier de leur journée. J'imagine que cela doit avoir quelque chose de rassurant de respecter une routine quotidienne.

L'imprévu peut être effrayant lorsque la démarche devient plus incertaine, les gestes moins précis).

Je profite d'un mercredi de libre pour mettre mon plan à exécution.

– Où vas-tu ? me demande mon père.

– Faire du sport avec Olive.

– À 7 heures du matin ?

– Ouais, il fait frais, c'est agréable.

Mon père se gratte la joue en bâillant. Je lui demande :

– Tu me prêterais tes jumelles ?

Il ne pose pas de question, il se contente de me sourire. Je devine la confiance indéfectible qu'il me porte à travers son attitude. Je vais tâcher de l'honorer.

Après un bref salut à mon père (les yeux baissés pour éviter de croiser son regard), me voilà dehors. L'air est effectivement frais ce matin. Mes jambes nues se hérissent sous la chair de poule. Je regrette l'espace d'un instant de ne pas avoir enfilé un jogging plutôt qu'un short, je prendrai plus de dispositions la prochaine fois.

Je trouve la planque idéale pour surveiller l'immeuble de Claudia Wilmer sans me faire trop remarquer : un minuscule kiosque avec un arbre et un buisson suffisamment volumineux pour pouvoir m'y dissimuler. Dès les premières minutes, la chance me sourit. Au quatrième étage, des volets s'ouvrent. Malgré ma position éloignée, je reconnais la silhouette de Claudia. Je sors mon carnet de mon sac à dos et note d'une écriture appliquée : 4e étage. Les lumières s'allument successivement. Je suppose la dernière fenêtre être celle de la cuisine, rien de tel que de commencer la journée par un bon bol de café. Je regarde l'heure à ma montre : 7 h 21. Pour Claudia Wilmer, la journée vient de commencer.

Le soir, assis sur mon lit, je consulte mes notes. Cinq pages ont été griffonnées, ce mercredi a été prolifique, même s'il ne s'est pas passé grand-chose en définitive.

9 h 03, Claudia sort de son immeuble pour se rendre à la poste. Elle en ressort sept minutes plus tard avec un petit paquet.

9 h 12, elle se rend chez le boucher. Je l'aperçois deviser avec l'homme à travers la vitrine du magasin. Puis elle se rend chez le marchand de légumes. Systématiquement, elle respecte la file d'attente des différents commerces. Je trouve cela d'une élégance

rare pour une vieille dame. (Prenez, par exemple, rien que la semaine dernière : je faisais la queue à la poste quand une dame d'un certain âge est passée devant tout le monde, le visage impassible, comme si cette attitude relevait d'un dû. Lorsqu'un des clients lui en a fait la remarque, elle a affiché un air surpris en arguant qu'elle n'avait pas vu qu'il y avait la queue.)

9 h 57, elle rentre chez elle.

(Je suis resté deux heures à faire le pied de grue, avant qu'elle ne sorte de nouveau. Pendant ce laps de temps, j'en profite pour écrire un poème. Je n'ai jamais écrit de poème de ma vie, je me dis que la situation s'y prête. L'essai n'est pas franchement concluant, je me suis appliqué à tout raturer.)

12 h 05, Claudia sort de chez elle. En la suivant, je mesure combien sa démarche est finalement alerte malgré son grand âge. Nous nous dirigeons vers les Grands Boulevards. Elle s'arrête chez un chocolatier et en ressort avec un petit paquet. Elle le tient de deux doigts, par la boucle du ruban qui le ceint. Elle traverse la rue et pénètre dans un restaurant, une petite brasserie de simple facture et dont la devanture est tapissée d'une mosaïque jaune et bleu. Une femme l'accueille d'un large sourire avant de lui désigner une table recouverte d'une nappe à carreaux. Une femme aux cheveux gris y est déjà installée. Elles s'embrassent chaleureusement.

(J'imagine leur conversation (je me promets de jeter un œil le soir sur la possibilité de me procurer un micro-espion).

"Comment vas-tu ? demande Claudia.

– Bah, tu sais à nos âges, la question ne se pose même plus. Une petite douleur articulaire dans la hanche mais rien de très alarmant.

– Ah, la santé…

– Mais toi ?

– Moi, je m'occupe. Le temps passe bien vite, tu sais. Je fais des mots croisés, je regarde un peu la télévision, juste ce qu'il faut pour ne pas devenir folle toute seule dans mon grand appartement.

– Tu chantes encore un peu ?

– J'ai la gorge un peu douloureuse en ce moment.")

Elles prennent leur commande à grand renfort de mines dubitatives et de sourires convaincus. Puis discutent encore une heure et demie avant de s'embrasser de nouveau pour prendre congé.

13 h 35, Claudia rentre chez elle.

J'avais décidé de mettre fin à ma surveillance à cet instant. Je ne voulais pas inquiéter mon père outre mesure par mon absence prolongée. Lorsque j'ai regagné notre appartement, il était à son bureau à travailler.

– Tu as mangé ? me lança-t-il en entendant la porte se fermer derrière moi. Il reste une portion de lasagnes aux épinards d'hier. Tu peux la prendre, j'imagine que tu dois mourir de faim, le sport, ça creuse.

J'ai accompagné mon repas d'un grand verre d'eau gazeuse.

Mon réveil indique 23 h 23 (plus que tout, les heures où les chiffres se répètent ont un effet apaisant sur moi). Je range mon carnet et attrape les trois feuillets qui se trouvaient dans la bannette ce soir-là.

***

La grande baleine bleue filait à travers les remous. Son corps massif fendait les flots avec une souplesse souveraine. Parfois, elle émergeait à la surface pour souffler un long jet d'écume pétillante. Patrick s'essuya le visage en riant.

– Chante, baleine, chante pour nous, cria-t-il.

Une partie de l'équipage s'était agglutinée contre le bastingage, profitant de ce spectacle saisissant. Le reste était aux rames, à souquer ferme. Voilà près d'une heure qu'ils suivaient ce géant des profondeurs marines.

– Chante ! hurla Patrick.

La baleine disparut dans un ample mouvement de sa queue. Les hommes scrutèrent la surface d'un œil avide. Les vagues creusaient de profonds sillons, masquant l'horizon d'un généreux volume. Et soudain, le puissant mammifère refit surface dans un festoiement joyeux d'embruns.

Les gouttes d'eau saisissaient le moindre rayon de lumière, le soleil brillait aussi à travers le tumulte de l'océan. Patrick plissa les yeux. Son cœur s'était déplacé de quelques centimètres dans sa poitrine. Armaggedon lui donna une grande tape dans le dos en éclatant de rire :

– Cette baleine nous conduira jusque chez nous, vers cette terre qui nous attend, jusqu'à nos femmes et nos enfants. Et nous festoierons des jours durant.

– Chante, murmura Patrick.

Et, comme pour répondre à sa supplication, la créature poussa un mugissement profond. L'ensemble de l'équipage se figea. Personne ne s'attendait à une telle beauté. Un homme tomba à genoux, le visage baigné de larmes. Un autre – un colosse au torse couvert de tatouages – étouffa un sanglot en se mordant la lèvre inférieure. D'autres laissaient libre cours à leur euphorie en poussant des cris de joie, leurs bras décharnés levés vers le ciel. Mais bientôt, le silence se fit de nouveau. Et l'horizon demeurait comme une ligne d'encre tracée d'une main hésitante, exempt de toute présence terrestre.

– On continue ? demanda Armaggedon d'une voix sourde.

– On continue, dit Patrick.

***

Une semaine plus tard, je reprends ma surveillance.

– Bon sport, me lance mon père alors que je m'éclipse.

Claudia Wilmer se réveille trois minutes plus tôt, à 7 h 18. La guirlande de fenêtres allumées prend vie tout comme la fois précédente. En me concentrant, je sens presque la bonne odeur du café monter à mes narines. Une légère bruine a déposé sur mes épaules une constellation de gouttelettes scintillantes. Un nuage de buée éthéré se forme à chacune de mes expirations. Je chantonne un air dans ma tête pour passer le temps. Claudia Wilmer sort à 9 h 03, dans le respect d'une ponctualité admirable. Elle prend alors la direction de la rue commerçante. Je lui emboîte le pas, une dizaine de mètres dans son dos afin de ne pas éveiller sa méfiance. Elle emprunte une ruelle sur la droite et disparaît derrière une façade d'immeuble. Je presse le pas. Mais au moment où je tourne à mon tour, je me fige de surprise. Claudia Wilmer m'attendait. Elle me fait face et me dévisage, une main à portée de son sac (où je suppose être dissimulée une bombe lacrymogène).

– Tu cherches quelque chose ? siffle-t-elle.

– Je...

(Le vide.)

– Si tu crois que je n'ai pas remarqué ton petit jeu ? Il va falloir que tu m'expliques et que tu sois convainc...

Elle s'interrompt soudain, la lueur de suspicion dans ses yeux se dissipe lentement. Je pousse un cri. Ma bouche se tord sur le côté comme si un hameçon se trouvait planté dans ma joue et qu'un pêcheur cruel s'assurait de sa prise, une fois, deux fois.

– Oh, je vois, dit-elle.

Elle fait un pas dans ma direction. Sa main a quitté les abords de son sac.

– Je… me promenais juste, réussis-je à articuler.

Le moindre mot me coûte un effort terrible. Son attitude a changé du tout au tout. Elle me sourit à présent, atténuant mon embarras de quelques degrés.

– Attends, déclare-t-elle.

Elle fouille dans son sac, en sort un stylo et un petit bout de papier. Elle y inscrit une phrase d'une main alerte et me le tend.

– C'est mon adresse, explique-t-elle, avec le code d'entrée et l'étage. Passe me voir mercredi prochain, puisque de toute évidence tu es libre le mercredi.

Son sourire s'élargit, alors qu'elle termine :

– À 9 h 30 précises.

***

Dans les profondeurs de l'océan, la baleine chante, chante, chante.

6

Un *fa*

(Point Pénélope :

Ce n'est pas parce que je ne l'évoque pas régulièrement que sa présence a déserté mon esprit. Elle en occupe toujours le centre, plus que jamais. Avec mon père, je me contente pourtant de laconiques "Pénélope yep" qui n'engagent pas à poursuivre la conversation. Mais avec moi-même, je concentre toute mon énergie sur les moyens mis en œuvre pour la faire revenir.

Dans la cour du lycée, la tache blanche de son manteau est comme un appel. Mon regard s'y fixe, dès qu'elle apparaît. Et mon cœur se met à battre la chamade. J'aimerais aller la voir, lui faire part de ma situation et de mes progressions. Mais je n'en trouve pas le courage. Une telle perspective me plonge dans un état nerveux frisant l'hystérie. Alors je détourne les yeux.)

La trajectoire de ma vie a connu une orientation capitale la semaine dernière et demain est le grand jour. Les événements se sont télescopés avec une brutalité inouïe. La perspective de mon rendez-vous me plonge dans des abîmes de perplexité. J'en définis les grandes lignes à travers une équation dont les inconnues demeurent facilement identifiables.

1. *Pourquoi* Claudia Wilmer m'a-t-elle donné rendez-vous ?

2. *Que* veut-elle me dire ?

3. *Est-il* raisonnable de m'y présenter ?

La réponse à la première question me semble une évidence (nous autres de la Tourette formons une grande famille). Celle de la deuxième me paraît bien plus nébuleuse. Quant à la troisième...

– Tu fais quoi demain ? me demande Olive alors que notre journée de cours s'achève.

– J'ai un rendez-vous important le matin.

– Avec Brad Pitt ?

– Ha ha...

On se quitte sur une vigoureuse poignée de mains. Il me sourit, d'un gentil sourire comme seul Olive en a le secret. Il a dû comprendre que la semaine avait été particulièrement éprouvante pour moi, même si j'ai choisi de ne pas le mettre dans la confidence des événements que je traversais.

Je ne trouve l'apaisement que le soir, lorsque je parviens enfin à m'endormir.

***

Mercredi matin, 9 h 27.

À l'attaque.

Je compose le code de la porte d'entrée. Il ne marche pas. J'essaye une seconde fois en appuyant plus fort sur les touches. Ma main tremble un peu. Le verrou finit par se libérer dans une brève sonnerie. Je pénètre dans le hall avant d'emprunter les escaliers (je ne prends jamais l'ascenseur, jamais. J'éprouve une aversion terrible envers ce genre de machines, et me sens incapable de rester enfermé dans une boîte censée vous soulager d'un peu d'exercice physique – même si j'ai avoué priser particulièrement l'éclairage des ascenseurs... c'était un mensonge). Lorsque je sonne à la porte de Claudia Wilmer, il est exactement 9 h 29. Le temps qu'elle vienne m'ouvrir, il est 9 h 30.

Elle m'accueille d'un sourire en coin et m'invite à la suivre jusqu'au salon. Un chat au pelage blanc s'enroule autour de mes jambes avant de bondir sur un fauteuil et me toiser d'un air fat.

– Veux-tu du café ? me propose Claudia.

J'acquiesce. Les tasses tremblent un peu sur le plateau quand elle revient de la cuisine, mais le breuvage sent aussi bon que j'avais pu me l'imaginer, caché dans le kiosque devant chez elle. J'en bois une gorgée, rapide, en évitant de trop croiser son regard. Elle s'éclaircit la gorge en toussant dans son poing fermé. Le chat s'est allongé, sans m'avoir une seconde quitté des yeux.

– Donc, tu es ici pour apprendre à chanter, déclare Claudia Wilmer tout à coup.

Ma tasse de café manque de m'échapper des mains. Elle me toise en souriant, et je crois, de toute ma vie entière, n'avoir jamais observé sourire plus magnifique que le sien. En une phrase, un questionnement qui dépasse la supposition, elle a dessiné un pont invisible s'élevant au-dessus de l'espace qui nous sépare et son sourire m'invite indubitablement à l'emprunter.

– Oui.

Ma réponse a franchi mes lèvres dans un claquement, à l'image de ma motivation.

– Possèdes-tu quelques bases ?

– Non. Enfin… j'ai une guitare à la maison.

– Et tu joues ?

– Non. Enfin, un peu des fois.

– Et tu écoutes de la musique ?

– Oui.

– Quel genre de musique ?

Je m'applique à répondre d'une voix claire, les deux mains posées sur mes genoux. J'énumère consciencieusement tous les styles qui peuvent m'attirer, dans un souci d'honnêteté, sans omettre le moindre genre (j'ai un penchant pour le doom metal et pour le be-bop, ainsi que pour Monteverdi, Richard Gotainer et les Who).

– Bien, bien, fait-elle en affichant un air songeur.

Nous restons silencieux une dizaine de secondes. Un scooter passe dans la rue, le chat redresse la tête pour disparaître d'un bond par la porte de la cuisine.

– Bien, bien, répète Claudia.

Elle se lève soudain pour aller se placer devant la cheminée en marbre. À la grimace qu'elle fait en se redressant, je lui devine des douleurs articulaires. Durant ces premières minutes d'entretien, elle n'a manifesté aucun signe du syndrome de la Tourette.

– Mais je ne t'ai même pas demandé ton nom, dit-elle.

– Max.

– Max ?

– Maxence.

– Ah, je vois… bien, bien. Eh bien, écoute, Maxence, si tu veux apprendre à chanter, il se pourrait que tu aies frappé à la bonne porte. Mais je dois te mettre en garde sur plusieurs choses.

J'opine du chef, à la manière du plus parfait d'entre tous les parfaits élèves.

– Premièrement, cela fait bien longtemps que je n'ai pas donné de cours. Une vingtaine d'années. Mais pour t'aider, je consens à reprendre cette activité.

Son regard se fait plus dur lorsqu'elle poursuit :

– Deuxièmement, je n'ai pas la réputation d'être une professeure facile. Lorsqu'il s'agit de la discipline du chant, je peux me montrer d'une rigueur terrifiante.

Un mince sourire tire sa lèvre sur le côté.

– Et enfin troisièmement, termine-t-elle, les cours que je te donnerai seront payants.

Je prends une mine offusquée, quelque peu vexé qu'elle puisse m'imaginer comme un profiteur.

– Bien sûr, lui dis-je. Je comptais voir avec vous comment vous rémunérer, l'argent n'est pas vraiment un problème.

– Toute peine mérite salaire, dit la vieille dame. Et je te garantis que je me donnerai du mal.

Je réprime un sourire, cela faisait longtemps que je n'avais pas entendu une expression correctement formulée.

– Tu as fini ton café ? me demande-t-elle.

Elle débarrasse ma tasse avant de déclarer :

– Nous allons pouvoir commencer.

Une vague de protestations me monte à l'esprit.

– Ne t'inquiète pas, me rassure-t-elle comme si elle lisait dans mes pensées. Nous allons juste procéder à une évaluation, pour voir où tu en es. Et surtout pour décider si l'on peut faire quelque chose de toi.

– Mais, je…

Elle m'interrompt en me présentant le plat de sa main.

– Mets-toi à l'aise. Je te conseille fortement de te déchausser. Le tapis que tu as devant toi a vu un nombre incalculable de pieds fouler ses motifs. Tu peux aussi considérer comme un honneur d'en faire désormais partie.

Je ne me sens pas d'autre choix que celui d'obtempérer. L'autorité naturelle de Claudia Wilmer est redoutable. Elle ne m'avait pas menti en affirmant être une professeure sévère. Je dénoue les lacets de mes chaussures, tout en essayant de me souvenir du nombre de trous que pourraient avoir mes chaussettes. Par chance, il n'y en a aucun.

Debout sur le tapis, je foule de mes orteils l'épais lainage. Le chat a repris place sur son fauteuil, il me regarde fixement, il donne l'impression de considérer ma présence comme une anomalie.

Je reste immobile, attendant les instructions de Claudia.

– Donne-moi un *fa*, demande-t-elle tout à coup.

Je marque un temps d'hésitation, infime. Dans mon crâne défile une liste de chansons. Le son qui s'échappe de ma bouche n'est probablement pas un *fa*, mais il s'agit de toute évidence d'une note. J'essaye de la tenir, qu'elle soit la plus régulière possible.

– Bien, bien, murmure Claudia Wilmer. Encore.

Je m'exécute alors qu'elle m'observe avec une attention accrue.

– Encore une fois.

J'ai l'impression d'être à bout de souffle, même si l'effort que j'ai dû fournir est moindre. Elle attrape un carnet dans la bibliothèque sur sa droite et griffonne quelques lignes. Je reste debout, les bras ballants. Les secondes passent, le temps s'écoule, j'ai la sensation aiguë d'en saisir chaque subtilité. Comme si mon cerveau s'était enrichi de sens extrêmement développés. Une goutte de transpiration perle sur ma tempe.

Claudia Wilmer pousse un profond soupir.

– Il va y avoir du travail, déclare-t-elle. Beaucoup de travail. Mais je pense que tu possèdes les capacités pour progresser. Il va falloir cependant que tu fasses preuve de patience.

Elle reprend place dans le fauteuil en face de moi.

– Mais autant commencer par le début, n'est-ce pas ?

La malice pétille dans son regard alors qu'elle me demande :

– Donne-moi un *fa*.

Au commencement était le *fa*.

La mythologie musicale de Claudia Wilmer m'étourdit. Le vertige me fait basculer au milieu des notes, jusqu'à l'origine, le son qui selon elle permet le déploiement de la gamme. La nomenclature internationale s'accorde à désigner le *la* comme première note.

– Parfait, dit Claudia. Mais le *la* que tu vas chanter, il te faut le préparer. Par ton souffle d'abord. L'oxygène que tu vas inspirer te servira de combustible. Dans ta tête, les notes s'élèveront une à une. Tu es un sportif qui s'apprête à pulvériser son record. Peu importe sa discipline, comme tous les sportifs, tu vas prendre ton élan.

Prendre son élan. Tout se résume dans ce terme. Reculer de quelques pas, évaluer la distance ou la hauteur. Puiser dans sa concentration, contenir son énergie avant de s'élancer. Le *la* est ton objectif, c'est très bien, mais pour l'atteindre, il faudra reculer jusqu'à ses origines.

– Donne-moi un *fa*.

Le premier cours consiste en cette phrase. Bien plus qu'une simple requête, j'y devine un ordre. Comme pour répondre à une nécessité. Au bout de ma cinquième tentative, elle me demande :

– Qu'interprètes-tu dans le verbe *donner* de ma demande ?

Et, comme je ne réponds pas, elle développe :

– Penses-tu que tu doives donner comme on administre une fessée à un enfant ? Ou comme on porte un coup à un individu pour se défendre ?

Je secoue la tête comme un misérable.

– Penses-tu…

– Je pense que je dois donner comme on peut offrir un bouquet de fleurs.

Je regrette un instant de l'avoir interrompue et baisse la tête en signe de pénitence.

– C'est exactement ça, dit-elle d'une voix douce. Mais si tu devais m'offrir des fleurs, te tiendrais-tu de cette façon ?

Je me redresse, comme si un fil invisible maintenait ma tête droite.

– Voilà qui est mieux. Il manque cependant une chose essentielle.

Je souris.

– Parfait. Maintenant, donne-moi un *fa*.

Je recommence, en y mettant de l'entrain. La note suivante est un cri, celui d'un oisillon faisant émerger sa tête du nid. Claudia Wilmer approuve discrètement du chef.

– Ne te retiens pas, donne tout ce que tu as. J'ai envie d'un bouquet fourni. J'ai envie de couleurs.

Je reprends mon souffle, le *fa* monte doucement de ma gorge, s'épanouissant sur mon palais avant de se libérer en un son ample et généreux. Les larmes embuent mes yeux.

– Vas-y, m'encourage Claudia.

Elle doit avoir conscience de l'épreuve que je suis en train de traverser. Toute ma vie durant, je n'ai fait que contenir les sons de peur qu'ils ne m'échappent. J'ai baissé la tête dans l'espoir de passer inaperçu. J'ai réprimé mes émotions avant qu'elles ne se développent et finissent par m'étouffer. Mon quotidien est pétri de frustration.

Et Claudia Wilmer m'exhorte à la libération.

Impossible.

Il me faudra plus de temps, tu ne te rends pas compte, Claudia. Ou peut-être si… tu te rends parfaitement compte. Mais je ne me suis pas préparé à une telle violence. Il y a un quart d'heure à peine, j'étais encore dans la rue, à me demander si c'était une bonne idée de me présenter à ce rendez-vous. Je ne me suis pas préparé à de tels bouleversements.

Prenez par exemple le saut en parachute. Je n'ai jamais pratiqué cette discipline mais j'imagine que lorsque la porte de l'avion s'ouvre et que tu te retrouves face au vide, tu dois te sentir prêt. Ou peut-être pas… Le *fa* suivant tient plus du hurlement de rage. Mon visage se congestionne. Le chat saute de nouveau de son fauteuil et file dans un couloir.

Un jet de postillons jaillit de ma bouche grande ouverte.

– Nous y voilà, souffle Claudia Wilmer à mi-voix.

Elle note une ligne dans son carnet après avoir consulté sa montre. Puis elle lève son regard sur moi et annonce d'un ton enjoué :

– Je crois que nous en avons terminé pour aujourd'hui. Voilà près d'une heure que je t'explique le rôle originel du *fa* et que tu t'évertues à cracher sur mon tapis. Je crains que j'aie besoin de me reposer, ce n'est pas une façon de commencer la journée.

(Au fil de nos rencontres, j'apprendrais à apprécier l'humour caustique de Claudia Wilmer. Longtemps, je me suis demandé si ce genre d'humour n'était pas réservé à ceux que la vie ne pouvait plus surprendre. Aux personnes âgées, quoi. Avec du recul, je pense que Claudia avait déjà cette manière si particulière de se moquer d'elle-même et de la vie en général lorsqu'elle était enfant.)

Elle ajoute, dans un pétillement malicieux :

– La première séance était offerte. N'oublie pas ton porte-monnaie mercredi prochain.

Nous convenons d'un tarif (quarante euros de l'heure, je sais qu'il est malséant d'évoquer l'argent d'une façon aussi désinvolte, mais j'ai besoin de parler, je suis au bord de l'explosion).

– Il est une dernière chose que je voudrais te dire, dit Claudia. Le cannabis ne te sera d'aucune utilité pendant ces cours. Il est inutile de prendre une dose avant de venir me voir. Comme tu as dû le comprendre, je suis bien au-dessus de tout ça.

Avant de la quitter, je marque une petite hésitation.

– Oui ? demande Claudia.

Elle a dû deviner que j'avais une question à lui poser.

– Par rapport à ma maladie, je… trouvais que…

Je peine à formuler correctement ma question.

– Tu te demandais si j'avais vraiment la Tourette ?

– Oui… c'est ça.

– Je l'ai, mais ça se voit moins. Avec l'âge, tu trouveras toi aussi une solution.

Je la remercie.

Et je prends congé.

La crise (la vraie de vraie, celle qui ne ressemble à aucune autre) commence dans les escaliers. Je plaque ma main sur ma bouche pour étouffer le cri (un *fa* peut-être, je ne sais pas). Mes yeux sont grands ouverts. Dans ma tête, les émotions se catapultent à toute vitesse sur les parois de mon crâne. Mes épaules sont prises de violents frissons. Je sors dans la rue, hésite à courir afin de me réfugier au plus vite chez moi. Je n'ose pas me retourner, craignant de croiser le regard de Claudia à sa fenêtre. Mes yeux clignent de plus en plus vite, impossible de réprimer un premier cri. Trois autres suivent, aussi stridents que les notes aiguës d'un saxophone lancé dans un trille d'improvisation. Je trébuche et perds momentanément l'équilibre. Je finis par courir comme un dératé, les deux mains plaquées sur mes oreilles pour éviter d'entendre le chapelet d'injures qui se déversent de ma bouche.

***

– Alors, ce Brad Pitt ? me lance Olive d'un air goguenard.

Je lui assène une claque sur l'épaule, suffisamment forte pour qu'il manque de tomber du banc sur lequel nous sommes assis. Nos mains sont profondément enfoncées dans les poches de nos parkas. Mes doigts gourds font tourner un objet mou (qui, si mes souvenirs sont exacts, doit être un bonbon récupéré sur le comptoir d'un restaurant).

– Comment qu'elle s'appelle déjà ? demande Olive dans une tentative désespérée de se racheter.

– Claudia Wilmer.

– Ah ouais, j'y étais presque, enfin j'étais pas loin.

Son œil paraît s'écarter davantage de sa trajectoire normale lorsqu'il est d'humeur taquine.

– Ouais donc, cette Claudia Machin, alors ça donne quoi ?

– Ça ?

– Quoi, ça ?

– Tu parles de ma prof de chant et tu dis *ça*, comme si c'était un objet. Des fois, t'es nul, mais t'es nul, t'imagines même pas à quel point t'es nul.

– Holà, ça va, prends pas la mouche, mon pote. Nous autres les ados, on a pas la chance d'avoir un langage aussi fleuri que le tien. Alors bon, je reformule ma phrase pour sa seigneurie.

Il se redresse et s'engage dans une gesticulation outrée, pantomime grotesque d'un nobliau aux manières empruntées.

– Claudia Bidule, *elle* donne quoi ?

(Olive me fait rire depuis le jour de notre rencontre. Avec sa tronche qui part de travers, son incapacité à soutenir le regard des autres, son allure dégingandée, ses brusques éclats qui troublent sa nonchalance.)

– Claudia Wilmer est la personne la plus incroyable que je n'aie jamais rencontrée.

– Hmmpf.

Le pneu se dégonfle lentement.

– Mais qu'entends-tu par incroyable, mon jeune ami ? dégoise-t-il, une fois le pneu à plat.

Notre échange attire l'attention d'autres élèves dans la cour. Les regards s'orientent dans notre direction, les ricanements s'élèvent çà et là. Peu nous importe, aujourd'hui, la fine équipe ne craint pas les moqueries.

– Claudia Wilmer a vécu, et ça se voit dans sa façon d'être. Tu sais avant, les vieilles personnes, je m'en fichais. Mes grands-parents sont morts tous les quatre, alors j'ai pas de liens notables avec le troisième âge. Et là, en rencontrant Claudia Wilmer, j'ai l'impression qu'un pan de l'histoire s'ouvre à moi.

– Pan de l'histoire ? Tu parles des guerres, là ?

– Ferme-la, cesse de m'interrompre avec tes blagues pourries.

– Hmmpf...

– Claudia a soixante-dix-huit ans. Elle est née en 1930. Entre les deux guerres mondiales, justement.

Tu n'imagines pas les époques qu'elle a traversées. Elle a dû prendre de plein fouet les chamboulements du siècle dernier.

Olive ne rit plus, il affiche un air songeur. Peut-être se trouve-t-il lui aussi propulsé des décennies en arrière ?

– Elle t'en a parlé ? demande-t-il.

– Je n'ai eu qu'un cours avec elle pour l'instant, mais j'espère bien qu'elle me racontera.

– Et ton autre prof, la foldingue ?

– Elle a pas insisté. Et c'est tant mieux, parce que l'autre nuit j'ai encore rêvé de son salon avec ses cages remplies d'oiseaux.

– Tous ces *calus*, soupire Olive.

(C'est une de ses expressions favorites, elle vient du Sud, m'a-t-il expliqué un jour, tout comme sa grand-mère. *Calu* signifie "fou" en provençal. Parfois, il appelle aussi la fine équipe le club des *calus*.)

– En même temps, ajoute-t-il, la musique, c'est une activité qui attire les *calus*.

– Tu t'y connais en musique ? raillé-je.

– Un petit peu.

Il me répond d'une voix à peine audible. Et je sais ce que cela signifie : oui, il s'y connaît en musique. Olive est un garçon discret, son principe de vie pourrait ressembler à : moins tu fais de vagues et moins tu subis de remous (ou quelque chose dans le style). Et lorsqu'il prend cette voix si particulière, comme s'il cherchait à s'effacer complètement, cela veut dire qu'il est en train de se livrer.

– Ah, fais-je en baissant d'un ton pour l'encourager à se confier.

Olive regarde ses pieds. Un pincement me serre le ventre, la musique est un sujet que nous n'avons jamais abordé tous les deux. Des chansons de temps en temps, quelques morceaux qui nous plaisaient et que l'on avait envie de partager. Je réalise que je n'ai jamais demandé à mon ami s'il fait lui-même de la musique.

(Je sens le rouge de la honte me monter aux joues, le fardeau d'une impression déplaisante me pèse. Celle de trop souvent concentrer les conversations sur moi, sans vraiment tenir compte de la présence d'Olive.)

– Ah, répété-je, saisi d'embarras.

– Je fais de la guitare, avoue-t-il.

Il me fixe de son bon œil. J'ai effectivement le souvenir d'avoir vu traîner une guitare dans sa chambre.

– Un peu, ajoute-t-il.

Retour du gentil sourire d'Olive, il ne m'en veut pas vraiment d'être si égocentrique par moments.

– Tu me joueras un morceau un de ces quatre ?

Le gentil sourire d'Olive s'élargit. Il a dû percevoir la sincérité de ma requête.

– Si tu veux, répond-il.

C'est si bon d'avoir un ami.

***

Ma vie s'organise autour de rituels. La régularité de ces rendez-vous a quelque chose d'apaisant. Les balades avec mon oncle, les films visionnés avec mon père, les deux coups de sonnette brefs du livreur de pizzas. Ils sont autant d'événements qui me permettent de maintenir mon visage à la surface des remous.

Il en est un que je pratique souvent, le soir dans ma chambre, alors que mon père est allé se coucher et que le silence règne sur l'appartement. La plupart du temps, il ponctue une journée où les émotions ont été fortes et où je sens la nécessité (le besoin vital, même) de me réfugier dans un havre serein.

Mon téléphone en main, je compose un numéro. Un numéro que je connais par cœur. La tonalité de la sonnerie retentit deux fois. Une voix féminine s'élève. Je la laisse parler dans le vide quelques secondes.

Je raccroche.

Il est des rituels qui peuvent paraître étranges.

Ils me procurent pourtant un bien-être salvateur.

7

L'Académie du *la*

L'affichette est placardée sur la porte du CDI. La date est inscrite en gros, c'est dans un mois. Olive est avec moi, il lâche un profond :

– Hmmpf.

Sa bouche reste entrouverte alors qu'il dodeline lentement de la tête.

– Tu savais qu'il y avait un club de chant dans le lycée ? je lui demande.

– Non, mais maintenant je le sais.

Sur le papier, l'annonce est claire : ils se produiront en spectacle au début du mois prochain, juste avant les vacances de Pâques.

– Ça doit être avec le prof de musique, avance Olive.

Je le connais, l'homme est d'un certain âge. Il a toujours de larges auréoles de transpiration sous les bras, ce qui ne manque jamais de soulever l'hilarité lorsqu'il bat la musique en classe.

– Ils vont jouer dans le gymnase, fais-je remarquer dans un murmure.

– Tu pourrais t'inscrire, dit Olive.

Je me recule en prenant un air offusqué :

– Pourquoi je ferais une chose pareille ?

– Bah, tu chantes, maintenant. Ça serait l'occasion de te produire en public.

– Ça va pas la tête ! J'ai pas du tout envie de chanter devant les gens.

– Les gens... dit Olive d'un air songeur. Une grande partie du lycée sera présente. Y compris...

Je coupe court à la conversation en lui assénant une bourrade sur l'épaule.

– N'y pense même pas.

L'idée a pourtant commencé à se frayer un passage jusqu'à mon cerveau. Une porte claque soudain au bout du couloir, une tache blanche se découpe dans la lumière des lampes qui pendent du plafond.

– Oh oh... siffle Olive.

La tache blanche n'est pas seule, une ombre grise l'accompagne. La démarche de Pénélope est toujours aussi alerte, les semelles de ses bottes claquent sur le linoléum. Elle s'écarte sensiblement de son ami alors qu'elle s'approche de nous.

– Ça fait plus de deux mois, me souffle Olive comme un reproche.

Il a dû remarquer les tremblements de ma lèvre inférieure. Sa main se pose sur mon avant-bras, m'enjoignant à me calmer. Le visage du compagnon (?) de Pénélope ne m'est pas inconnu. Thomas, je crois (ou un autre nom de saint qui a dû passer à la postérité en se livrant à un sacrifice incroyable, je m'étonne qu'il n'ait pas un halo bleuté autour de sa tête).

– Salut, m'adresse Pénélope.

Je lui réponds d'un mouvement saccadé du menton, cherchant dans la poche de ma chemise mes précieuses lunettes de soleil, avant de me souvenir que je les ai cassées la semaine dernière en m'asseyant dessus.

– Tu vas bien ? me demande Pénélope.

(Si je devais noter sur 10 la commisération qui émane de sa voix, je lui attribuerais 8, voire 8,5.)

– Ça va.

Elle me désigne l'affichette d'un mouvement du menton :

– Tu vas y aller ?

– Je sais pas.

– Je fais partie de la chorale, et il y a plein d'élèves qui passent. Ça vaut vraiment le coup.

– Ah…

Olive me donne un discret coup de coude. Le sourire n'a pas quitté le visage de saint Thomas, le petit sourire en coin de celui qui maîtrise parfaitement la situation.

– J… je dois y aller, là, articulé-je. J'ai cours dans pas longtemps.

Ma tension est telle que je crains d'exploser à tout instant.

– Bon ben salut, dit Pénélope (comme si notre échange avait été d'une banalité éprouvée (ce qui est le cas, avec un peu de recul). Comme si nous étions deux camarades fréquentant le même lycée et que rien ne s'était passé entre nous, que notre histoire appartenait déjà au passé et même pire : qu'elle avait déjà été oubliée).

– Bon ben salut, je lui réponds (comme si je préférais capituler face à l'adversité).

Elle s'éloigne avec son ami, sans même se retourner. Le garçon se penche à son oreille pour lui murmurer quelques mots ("C'est lui ?", ou "Il a l'air effectivement bien atteint", ou "Je ne comprends pas comment tu as pu"). Elle laisse échapper un discret rire en cascade. L'étreinte de la main d'Olive se resserre sur mon bras.

– Laisse tomber, me dit-il.

Sa phrase ressemble plus à une supplication qu'à un conseil.

– C'est un mercredi après-midi, dis-je en détaillant l'affichette.

– Laisse tomber, insiste Olive.

– J'ai cours de chant le mercredi.

– Parfait.

Nous filons vers les escaliers qui mènent à notre salle de classe.

– Attends, j'ai oublié un truc au CDI, je lui dis en m'engageant sur les premières marches.

Je retourne sur mes pas. J'arrache l'affichette, la plie en quatre et la glisse dans ma poche.

***

Mon père me pose beaucoup de questions sur mes cours de chant. Le long apprentissage de la maîtrise de la voix semble le fasciner au plus haut point. Et à chaque réponse que je lui fournis, il observe un moment de silence (cet air que je lui connais si bien).

Un soir, je découvre sans vraiment de surprise de nouveaux feuillets dans la bannette. Patrick s'est effacé le temps d'une parenthèse qui me propulse des années en arrière, alors que l'Europe se déchirait et que l'histoire entrait dans un de ses épisodes les moins glorieux.

Ça ne s'est probablement pas passé de cette façon.

L'essentiel doit être relaté.

Les émotions surtout.

Claudia Wilmer est née en 1930 à Dresde, dans le Sud-Est de l'Allemagne. Dans les années 1930, les gens y affichaient une mine réjouie, les pommettes se portaient hautes et étaient rieuses. Les chopines de bière passaient de main en main, les hommes avaient les avant-bras aussi épais que des jambons de pays, les femmes de volumineuses poitrines mises en valeur par la cambrure de leur dos et de longues nattes blondes qui descendaient jusque sur leurs hanches. Et tous n'en finissaient pas de rire en se tapant sur les cuisses.

Claudia Wilmer allait souvent passer ses vacances à Prague, de l'autre côté de la frontière tchèque, à environ cent cinquante kilomètres de chez elle. Elle se souvient des *trdelnik*, même si elle n'arrive toujours pas à prononcer correctement le nom de cette pâtisserie. Malgré les années qui se sont écoulées, il y a comme une persistance de la poudre de sucre sur son palais et des fragments de noisette qui craquent délicieusement sous ses dents. La mémoire gustative est bien souvent sous-estimée, elle a pourtant la capacité de vous plonger dans des abîmes de nostalgie. Les yeux de Claudia brillent lorsqu'elle évoque le goût des *trdelnik*. Ils brillent également en parlant de ces longs voyages en train qui les conduisaient, sa famille et elle, jusqu'à la capitale de la Tchécoslovaquie.

Ses années d'enfance relevaient de la plus grande insouciance.

Jusqu'à l'arrivée de la guerre.

– C'est la guerre, c'est la guerre ! hurlent les marchands de journaux dans la rue.

Pour la petite Claudia, cette déclaration ne trouve pour l'instant aucun sens dans son esprit. Elle s'imagine un grand champ de bataille où les soldats ennemis se retrouveraient à une heure précise de la journée pour se battre, respectant un protocole élaboré avec soin. Car la guerre reste avant tout une affaire de professionnels consciencieux. Les deux armées s'élancent l'une vers l'autre, pour se livrer un combat fracassant. Le soir, les soldats rentrent fourbus de leur travail.

– Ta journée s'est bien passée, mon chéri ? leur lance leur femme de la cuisine d'où montent des fumets appétissants.

– Oui, je crois que je me suis bien battu, répond le mari en s'asseyant lourdement sur une chaise en bois.

Ce n'est que lorsqu'elle aperçoit les premiers avions sillonner le ciel que la petite Claudia pressent que sa vision de la guerre n'est pas forcément la bonne. Les lourds appareils ressemblent à des oiseaux de métal effectuant une funeste migration. Ils portent en leurs soutes ventrues des messagers de mort et leur vrombissement couvre la rumeur de la ville. L'enfant n'ose pas poser de questions, elle devine à la mine fermée de ses parents que l'affaire est grave.

De cette période, elle ne garde aucun souvenir de rires. Comme si cette attitude était soudain devenue interdite. Les tensions montent au fil des années, des voix crient dans le poste de radio posé sur la commode de la salle à manger. L'apothéose est atteinte le 13 février 1945. Les avions migrateurs sont de retour mais ils affichent sur leurs flancs les couleurs des Alliés. Un déluge de feu s'abat du ciel. Au matin du 16, Claudia marche dans la rue. Des nuages de cendres se développent en d'amples arabesques. Elle se demande par quel miracle elle a pu survivre à cette apocalypse. Elle écarte les bras, les cendres se déploient autour de sa silhouette malingre. Ces minuscules flocons gris sont ce qui reste de ses parents et ses frères.

Claudia est désormais seule, et elle le restera toute sa vie.

Claudia aura treize ans cette année.

Quelque chose s'est brisé en elle dans un fracas assourdissant. Son visage s'agite sous les spasmes. D'habitude, la Tourette se manifeste plus tôt chez les malades. Claudia est un cas clinique.

Les Russes arrivent en ville. Claudia n'aime pas leurs manières. Ils ont des regards de prédateurs capables d'éveiller des peurs qu'elle ne connaissait pas jusqu'alors. Claudia est belle, comme peut l'être une fille à l'orée de sa jeunesse. Elle préfère fuir, préservant son innocence de la souillure. Le voyage en train a un parfum d'amertume. Les paysages dévastés défilent devant ses yeux qui cherchent l'apaisement. Son enfance a disparu, diluée dans ces cauchemars terribles qui hantent désormais ses nuits. Elle franchit les frontières et passe en territoire ennemi, chez ceux qui ont bombardé sa ville et tué sa famille. Londres se reconstruit. Les regards sont les mêmes que dans son pays, effarés par les chocs, malgré l'allégresse de la victoire qui soulève le pays. Elle parle anglais mais son accent attire les attitudes haineuses. Elle dit qu'elle est russe ou, parfois, polonaise. Mais quelques-uns ne s'y trompent pas. Elle doit fuir encore.

Sur le bateau qui la conduit de l'autre côté de l'océan Atlantique, elle apprend les langues. Son assiduité porte ses fruits. Elle observe les gens. Calque leurs mimiques lorsqu'ils sont saisis par la surprise ou bouillonnants de colère. La nuit, alors que chacun peine à trouver le sommeil, elle monte sur le pont. Après une discrète révérence aux étoiles, elle se plaît à danser. Elle fait tourner sa robe sur ses maigres mollets. Les astres paraissent alors briller avec plus d'intensité.

Au terme de la traversée, un spectacle troublant s'offre à elle : la statue de la Liberté porte son flambeau à bout de bras, comme si elle cherchait à atteindre le ciel sans toutefois y parvenir. L'illusion du rêve américain ne la concernera jamais. Même si elle s'engage très rapidement sur les planches. La danse est la première discipline capable d'atténuer sa nervosité. Puis viennent le chant et finalement la comédie.

Elle rencontre des hommes. Et elle mesurera toute sa vie durant la chance qu'elle a eue de ne pas tomber sur des personnes mauvaises. Certains étaient des loufiats, mais des loufiats au grand cœur.

Une autre traversée achève de sceller son destin : celle du continent américain. Hollywood brille de mille feux. Le brasier consume la planète entière. Et, sous la lumière des projecteurs, ses démons parviennent à s'assoupir.

Tout cela n'était qu'illusoire. Le soir venu, elle se retrouve prise de terribles crises. Ses bras battent en tous sens, comme pour dissiper l'aura méphitique qui l'enveloppait. En vain. Seule la coordination précise d'une chorégraphie lui permettait d'échapper à sa malédiction.

Au cœur du ballet des Stardancers, Claudia suit méticuleusement les mouvements des autres danseuses. Le rythme l'entraîne, la cadence est euphorisante. Elles ont pour consigne de sourire tout au long de leur prestation. L'effort est moindre pour la jeune fille. La musique la propulse au firmament. Son enthousiasme ne passe pas inaperçu, personne ne se doute un instant que son art n'est qu'une médecine. Elle obtient un premier rôle dans une production trop peu ambitieuse. Un homme plus important la remarque. Les propositions s'enchaînent.

– Hmm, votre voix est intéressante.

– Montrez vos jambes, bon sang ! Ce serait une misère de priver les spectateurs d'une telle vision.

– Vous partagerez l'affiche avec cette star montante.

– Votre dernière prestation a largement convaincu les critiques.

Le succès restait cependant tiède, comme si ses employeurs ménageaient une distance respectable, de peur d'être contaminés par cette tristesse insondable qui affleurait sur son visage dès qu'il était au repos. Les rôles se suivaient et se ressemblaient. L'Europe lui manquait. Il y eut alors le moment de la rupture.

Elle quitta les États-Unis comme on quitte un amant à l'enthousiasme étouffant. Elle avait besoin de calme. De respirer. De souffler un peu. Elle accepta un rôle dans une production italienne et, dans l'avion qui la ramenait sur le vieux continent, elle souriait en ayant la ferme intention de ne jamais revenir sur sa décision.

***

Je donne un *fa*. Le plus beau *fa* que j'ai en réserve. La note s'élève, traverse l'espace en suivant une trajectoire parfaitement rectiligne. La note franchit la vitre de la fenêtre. Sa direction est horizontale, comme une flèche décochée par un archer virtuose.

Claudia Wilmer approuve d'un sourire en coin. Elle ne me félicite pas pour autant.

– Laissons les félicitations et les débordements d'enthousiasme à ceux qui ont besoin des mots pour se convaincre de leurs émotions, m'a-t-elle dit un jour avec une pointe de mépris dans la voix.

Je gonfle mon ventre et expulse l'air de façon régulière. Nouveau sourire d'approbation. Nous travaillons dans le petit salon (l'appartement de Claudia Wilmer est immense, jamais je n'aurais cru qu'une telle surface puisse exister dans mon quartier). Claudia s'est installée au piano (le grand piano à queue qui lui a été offert par ce célèbre chef d'orchestre avec qui je la soupçonne d'avoir eu une aventure). Ses doigts fins courent sur le clavier. Les gammes s'enchaînent, ma voix s'élève dans le sillage des notes, cherchant la précision du diapason.

– Relâche tes épaules, gronde Claudia.

La tension s'atténue sans cependant disparaître. L'affichette du concert au lycée est toujours pliée dans la poche arrière de mon pantalon. Nouvelle tierce sur les touches du piano.

– Ne ferme pas les yeux, souffle Claudia. Regarde droit dans les yeux la personne à qui tu as choisi d'offrir ton bouquet.

Nous passons à la pratique.

Something, des Beatles.

– Es-tu bien sûr de ton choix ? m'a demandé Claudia lorsque je lui ai proposé cette chanson.

Peut-être la langue anglaise a-t-elle laissé une légère amertume dans sa bouche ? J'ai insisté, elle a fini par céder.

La première strophe est comme une déchirure. Je m'y élance à corps perdu. Claudia m'interrompt en cours de route en faisant claquer ses doigts d'un geste autoritaire. Je recommence. Nouveau claquement de doigts.

– Encore, dit-elle d'une voix qui ne trahit aucune émotion.

Ma gorge est douloureuse, mes cordes vocales tendues. J'obtempère.

Sourire en coin.

Je continue.

Les consonnes sont mes amies. Elles sont comme des prises pour l'alpiniste égaré sur une paroi verticale. Elles permettent de se hisser en prenant bien garde à respecter la fluidité de l'harmonie. Je m'y accroche, me voilà les pieds battant dans le vide. Peu importe, mes bras sont suffisamment solides pour me permettre de persévérer dans l'ascension. L'escarpement est moindre, j'ai atteint le refrain. Je reprends mon souffle.

– *Deine Schultern*, maugrée Claudia.

Elle parle souvent allemand lorsqu'elle est à court de patience pour les fautes que je commets régulièrement. Je baisse les épaules, déplaçant mon centre de gravité de quelques centimètres vers le bas.

– La force de gravité est un phénomène capable de gommer toutes les inégalités. Elle est la garante de notre présence sur cette terre et nous confronte à notre fragilité. L'ancrage au sol est un principe simple qui te permet d'embrasser la vie elle-même.

Claudia parle souvent en usant de métaphores. Comme si le chant relevait d'une activité profondément spirituelle. Je l'imagine parfois trônant en haut d'une montagne, assise en tailleur et dispensant à ses disciples de précieuses maximes. Cette image est la seule marque d'irrespect que je me permets à l'égard de son enseignement.

– Recommence, me demande-t-elle.

Une heure de chant passe vite en général. Le mercredi matin est devenu mon moment préféré de la semaine. Le reste du temps, je m'entraîne. À la fin du cours, je sors la feuille pliée de ma poche. Claudia la lit attentivement.

– Fais-le, dit-elle en me la rendant.

Elle n'a marqué aucune hésitation. Toutes les questions que je me posais depuis la semaine dernière sont balayées en une phrase. Il me reste un mois pour me préparer, les yeux de Claudia m'indiquent que ce sera suffisant. Je rentre chez moi la tête haute.

***

– Pourquoi pas ? me dit le professeur de musique du lycée.

La première heure de la matinée vient tout juste de commencer, les auréoles sous ses bras n'ont pas encore pris leur teinte sombre.

– Pourquoi pas ? répète-t-il.

Il me regarde attentivement. Il doit avoir compris la valeur thérapeutique que je cherche à travers l'art lyrique. Malgré la forte antipathie que j'éprouve envers cet homme, je lui en suis reconnaissant.

– As-tu besoin d'un peu d'aide pour te préparer ? me propose-t-il.

Je refuse en prenant soin de ne pas le froisser.

– Idéalement, dit-il, il faudrait que tu participes à la préparation du concert.

Il dessine de deux doigts des guillemets invisibles dans le vide en prononçant le dernier mot, trahissant l'amateurisme de son entreprise. Dans son dos, la chorale se tient debout sur l'estrade. Je pensais le trouver seul dans sa salle, je me suis trompé. Les chanteurs portent une chemise blanche et un foulard coloré noué autour du cou. Un élève se distingue des autres par son t-shirt blanc où est inscrit un nom que je suppose être celui de leur chorale : l'Académie du *la*. Ils m'observent avec un détachement amusé. Pénélope est au deuxième rang. Elle est la seule à manifester une inquiétude sourde. Je détourne les yeux. Mon cœur commence à battre un peu plus rapidement. Sur le trajet du lycée, j'ai pris une bonne dose de cannabis pour me préparer à cet entretien. Un tic nerveux tire ma bouche sur le côté.

– Assieds-toi, me propose le professeur de musique. Nous allions justement répéter. Peut-être serait-il judicieux que tu assistes à notre préparation ? Tu te feras ainsi une idée sur le niveau que je préconise pour faire partie du spectacle.

La chaise est légèrement en retrait dans la pièce. Je m'y installe en silence.

– Parfait, dit le professeur en se plaçant face à ses élèves.

Ce mot claque comme un signal, les membres de la chorale se redressent en dégageant leurs épaules vers l'arrière. La position est bonne. L'ancrage au sol semble solide.

– Un, deux, commence le professeur en levant les mains pour donner la mesure.

Le morceau qu'ils interprètent appartient au répertoire classique et m'est inconnu. La coordination est belle, les voix s'élèvent progressivement dans une harmonie subtile. Dès les premières notes, je retiens ma respiration. Le chant de Pénélope se détache sensiblement des autres (ou peut-être – même sûrement – attire-t-il plus mon attention ?). Elle fixe un point invisible sur le mur derrière moi et son corps se balance au rythme de la musique.

Le morceau dure trois bonnes minutes. Ils enchaînent immédiatement avec un autre.

"Leur technique est bonne, déclare Claudia Wilmer dans ma tête. Mais il leur manque cependant un élément important."

Quelques fausses notes s'élèvent, le professeur de musique les signale d'un doigt accusateur et d'une moue désapprobatrice. Le second morceau a été moins travaillé, il reste cependant de bonne facture. Pénélope a l'air de l'apprécier, sa poitrine se gonfle à chaque inspiration et son visage a pris une teinte rosée.

– Pause, annonce le professeur à la fin du chant.

Il entreprend alors de passer en revue chaque membre de la chorale en leur donnant des indications à respecter. L'amateurisme s'est effacé. Les mines sont graves et concernées.

– On reprend la deuxième, annonce le professeur.

L'interprétation est plus volubile.

“Il leur manque quand même quelque chose”, murmure Claudia.

Je souris intérieurement, je devine parfaitement ce à quoi elle fait allusion.

“Le chant est un acte d’amour.”

C’est la première phrase qu’elle a prononcée lorsque nous avons commencé nos rendez-vous hebdomadaires.

– Si tu te sens incapable d’aimer, alors autant renoncer.

Cette sentence avait l’apparence d’une menace. J’aurais voulu protester, en arguant que mon cœur battait pour celle que j’avais entrepris de reconquérir, mais ne me sentis pas suffisamment à l’aise pour partager l’intimité de mes sentiments.

– Offrir un bouquet est une image qui me plaît, a-t-elle dit. Et c’est une bonne chose que tu l’aies trouvée lors de notre première rencontre. Mais il te faut aller plus loin dans ta perception de l’acte d’aimer. La philosophie n’est pas encore à ton programme, mais considère cela comme un bon exercice de réflexion.

Qu’est-ce qu’aimer ? Une partie de la réponse se trouvait à présent devant moi. Pénélope continuait de fixer le mur blanc dans mon dos, faisant fi de ma présence. Il manquait effectivement à leur prestation un élément crucial : de la générosité.

– Alors ? me demande le professeur de musique à la fin de la répétition.

Une partie des élèves était en train de quitter la salle en traînant des pieds.

– Alors ? lui fais-je.

– Qu'en penses-tu ? Tu seras à la hauteur ?

Une pointe de fierté détestable émane du timbre de sa voix. Je hausse les épaules (dans un mouvement contrôlé).

– D'autres groupes se sont portés volontaires, poursuit-il. Ils ne sont pas mauvais. Mais toi, j'aimerais bien t'entendre un peu avant de te donner mon accord.

L'intégralité des élèves a quitté la salle. Pénélope s'en est allée, sans même un regard. Nous sommes à présent tous les deux. Son regard se fait plus insistant.

Je lui donne un *fa*.

Il me dit :

– OK.

***

Le calendrier est accroché sur la porte de ma chambre. La grande majorité des dates sont marquées d'une croix, celle du jour de la représentation est entièrement colorée en rouge. Un nœud s'est formé dans le creux de mon estomac. Seules deux cases demeurent vierges. Deux journées qui me séparent de l'événement fatidique.

J'attrape mon téléphone portable en regardant l'heure sur mon radio-réveil : 22 h 17. Je compose machinalement le numéro. La voix féminine s'élève toujours au bout de deux sonneries.

Je raccroche.

Aujourd'hui j'ai tenu dix secondes à la laisser parler.

Les deux cases blanches du calendrier me fixent comme deux yeux brillant dans la pénombre. Deux jours ne seront pas de trop pour parfaire ma préparation.

8

Une chanson

Autour de moi, tout n'est que musique.

Mon père sifflote dans la cuisine alors qu'il s'affaire à préparer le repas. *Tap tap*, fait la cuillère en bois sur le bord de la casserole. *Pshhh*, font les oignons au contact de la graisse chaude. La symphonie du quotidien se révèle à travers les détails. *Clac clac*, fait le couteau d'office en éprouvant la tendresse de l'aubergine. *Klonk*, fait le couvercle en aluminium lorsqu'il se referme sur la poêle. *Vrrrrrrr*, fait la hotte lorsqu'elle passe en ventilation optimale.

Mon père pose le plat de ratatouille sur la table. Des étincelles dansent dans ses yeux.

Lentement, mais sûrement, la comédie musicale se met en place. *Ma* comédie musicale. Les couverts tintent gentiment sur la faïence. L'orchestre s'accorde. La joyeuse cascade de l'eau s'écoule dans les verres. Et la première bouchée explose dans ma bouche. Je ferme les yeux en laissant un soupir de contentement s'échapper d'entre mes lèvres. Et sur le rideau de mes paupières closes, les souvenirs affluent comme autant de personnes s'invitant à participer à cette magistrale sarabande. Les sons, puis les odeurs. Et enfin un décor, celui du Sud de la France. La tablée est généreuse, les convives s'y expriment dans une volubilité aimable. Aucun écart ne trouble cette harmonie, l'heure est au partage. Celui des mots, des idées, des nouvelles réjouissantes, des émotions et de l'allégresse. Le chant des cigales s'est atténué, comme si les turbulents insectes avaient choisi de respecter ce moment unique. La ratatouille trône au centre de la table, les regards convergent peu à peu vers la pulpe encore chaude, les serviettes se dénouent, les papilles se mettent en branle. Ma mère fait le service. J'admire son assurance. La louche plonge dans le bain généreux, avant de s'écouler délicatement dans les assiettes tendues. Je suis installé en bout de table, avec les autres enfants. Dès que je suis servi, j'entreprends discrètement de séparer les petites peaux de tomate pour les disposer sur le côté. Mon père m'adresse un clin d'œil entendu. Après le repas, un cousin de ma mère va chercher sa guitare. Nous chantons. Enfin : ils chantent. Moi, je me contente de les écouter, rêveur, en me disant que j'ai hâte de devenir adulte pour éprouver ce puissant sentiment de liberté.

La seconde bouchée semble encore plus savoureuse que la première. J'ai arrêté de faire le tri des peaux de tomate (et ça a été une grande victoire sur moi-même). Je bois une gorgée d'eau. Ma gorge émet un son qu'il m'est impossible de transcrire.

– Tu ne parles pas ? me demande mon père.

– Non, j'écoute.

Il fait mine de tendre l'oreille. Ses sourcils sont froncés, d'une façon suffisamment appuyée pour que je devine qu'il a basculé dans la fantaisie. Il ouvre la bouche puis la referme, tend son doigt vers le haut, place sa main en pavillon sur son oreille. Son visage s'éclaire soudain :

– Je crois que j'ai entendu moi aussi.

Le voilà de nouveau à s'affairer avec enthousiasme sur son assiette. Il dévore sa ratatouille, comme pour se débarrasser d'un souvenir encombrant. Peut-être est-ce le même que le mien ? Il porte son verre de vin à ses lèvres. *Clac*, fait sa langue sur son palais pour ponctuer sa gorgée.

– Je pourrais écouter ce son pendant des heures, murmure-t-il d'une voix songeuse.

Nous parlons de la même chose. Inutile de la mentionner. Elle ne porte pas de nom précis de toute façon. Voilà dix ans que je vis seul avec mon père, sa poésie est contagieuse. Toutes ces années de promiscuité nous ont permis de réussir à partager ce qu'il existe de plus précieux : les émotions. Il me suffit juste de lui dire que *j'écoute* pour qu'il comprenne mon état d'esprit. Et qu'il se hisse jusqu'à moi.

Bom bom bom, fait mon cœur dans ma poitrine.

Bom bom bom, fait celui de mon père.

À l'unisson.

Dans mon lit, les mains croisées sur la nuque, les yeux rivés sur l'étendue grise du plafond, j'écoute encore. Le bruit diffus de la ville qui s'endort : une télévision quelques étages plus haut, un bébé qui pleure, les cordes d'une guitare pincées avec hésitation. Ces sons composent une mosaïque rassurante, l'impression de faire partie d'un tout.

Je me réveille le lendemain matin dans la même position. *Fouitch*, font mes pieds s'enfilant dans mes chaussons. *À l'attaque !* fait ma voix dans un murmure à peine audible.

La rue est à présent le théâtre d'une symphonie complexe. Les voitures occupent le fond sonore de façon continue, mélange d'accélérations, de coups de frein et de klaxons. Parfois, la basse sourde d'un morceau joué sur un autoradio trouble l'homogénéité de cette rumeur. Les passants sont plutôt renfrognés, les conversations rares, manquant cruellement d'enthousiasme en cette heure de la matinée. J'habite à dix minutes à pied de mon lycée. J'ai pris un peu d'avance ce matin, je peux me permettre de flâner. Un bus passe sur ma droite ; lorsqu'il s'arrête, ses amortisseurs émettent le son d'un gros ruminant épuisé.

Les talons d'une femme élancée résonnent avec force contre les façades d'immeubles. Un peu plus loin, des travaux ont lieu sur la chaussée. Les engins mécaniques produisent une gamme de sons brutaux : *vrrrr, clac, kkkrrkkkrr, bang*… (partition industrielle, je fais un pas chassé sur le côté, esquisse d'une chorégraphie balbutiante). Me voici devant les portes de mon lycée. La sonnerie retentit avec agressivité, je gravis lestement les marches qui conduisent au deuxième étage. Installé à ma table, je sors le minuscule carnet bleu de ma poche, celui qui me servira à compiler tous les sons qui accompagneront ma journée. En y prêtant une attention particulière, il est possible de les saisir dans leur multitude. Ma comédie musicale s'étoffe d'une richesse inattendue. Le bruit de la craie sur le tableau, celui des chaises que l'on recule sur le sol, le chant d'un oiseau qui observe les élèves penchés sur leur travail. Chaque son est noté et traduit à grand renfort d'onomatopées (certains me posent difficulté, je le reconnais, le bruit d'une page de cahier que l'on tourne par exemple). J'en souligne quelques-uns pour marquer leur importance (le bruit de la toux diffère d'un individu à l'autre, celui de l'éternuement également, *tchii*, *atchaa*AA ou *tcheu*). En cours de gym, l'exercice physique fournit un panel de sons réjouissants, entre le ahanement essoufflé et la contraction sous la violence de l'effort. Pendant le match de volley-ball, les cris de protestation ou de frustration sont de belle facture, ceux exhalant la victoire également.

À la fin de la journée, huit pages de mon carnet bleu sont griffonnées d'annotations. Je les relis dans la salle de bains, avant de m'en détourner pour observer le tambour de la machine à laver tourner dans une effervescence mousseuse. Je m'abandonne à cette vision en essayant d'évaluer la capacité de ce mouvement à contenir le sens de l'univers entier. La rotation est hypnotique, les changements de rythme aussi. À l'essorage, je me surprends la bouche entrouverte, un doigt tapotant en rythme sur mon genou. Puis c'est de nouveau l'heure du repas, les bruits qui montent de la cuisine, différents de la veille (ah, le bouillonnement de l'eau dans la casserole !). Mais toujours cet instant de silence partagé avec mon père, à tendre l'oreille sur cette note invisible, comme un lien indéniable garant de notre affection.

Le soir venu, je consigne scrupuleusement les événements particuliers dans un cahier prévu à cet effet. Mes dernières heures se font bercer par le doux clapotis des vagues sur la coque du bateau de Patrick. Avant de me glisser sous les draps, je saisis mon portable et commence à composer le numéro que je connais par cœur. Puis je me ravise… non, pas ce soir.

Je m'endors avec la satisfaction d'une journée bien remplie.

***

La voix de Claudia Wilmer est plus éraillée que jamais lorsqu'elle me livre cette confidence :

– Vois-tu, mon petit Maxence. (J'adore quand elle m'appelle comme ça.) Dans la vie, il peut arriver qu'un événement précis nous engage sur une route que l'on n'avait pas franchement prévu d'emprunter. On appelle cela les tournants de la vie. Certains sont plus identifiables que d'autres, ils ont la particularité d'une rencontre marquante ou d'un accident terrible. Ils peuvent se solder par des torrents de larmes ou, au contraire… bien au contraire…

Elle laisse sa réflexion en suspens alors que son regard se perd dans le vide d'une douce rêverie.

***

En 1961, Claudia Wilmer atterrit à Rome. Elle vient tout juste d'avoir trente et un ans. Dès ses premiers pas sur le tarmac, elle est surprise par le foisonnement de l'ambiance sonore. Les gens parlent fort, comme des funambules évoluant à la frontière de la discorde. Des gestes amples soulignent les paroles, brassant l'espace d'une chorégraphie endiablée. Le centre-ville vibre sous les cris, les hurlements, les vespas sillonnant à vive allure la masse compacte des embouteillages, les coups de sifflet intempestifs des agents de la circulation. L'énergie italienne prend Claudia à la gorge, elle a l'impression de suffoquer. Un sentiment étrange la porte, une brise chaude souffle par la fenêtre entrouverte du taxi qui la conduit jusqu'à son hôtel, faisant danser des mèches de cheveux devant son visage. Elle identifie soudain le sentiment qui vient de la saisir : elle se sent amoureuse.

Elle vient pourtant de quitter son second mari, l'abandonnant au soleil brûlant de Californie. Elle est célibataire et compte bien le rester encore un peu, le temps de reprendre son souffle et de profiter de sa solitude. Le chauffeur du taxi engage la conversation dans un anglais rudimentaire, son accent est charmant. Claudia s'amuse de sa légèreté, sans oser lui demander de ne pas lâcher son volant à chaque fois qu'il lui adresse la parole.

Sa chambre d'hôtel est spacieuse. Elle s'allonge sur le lit, les bras écartés en riant. Sa gorge est chaude, les picotements d'une irrépressible rougeur caressent ses joues.

– Amoureuse, lance-t-elle dans un murmure.

***

– Donne-moi un *sol*, lâche Claudia Wilmer dans un sursaut qui la ramène à la réalité.

****

Le grand jour finit par arriver. Dès mon réveil, je suis en apnée. J'ai l'impression d'évoluer dans un univers cotonneux. Mes gestes sont d'une lenteur contenue.

– Tu es sûr que tu ne veux pas que je vienne ? demande mon père en faisant tourner sa cuillère dans son café froid.

– Je te raconterai ce soir.

– Et ta prof de chant, elle sera là ?

Je devine une légère pointe de jalousie dans la formulation de cette question.

– Non, je lui réponds.

– Tu vas être tout seul alors ?

– Yep.

Je plie ma serviette de table, il est temps d'aller me préparer.

Devant la glace de la salle de bains, je me frictionne le visage avec une crème hydratante, surtout au niveau des maxillaires. J'éprouve la souplesse de ma mâchoire, comme me l'a enseigné Claudia Wilmer. Je produis une série de sons, des voyelles. Un A généreux, un É geignard, un U débonnaire.

– Ça va ? me lance mon père de l'autre côté de la porte.

– Ouais, ouais, je me prépare.

Je me brosse vigoureusement les dents, comme me l'a enseigné… En vrai, personne ne m'a appris à me brosser les dents de cette façon. C'est une initiative personnelle.

(Note technique sur le brossage de dents spécial Max : en écartant les lèvres lors du brossage, il est possible d'émettre des sons. En respectant une certaine cadence avec la brosse à dents, il est même possible d'entonner une chanson. Pour ma part, je choisis systématiquement "Quel beau jour vraiment" du dessin animé *Robin des bois*. Le brossage vigoureux ne s'achève qu'à la dernière note du morceau.)

Je choisis ma plus belle chemise dans la penderie de ma chambre (une note de couleur – bleu océan – sur un motif discret, un col pelle à tarte, des boutons rouge carmin). Je mets un t-shirt à manches longues en dessous, vert amande. Un pantalon noir complète ma panoplie. Les poches sont larges, je glisse mon téléphone dans la droite (attention, me conseille mon oncle, avec les ondes, ta bistouquette va finir par s'étioler et risque de tomber). Je lace mes chaussures, j'enfile mon blouson dans un seul et même mouvement, d'une souplesse féline. Et "Salut p'pa, à tout à l'heure p'pa, bosse bien p'pa", me voilà dehors, à la conquête du monde extérieur.

Mon premier pas est un *fa*. Mon second un *sol*. Ma comédie musicale s'expose tout au long de mon trajet jusqu'au gymnase. Les oiseaux y mettent particulièrement du cœur ce matin. Le marteau-piqueur également.

Les portes du lycée sont grandes ouvertes, telle une invitation du meilleur augure. Lorsque je pénètre dans le gymnase, les gradins sont déjà à moitié remplis. Je consulte ma montre et gagne les vestiaires au pas de course. Les élèves de l'Académie du *la* sont déjà en train de régler leurs derniers préparatifs. Pénélope n'est pas encore arrivée. Les voix s'échauffent, les bras et les jambes s'étirent, les épaules s'assouplissent. L'ambiance est plaisante malgré la tension régnant dans les locaux. Je me place dans un coin, simulant un affairement concentré. J'ai eu largement le temps de me préparer, physiquement et psychologiquement. L'heure tourne, un brouhaha de plus en plus fort monte de la grande salle, nous allons bientôt monter en scène. Selon la feuille que m'a fait parvenir le professeur de musique, l'Académie encadrera le spectacle de deux prestations. Ils passeront en premier et clôtureront le programme. Cette mise à l'honneur me paraît judicieuse, après tout, le professeur et son groupe sont à l'initiative de cet événement. Je chante en deuxième. Le trac n'aura pas le temps de se frayer un passage jusqu'à mon cerveau (enfin, je l'espère).

– Encore dix minutes ! s'écrie jovialement le grand ordonnateur de la journée.

Le professeur de musique arbore un nœud papillon rouge vif, il semble prendre son rôle très au sérieux. La porte des vestiaires s'ouvre tout à coup. C'est Pénélope, elle semble à bout de souffle, elle a dû courir pour ne pas arriver en retard. Elle n'est pas seule.

Le garçon avec qui je l'avais croisée dans les couloirs est juste derrière elle. Il semble aussi essoufflé que son amie.

– Je serai au premier rang, lui dit-il dans un sourire.

Elle se tourne alors vers lui et lui dépose un baiser furtif sur les lèvres.

Je me tétanise.

Mes lèvres s'entrouvrent pour laisser passer un filet d'air. Un mot s'échappe par inadvertance :

– Lutte intérieure.

Personne ne m'a entendu. De toute façon, ce terme ne concerne que moi.

"Lutte intérieure."

Deux armées se sont mises en place dans ma tête. D'un côté, les soldats parfaitement détendus, cigarette de cannabis aux lèvres, cheveux longs, yeux cernés de ceux que l'on surprend au pied du lit, mines jobardes (leur uniforme est… hmmm… bleu). En face de cette masse nonchalante, ceux qui sont vêtus de rouge. Leurs regards balaient l'étendue ennemie en de vifs et brefs mouvements de tête. Ils sont sur le qui-vive. Leur nervosité est comme un frisson électrique qui envelopperait leurs rangs. Ils sont méfiants et ils ont peur. Et s'ils se sont engagés dans cette guerre, c'est qu'ils soutiennent que la meilleure des défenses, c'est l'attaque. Les deux camps adverses se regardent avec animosité et mépris. L'assaut ne va pas tarder à être donné.

– On va bientôt entrer en scène, annonce le professeur de musique.

Je sursaute au son de sa voix.

– Tout va bien, Max ? me demande-t-il.

Je sursaute une nouvelle fois.

– Oui, oui, monsieur, je réponds. J'étais juste en train de me concentrer.

– Alors c'est parfait.

Nous sortons tous des vestiaires en file indienne. L'Académie du *la* passe devant moi. Les couettes blondes de Pénélope dansent au-dessus de sa tête à chacun de ses pas. Nous prenons place un à un sur les chaises disposées au bord de l'estrade. Deux personnes me séparent de Pénélope. Je ne peux m'empêcher de pencher ma tête pour la regarder (et, qui sait, réussir à croiser son regard).

Elle sourit.

Au garçon.

Une coloration rosée nuance le teint de ses joues. Une crispation douloureuse se manifeste dans mon ventre, comme si quelqu'un venait de faire un nœud coulant avec mes intestins. Le professeur de musique s'avance sur le devant de l'estrade. Les applaudissements montent progressivement du public.

– Merci, merci, déclare l'homme avec une assurance décontractée.

Après avoir souhaité la bienvenue aux spectateurs, il invite sa chorale à venir s'installer sur le devant de la scène. Puis il se place devant eux, lève les mains, pouce et index pincés comme s'il tenait des baguettes invisibles. Un, deux, trois, quatre… c'est parti.

Je reconnais la chanson qu'ils avaient interprétée lors de ma visite. Elle durait environ trois minutes trente. Ou un peu plus peut-être…

C'est largement suffisant pour que je retrouve mon calme. Je respire profondément. Le sang pulse fort à mes tempes. Dans ma tête, les deux armées n'en finissent pas de se toiser.

Une minute s'écoule, puis deux, dans la perfection de la mélodie interprétée par l'Académie du *la*. La générosité se manifeste dans leurs voix, en tout cas bien plus que la première fois. Ma jambe tressaute dans un mouvement incontrôlable. Le garçon qui accompagnait Pénélope ne la quitte pas des yeux. Sa bouche s'entrouvre, il l'accompagne d'un chant muet. Peut-être ont-ils répété ensemble ?

Ils entament la troisième minute. Dans ma tête, le fracas des armes des deux armées qui se mettent en place est assourdissant. Les *détendus* ont sensiblement reculé. (Ont-ils peur ? Prennent-ils leur élan ?) Et bientôt, l'ultime note de la chanson de l'Académie du *la*. Elle s'éternise avant de s'éteindre progressivement. Dans les gradins, les applaudissements explosent d'un coup, à tout rompre. Après un bref salut, les chanteurs regagnent leur place.

C'est mon tour.

Les soldats rouges s'élancent contre les soldats bleus. Un cri de rage monte de leur gorge. Il ne peut en rester qu'un.

Je me lève pour me positionner sur le devant de la scène. Le public me paraît encore plus nombreux.

Mes terminaisons nerveuses sont au bord de l'incandescence.

J'inspire une grande goulée d'oxygène.

C'est parti.

DEUXIÈME NOTE
(UN *SOL*)

9

L'immuable cruauté de l'existence (en général) – Partie 1

Il s'appelle Francis. (C'est son nom dans la vraie vie (et non Thomas, comme j'avais pu le supposer antérieurement). Francis est grand, Francis est beau, Francis ne bégaye pas et lorsque Francis mange de la purée, il ne crépit pas les murs.) Francis aime Pénélope et réciproquement (je ne peux me résoudre à écrire "Pénélope aime Francis", il y a quelque chose d'obscène dans cette phrase).

Trente-trois jours se sont écoulés depuis les terribles événements du gymnase. Ils ont laissé dans ma mémoire une empreinte qui ne s'est jusqu'alors pas effacée. Loin de là.

***

– T'as parlé à ton père ? demande mon oncle.

– Lutte intérieure !

Il me tend le sachet de châtaignes qu'il vient d'acheter à un commerce ambulant. J'en prends une et l'épluche.

– Il se fait du souci pour toi, tu sais ?

– Je sais…

Je marmonne à moitié, la tête baissée, concentré sur l'écorce réticente.

– Souviens-toi de toutes les conversations qu'on a pu avoir assis sur ce banc, dit-il. Te souviens-tu de celle où j'évoquais les éléments précieux qui composaient ton quotidien et la difficulté de les percevoir ?

– Je m'en souviens.

– Et, bon sang, regarde-moi quand je te parle ! J'ai l'impression de m'adresser à un débile !

Je lève les yeux sur lui, il a l'air en colère.

– Mais p't-êt' que j'ai raté un épisode ? P't-êt' qu'en fin de compte t'es débile.

– Nan, je suis pas débile.

– Comment ? J'ai pas bien entendu là ?

– Je-suis-pas-dé-bile.

– Ah, OK.

J'attrape une autre châtaigne. Il me donne une bourrade sur l'épaule.

– Allez, dit-il, prends pas la mouche, ça fait du bien de se faire bousculer un peu, tu peux me croire sur parole.

– J'ai pas vraiment besoin d'être bousculé en ce moment, j'ai pris suffisamment cher.

– Ouais, je suis au courant de tes histoires, ton père m'a raconté.

Il marque une légère hésitation, comme s'il voulait s'assurer que je ne me vexe pas de son aveu.

– C'est pas la fin du monde, tu sais, même si…

– Même si quoi ?

– Bah, c'est un sacré truc qui t'est arrivé.

Il lève les yeux, comme s'il cherchait dans un recoin de son cerveau les mots appropriés pour ne pas me froisser (et alors qu'un cul de belle facture passe juste devant nous, c'est vous dire si mon oncle a décidé de se concentrer sur ce qu'il a à me dire).

– L'humiliation publique est à mon sens ce qu'il peut arriver de pire, dit-il.

Son temps de réflexion n'était pas en fin de compte nécessaire. Me voici au fond du trou, et mon propre oncle s'applique à creuser encore plus profond.

– T'as demandé à changer de lycée ? Tu pourrais même envisager de déménager. Changer de ville, et tes préoccupations appartiendront au passé. Tu pourrais même changer de pays.

Je le regarde, outré par ses propos.

– Chirurgie faciale, murmure-t-il d'un ton pensif.

Je lui donne une bourrade en retour.

– T'arrêtes de te foutre de moi ?

– Je ne me fous pas de toi, j'essaye de te trouver un plan de sortie. Mais au fait…

Il me lance un regard empreint de suspicion avant de me demander :

– T'as réfléchi à un plan de sortie, bien entendu ?

Son visage s'éclaire soudain d'une lueur d'amusement.

– Ne me dis pas que tu n'as pas songé à un plan de sortie ?

Il se tape sur la cuisse en riant alors que je me confonds en balbutiements piteux.

– En définitive, p't-êt' ben que t'es débile ? dit-il une fois calmé. Parce que, franchement, après ce qui t'est arrivé, ne pas songer à un plan de sortie, il faudrait vraiment être débile.

– Suis pas débile…

(Voilà que je me mets à honnir les sujets de mes phrases comme mon père, je ne suis peut-être pas débile comme le soutient mon oncle, je me sens cependant glisser sur une mauvaise pente.)

– La chirurgie esthétique n'est peut-être pas une bonne idée, reprend-il. Surtout avec le visage d'ange que tu as. Mais peut-être veux-tu que je t'aide à trouver une solution ?

– Hmmm…

Il interprète probablement ma réaction comme une réponse positive. La bourrade suivante est bien plus affectueuse.

– Reprenons depuis le début, commence-t-il. Je veux dire le début, c'est-à-dire depuis ton fiasco dans le gymnase de ton lycée. Car il s'agit bien d'un fiasco, n'est-ce pas ?

– Oui.

– Donc tu te pointes, la fleur au fusil, déterminé à prouver à tous ces ringards que le plus grand chanteur, c'est toi. Malheureusement sur scène, tu te retrouves incapable d'aligner le moindre son. Et pire : tu te mets à bafouiller et à être pris d'une terrible crise de Tourette.

– Oui.

– Sans compter ce prof de musique…

Il se penche vers moi pour me glisser sur le ton de la confidence :

– À ce propos, les quatre pneus de sa voiture ont encore été crevés ce matin.

Je prends un air offusqué (même si au fond de moi, je jubile).

– Ce satané prof, reprend mon oncle. Il n'a pas pu s'empêcher de rire. Ça a été plus fort que lui. Au début, il a pouffé, discrètement, en plaçant sa main devant sa bouche. Mais il a fini par craquer et a éclaté de rire. Sa réaction a encouragé les autres personnes présentes dans le public. Et très vite, tu t'es retrouvé devant une marée de faces hilares.

Il secoue la tête en prenant un air accablé.

– Tss, tss, tss, lâche-t-il.

– Les gens ne riaient pas autant que tu le prétends, avancé-je.

Le souvenir du rire de Pénélope dans mon dos est en revanche très net dans ma mémoire.

– Tss, tss, tss, fais-je à mon tour.

Un cul triste passe à notre portée, balançant sa mélancolie au rythme d'un déhanchement hésitant.

– Tu n'as pas tort en définitive lorsque tu évoques une humiliation publique, murmuré-je.

– Rien de plus triste qu'un cul triste, soupire mon oncle.

Ses épaules s'affaissent d'un coup. Il est comme pris d'une insondable détresse.

– Allez, dis-je en lui donnant un coup de genou.

– Bah, fait-il.

Il regarde le cul triste s'éloigner.

– Tu sais, dit-il au bout de son temps d'observation, j'ai une sacrée expérience en matière de plan de sortie. Et si j'ai cherché à te provoquer tout à l'heure, c'est pour une raison bien précise.

– Hmm hmm.

– Tu as deux façons de réagir à la provocation : soit tu t'enfermes et tu rumines jusqu'à ce que la tempête passe, soit tu te mets en colère.

Ses yeux brillent à cette déclaration.

– La colère, affirme-t-il.

Il attrape un petit bâton au sol et se met à dessiner d'approximatives formes géométriques dans le sable avec.

– La colère est un des plus puissants combustibles qui puissent exister. Imagine ton corps comme une chaudière, une machine parfaitement huilée capable de te porter là-haut, très haut dans le ciel. Il te faut de l'énergie pour ça. Et la colère me semble le composant le plus apte à t'en donner.

Sa création se précise sur le sable, il s'agit d'une locomotive.

– Mais tu sais que les émotions fortes ne me réussissent pas, tonton.

Il se tourne vers moi pour me dévisager d'un drôle d'air.

– Je ne sais pas trop si je devrais te dire ça mais…

De deux doigts, il casse son petit bâton avant de me confier :

– Depuis tout petit, t'es dans la retenue. Tu essayes tant bien que mal de juguler ton problème, de contenir ces effroyables pulsions. Et tu te débrouilles pas si mal. Quand tu portes tes lunettes de soleil et après un petit pétard, on pourrait presque croire que t'es un gamin normal. Mais je me disais : t'as jamais eu envie de tout laisser exploser ? D'ouvrir les vannes pour déverser toute la fange que t'as dans la tête ? Comme ça, d'un coup ?

Je ne réponds pas, je n'ose pas lui avouer que cette violence m'est familière lors de mes crises certains soirs.

– Je ne te parle pas d'une explosion en solitaire, précise-t-il comme s'il lisait dans mes pensées. Mais d'une explosion en public.

– C'est un peu ce que j'ai fait lors du concert dans le gymnase.

Il reste un moment silencieux. Ses conseils pourraient me choquer. Sa vision de ma maladie est réductrice. Elle sous-entend une maîtrise dans mes comportements alors que c'est bien là tout le problème avec la Tourette : l'absence totale de contrôle. Ce n'est pas en hurlant un bon coup que je réussirai à me vider. Je l'écoute cependant sans intervenir.

– Une fois, j'ai hurlé comme ça, raconte-t-il, et ça m'a fait du bien. Un bien fou même. Mon soulagement a été tel que j'ai eu l'impression d'effacer toutes les mauvaises idées que j'avais en tête. J'avais bien préparé mon coup. J'avais pris la bagnole pour aller en bord de mer. J'ai roulé pendant des heures jusqu'à atteindre la côte, là où l'océan se fracasse sur les falaises noires. Le soir venait de tomber, il n'y avait personne. Alors je suis monté en haut d'une crête et là, j'ai hurlé. J'avais l'impression de m'adresser au monde lui-même, de vociférer ma hargne, lui communiquer mon ressenti par rapport à toutes les merdes qui me tombaient dessus. Et Dieu sait s'il en pleuvait dru. Depuis, la tempête s'est tarie. En partie grâce à ton père et toi, tu peux pas t'imaginer ce que votre présence me fait du bien.

Ses yeux brillent, juste ce qu'il faut pour que mon cœur se gonfle d'affection. Je n'ai jamais imaginé mon oncle comme une personne dépressive. Peut-être me suis-je trompé ? En même temps, quelqu'un qui passe autant de temps à regarder les culs ne peut pas avoir foncièrement un caractère sombre.

– Lutte intérieure !

– T'as toujours réponse à tout, toi, dit-il en riant.

Il me presse contre lui en passant son bras sur mon épaule.

– Heureusement que t'es là, bonhomme, dit-il.

C'est la dernière phrase qu'il prononce. Peu de temps après, nous rentrons, en silence. Je n'ose pas lui dire qu'il ne m'a pas en fin de compte fourni de plan de sortie, mais je crois deviner celui qu'il aurait pu me suggérer : dans la tourmente, aide-toi de ceux qui t'entourent et te veulent du bien.

Sur le pas de la porte, mon père lui propose de rester dîner avec nous :

– J'ai pas prévu de chou-fleur, mais tu peux faire une entorse à la règle de temps en temps.

Il décline en arguant qu'il est crevé et qu'il doit se lever tôt demain pour aller bosser (mon oncle est ingénieur dans une centrale électrique). De la salle à manger, je l'observe quitter notre appartement d'un pas lourd.

***

En un regard, je suis capable d'évaluer le moral de mon ami Olive. Ce matin, je devine que ça ne va pas. En premier lieu, à sa façon de me demander :

– Ça va ?

La voix est particulièrement traînante et son œil malade part tellement de travers qu'il donne l'impression de vouloir regarder derrière lui.

– Et toi ? je lui lance.

– Hmmpf...

Jamais réponse n'aura été aussi franche.

– T'étais pas là hier ? je lui dis.

– Nan, j'étais chez le toubib.

– Ah...

– On va déménager.

Sa phrase sonne comme la libération d'un fardeau. Il n'a même pas pris le soin d'entretenir une continuité logique dans ses propos. Je prie alors pour qu'il me parle d'un autre quartier dans la ville, ou éventuellement la proche banlieue.

– En Amérique, lâche-t-il.

Le monde s'écroule dans une explosion sourde. Je ne dis rien.

– Ouais, déclare Olive à mi-voix. On dirait bien que c'est la fin de la fine équipe.

Puis il s'en va. Olive a toujours été très pudique. Peut-être n'a-t-il pas envie que je le voie pleurer ?

On se retrouve deux heures plus tard, devant la porte de son immeuble (le cheminement de la journée qui nous a conduits jusqu'ici n'a pas réellement d'importance. Ce qui mérite l'attention réside dans le fait que c'est à ce moment-là qu'il m'a livré la seconde partie de sa confession).

– J'ai une dégénérescence du nerf optique, dit-il. Si je ne me soigne pas, je risque de devenir aveugle.

Ses doigts tremblent un peu lorsqu'il compose le code de sa porte d'entrée. Il s'éclipse sans même se retourner.

Je rentre chez moi, je m'assois sur mon lit.

– Je vais faire un soufflé ce soir, me crie mon père de son bureau.

Je ne lui réponds pas.

Je pense à mon copain. Qui doit être dans la même position que moi, assis sur son lit, à ressasser les mêmes idées noires. Sur la vie, sur l'immuable cruauté de l'existence.

Il y a comme un cri étouffé à l'intérieur de moi.

Ça ne peut pas se passer comme ça.

Il doit bien y avoir un plan de sortie.

Je me lève subitement et enfile mon blouson.

La mère d'Olive m'accueille sur le pas de la porte de leur appartement :

– Il est dans sa chambre, je lui ai dit que c'était toi.

Elle prend un air embarrassé avant de me demander à mi-voix :

– Il t'a raconté ?

– Assez brièvement.

– Je ne sais pas ce qu'il vit le plus mal : le déménagement ou ses problèmes de santé, même si j'imagine sans mal qu'il doit s'agir de la deuxième hypothèse.

Je fais la moue (je n'ai jamais été très à l'aise avec les parents d'Olive. Les rares fois où j'ai échangé avec eux – sa mère comme son père –, ils marquaient toujours un temps avant de prendre la parole, quelques secondes à peine. Un laps suffisant cependant pour instiller une impression de gêne).

– Tu connais le chemin, dit la mère d'Olive en me désignant le couloir qui conduit à la chambre de mon ami.

Comme j'avais pu le supposer, Olive est assis sur son lit, le regard perdu dans le vide.

– Ah, c'est toi, fait-il en m'apercevant dans l'embrasure de la porte.

– Je pouvais pas te laisser comme ça. C'est pas pour rien qu'on nous appelle la fine équipe.

– Il paraît qu'aux États-Unis ils ont des toubibs capables de soigner mon problème d'œil.

– Ah.

– C'est un peu pour ça que mes parents ont choisi d'aller s'installer là-bas. Et en plus mon vieux a trouvé du boulot à côté de New York.

– New York ?!

– Ouais, c'est à peu près la seule bonne nouvelle.

Sa chambre est propre, seul le bureau présente une pile de feuilles intercalaires à moitié froissées. Je ne suis pas venu souvent ici, Olive a toujours préféré qu'on se retrouve à l'extérieur. “C'est pas la fête entre mes vieux en ce moment”, disait-il souvent. Ses excuses laissaient supposer que l'ambiance familiale devait peser dans sa vie.

Il m'invite à m'asseoir sur l'unique chaise ; lui, reste sur le lit. Les posters sur les murs me sont familiers, une actrice populaire, un groupe de rock progressif et quelques cartes postales concentrées au niveau de la tête du lit. Je remarque la guitare posée debout dans un coin de la chambre.

– Ah, fais-je comme si je venais de découvrir l'arme du crime.

Olive tourne son œil valide vers l'instrument.

– Tu parlais de me jouer un morceau l'autre jour ? avancé-je.

– J'ai les doigts un peu gourds, me répond mon ami. Mais si t'insistes.

Il déploie sa longue carcasse, attrape la guitare par le manche et d'un geste bref du menton m'enjoint à lui libérer ma place.

– Je peux jouer que sur cette chaise, me demande pas comment c'est possible, mais il n'y a que sur cette chaise que j'arrive à sortir quelque chose de cette guitare. C'est une chaise qui a appartenu à mon arrière-grand-père. Mon père me disait qu'il faisait sa compta assis dessus. C'était sa passion, les chiffres. Peut-être que c'est pour cette raison que je me sens bien de jouer de la guitare assis sur cette chaise. Que c'est juste une histoire de passion, en fin de compte. Parce que pour tout te dire, la guitare, c'est un peu ma passion.

Dans mes souvenirs, je n'ai jamais entendu Olive monopoliser autant la parole, lui qui d'habitude a plutôt tendance à être laconique et à se limiter à de tranquilles "hmmpf" pour intervenir dans la conversation.

Sa soudaine faconde trahit un état nerveux inhabituel chez mon ami.

– Qu'est-ce que tu veux que je te joue ? demande-t-il.

Tout en me posant cette question, il tourne les clés d'accordage sans même pincer une corde.

– Je sais pas, moi, je lui réponds. Quelque chose d'entraînant. Du flamenco ?

Je regrette cette suggestion au moment même où je la formule. La musique espagnole est réputée pour sa difficulté et se joue en général sur une guitare classique. Malgré mes faibles connaissances en la matière, celle d'Olive ressemble plutôt à une guitare folk.

– OK, fait-il.

Il joue alors une note.

Je me fige sur place.

Et là – je le jure devant les Puissances célestes –, son œil divergent se replace dans l'axe de son regard.

(C'est un mensonge et je n'ai aucun scrupule à jurer devant les Puissances célestes : à cette époque de ma vie, j'étais intimement persuadé qu'elles n'existaient pas. Mais si j'éprouve un besoin si vif d'appuyer mon mensonge, c'est que la prestation d'Olive était vraiment étourdissante. Impossible de se limiter à une simple appréciation, même agrémentée d'adjectifs superlatifs. Le recours aux Puissances célestes n'est qu'un stratagème qui permet de saisir la démesure de ce que mon ami m'offrit ce jour-là. Et le recours au fantastique également : l'œil d'Olive n'a jamais bougé. Mais cette évocation paranormale vaut bien tout l'enthousiasme du monde.)

Donc : Olive joue une note, que j'identifie comme étant un *fa*. Puis, il se penche sur son instrument (le verbe *pencher* ne correspond pas tout à fait au mouvement qu'il a réellement effectué. Plusieurs images me sont venues à l'esprit : celle d'une maman ours repliant sa lourde carcasse sur sa portée pour la protéger du froid, celle d'un albatros enveloppant de ses ailes les œufs qu'il s'apprête à couver. Dans tous les cas, il s'agissait d'un rapport animal entre un être fragile et son géniteur. Car dès le moment où Olive s'est *penché* sur son instrument, j'ai compris l'intimité bouleversante qui les unissait tous les deux).

Il commence alors à jouer. Interprète-t-il un morceau qu'il connaît ? Impossible de le déterminer, sa dextérité est telle que j'en ai le souffle coupé. Une question se pose dès lors : combien mon ami Olive a-t-il réellement de doigts ? Et comment fait-il pour en avoir une maîtrise si parfaite ? Les notes s'enchaînent, les nuances se font de plus en plus subtiles au cours de la progression, et une émotion puissante émerge de l'interprétation, comme une déferlante chahutant la placidité de la ligne d'horizon. La main droite d'Olive se lève en cadence pour aller frapper les cordes avec force (comme me l'expliquerait mon ami plus tard, la guitare n'est pas un instrument à cordes mais à percussion). Le morceau s'éternise, la mélodie se révèle en une ligne claire et aussi précise qu'une goutte de pluie louvoyant sur le pare-brise d'une auto. En trois accords, l'anecdotique est pourtant balayé, ce n'est pas une vulgaire chanson que joue Olive, c'est une pièce. Me voilà tout frissonnant assis sur son lit, comme pris d'une fièvre tropicale. Il est tellement concentré qu'il ne s'en aperçoit pas. Sa main commence à ralentir, les cordes vibrent d'une façon plus marquée, prémisse de la fin du morceau. Et lorsque retentit l'ultime note, seule la respiration hachée de mon ami trouble le silence.

– Alors ? demande-t-il une fois qu'il a recouvré ses esprits.

Je déglutis et parviens à lui glisser :

– Ouais, c'est pas mal.

– Pas mal ?

– Tu te débrouilles.

– Merci.

Il semble sincèrement touché par mon compliment, même si mon appréciation est bien en deçà de ce que je pense de sa performance.

– On pourrait faire un groupe tous les deux.

– Un groupe ?

– Ben ouais, tu pourrais chanter et moi je jouerais de la guitare.

– Chanter ? Je te rappelle que j'ai arrêté il y a un mois.

– T'as jamais arrêté, ça se voit dans tes yeux.

Parfois, l'ami Olive continue de m'étonner par de simples petites phrases lancées avec une désinvolture désarmante.

– Si, j'ai arrêté, je soutiens.

– À ton tour, me dit-il sans tenir compte de mon obstination.

– Comment ça, à mon tour ?

– Ben, je t'ai joué un morceau, à ton tour de me chanter un truc.

(Je devrais établir plus tard une liste des personnes devant lesquelles je me sens parfaitement à l'aise pour chanter, sans bafouiller ou éructer d'insanités. Olive en ferait partie, ainsi que mon père et mon oncle. Et Claudia Wilmer, bien entendu.)

Je lui donne un *fa*. Juste un *fa*.

Il reste un moment silencieux. Avant de murmurer :

– Ouais, c'est pas mal.

– Pas mal ?

– Tu te débrouilles.

– Merci.

Peut-être est-ce une illusion, mais j'ai l'impression qu'Olive va mieux depuis le début de ma visite. Sa bouche se tord de temps en temps, comme s'il oscillait entre un visage de marbre et un sourire franc.

– Pour le groupe ? demande-t-il.

– Je suis partant. Mais ça va être compliqué à gérer si t'es de l'autre côté de l'océan.

– On trouvera bien un moyen.

(Olive, prince du flegme.)

– Tu pars quand ? je lui demande.

– Dans un mois.

Un nœud se resserre dans mon estomac.

(Qu'est-ce que je vais faire ? Mais qu'est-ce que je vais bien pouvoir faire de ma vie, bon sang, une fois que mon meilleur ami ne sera plus là ?)

– Je peux te demander un service ? demande-t-il.

– Yep.

– Tu voudrais pas me filer une photo de toi ? Rapport à mon problème avec mes yeux. Si jamais ça devait mal se terminer, j'aimerais conserver une trace de mes potes.

– Pas de souci.

Sur le chemin du retour, contre toute attente, mon cœur est léger dans ma poitrine, comme si le printemps était de retour dans ma tête. La journée est encore loin d'être terminée.

Malheureusement.

10

L'immuable cruauté de l'existence (en général) – Partie 2

Dans la soute de son bateau, sous sa couette, Patrick observe les formes se dessinant à travers les enchevêtrements de draps. Il ferme à moitié les yeux : une chaîne montagneuse expose ses cimes enneigées à la morsure du soleil. Il s'imagine descendre la pente, skis aux pieds. Ses mouvements relèvent d'une maîtrise et d'une technique parfaites, tout en souplesse et en force. La poudreuse s'élève dans son sillage, semblable à un nuage scintillant de poussière de fée. D'un mouvement de la main, Patrick amplifie la forme de ces montagnes fantasmées. Les avalanches grondent et font trembler le sol. Voilà sa silhouette slalomant à travers de monstrueuses vagues glacées.

Trois feuillets étaient déposés dans la bannette. Ils reposent à présent sur ma table de nuit. Je n'ai pas l'esprit à la lecture, même si j'ai remarqué que mon père n'était pas dans son état normal ce soir. Sa mine était soucieuse et il n'a pratiquement pas ouvert la bouche de tout le repas. Je remonte la couette du lit sur mon épaule. Je fredonne un air, juste les paroles d'une chanson à mi-voix. La musique me calme, les histoires de mon père aussi, j'attrape les feuillets.

Le ciel était gris foncé, comme si un esprit facétieux s'était appliqué à le recouvrir d'une couche de suie. La proue du bateau fendait une mer d'huile tel un imposant fer à repasser sur une étole de soie. L'équipage était silencieux. Les rames battaient les flots avec une résignation pesante. Michel scrutait l'horizon et le minuscule point qui venait d'y apparaître.

Je suis pris d'un sursaut violent. *Michel ?* J'espère que cette trahison est justifiée.

– Une île ? demanda Carnage, son fidèle lieutenant.

– Ou un monstre marin, suggéra Michel.

Autant s'attendre à une mauvaise surprise. Leur voyage leur en avait pour l'instant ménagé un nombre non négligeable.

Plus le navire s'approchait et plus la masse se révélait sombre, comme si un fragment de ténèbres s'était détaché des enfers pour venir émerger sur la surface plane de l'océan.

– C'est une île, confirma le fidèle lieutenant.

Michel, lui, restait silencieux. Il n'avait jamais rien vu de tel. L'île était noire, aussi noire qu'une coulée de réglisse. Les vents charriaient des nuages de poussières charbonneuses qui cernaient le morceau de terre dans un bruissement permanent. Des cratères se formaient sur le relief escarpé, expulsant des fragments liquides d'un souffle bref évoquant la course d'un fuyard asthmatique. Michel éprouvait un malaise qui allait grandissant. Malgré les efforts des rameurs, le navire avançait avec lenteur, il semblait pris dans une nappe de goudron frais. Des silhouettes spectrales émergeaient de cette boue.

– Des oiseaux, murmura Carnage.

Les malheureux volatiles battaient désespérément des ailes pour s'extirper de cette mélasse, en vain. Le clapotis de leurs membres empesés produisait un son atroce. Michel donna l'ordre de jeter l'ancre. Son instinct de navigateur lui hurlait de prendre ses jambes à son cou. Il devait pourtant s'acquitter d'une tâche avant de fuir cet endroit maudit.

– Il faut détruire cette aberration, articula-t-il dans un souffle.

Son fidèle lieutenant lui lança un regard interrogateur.

– Par le feu, dit Michel.

L'instant d'après, Carnage se tenait devant son capitaine, une torche dans la main. La flamme crépitait et faisait danser des ombres fantomatiques sur le visage de Michel. Il se saisit de l'objet et le lança de toutes ses forces en direction des rives inhospitalières. Le point lumineux décrivit un arc de cercle dans le ciel avant de percuter l'île sur son flanc. La terre s'embrasa aussitôt. Un cri monta des ténèbres, au début comme un sifflement, puis se transformant peu à peu en hurlement terrifiant. La surface de l'île se déforma sous la morsure de la chaleur. Des ombres mouvantes firent leur apparition. Sur le pont du navire, Michel recula d'un pas. Il n'avait jamais assisté à un spectacle aussi effrayant. Des créatures griffues émergeaient de la terre, leur nombre était impressionnant. L'une d'entre elles ouvrit sa large gueule. Le feu s'y engouffra. De ses mains, elle laboura le sol, les braises crépitèrent entre ses longs doigts.

– Bon sang ! jura Carnage.

Déjà, l'incendie avait diminué. Quelques foyers parsemaient désormais la surface de l'île. Les créatures dansaient autour en levant les bras au ciel, sabbat païen aux accents grotesques.

– Il va nous falloir accoster si nous voulons anéantir cette infamie, déclara Michel.

Une lueur de détermination faisait briller ses yeux d'une énergie trouble.

Carnage posa sa main sur l'épaule de son ami.

– Nous t'accompagnerons jusqu'au bout.

J'interromps ma lecture.

Un nœud s'est formé dans mon estomac.

L'île maudite est véritablement terrifiante. J'ignore comment mon père, en si peu de mots, a réussi à créer un lieu aussi abominable. Et pourquoi a-t-il changé le prénom de son héros ?

Je repose le dernier feuillet. Le nœud se resserre dans mon estomac.

Les textes de mon père sont toujours portés par l'optimisme.

Pas cette fois.

Le doute persiste. Et alors que Michel et ses hommes empruntent une barque pour gagner la surface de l'île, une angoisse terrible envahit mon esprit.

Mon réveil indique 1 h 23.

Je me lève à tâtons. Il y a toujours de la lumière dans la cuisine. Mon père ne dort pas, il est assis devant un verre d'eau. Il paraît m'attendre. Et alors que je m'approche en prenant soin de ne pas faire de mouvements brusques, il lève les yeux sur moi et me dit :

– J'ai un cancer.

***

Claudia Wilmer m'appelle trois fois dans la semaine. Je finis par prendre la communication.

– Tu es difficile à joindre, me dit-elle en guise d'introduction.

– J'étais occupé.

– Ça n'excuse en rien ton attitude grossière.

Même à travers le combiné, l'autorité de Claudia fait mouche. Je me recroqueville sous ma couette.

– J'aimerais reprendre les cours, annonce-t-elle.

– Je ne chante plus.

Mon aplomb me surprend moi-même. Elle observe un moment de silence avant de déclarer :

– Voyons-nous une fois. J'aimerais au moins te parler.

Son insistance m'est pénible. Et malgré mon admiration et mon affection (à ce stade, oui, je peux parler d'affection) pour elle, je souhaiterais l'espace d'un court instant qu'elle n'ait jamais existé.

– J'ai beaucoup de travail en ce moment.

– Arrête avec tes excuses à la noix. Tu me dois bien ça.

Elle a raison, ses arguments ne peuvent être contestés. Je lui suis redevable de m'avoir, le temps de ses leçons, laissé entrevoir une lumière dans ma vie.

– Quand es-tu libre ? demande-t-elle.

– Je peux être chez vous dans dix minutes.

(Autant en finir au plus vite.)

– Parfait.

Claudia Wilmer m'accueille dans son salon. La colère forme comme une pellicule autour d'elle, une pellicule qu'elle aurait toutes les peines à ne pas laisser exploser. Je n'ose même pas lui dire bonjour.

– Pour qui te prends-tu, jeune homme ? commence-t-elle.

Je ne réponds pas, préférant le silence à l'affrontement. J'hésite pourtant à lui parler des problèmes de santé de mon père. Je renonce, estimant que, malgré notre complicité, cela ne la concerne pas.

– La politesse est une vertu en passe de disparaître, assène-t-elle. As-tu conscience du nombre de fois où j'ai dû te téléphoner avant que tu daignes me répondre ?

Je regarde mes pieds. Le lacet de ma chaussure gauche est un peu lâche. Si j'avais su le savon que j'allais prendre, je ne me serais pas donné la peine de me déplacer.

Claudia paraît heureusement se calmer au bout d'un moment. Elle fait les cent pas sur le tapis persan. Elle finit par s'interrompre, adoptant cette posture désormais si familière, adossée contre le manteau de la cheminée.

– Crois-tu que je ne sois pas passée par là moi aussi ? me dit-elle sur un ton plus posé. La première fois que je me suis produite en public, tous les membres d'un studio anglais de cinéma étaient présents dans la salle. L'audition était monumentale, nous étions plus d'une centaine à concourir ce jour-là. J'avais tellement fumé de marijuana avant de me présenter sur scène que le blanc de mes yeux s'était effacé sous une pellicule écarlate. Mais ça n'a pas été suffisant. Devant le micro, j'ai hurlé une série de grossièretés, en rapport avec les attributs virils de belle taille des hommes, si tu vois ce que je veux dire. J'ai été expulsée sans ménagement.

La sélection de cette audition était si dure qu'ils ne pouvaient se permettre aucune fantaisie.

Sur le fauteuil, le chat lève un œil, comme s'il encourageait sa maîtresse à poursuivre.

– Je n'ai dû mon salut qu'à la présence d'une jeune personne dans la salle ce jour-là. Elle m'a couru après alors que je m'éloignais d'un pas lourd des studios. Elle n'était pas atteinte de la Tourette, mais son frère l'était. Elle m'a encouragée à persévérer, et m'a véritablement prise sous son aile. Sans elle, je ne serais jamais jamais parvenue jusqu'ici.

Je finis par lever la tête, croisant enfin son regard.

– Il faut accepter la main qu'on te tend, murmure-t-elle. Les gens qui ont notre maladie ont besoin d'aide et il faut que tu apprennes à accepter cette aide. Tu ne seras peut-être pas chanteur ou comédien plus tard, et ce n'est pas vraiment ça que je cherche à t'enseigner.

– Qu'est-ce que vous voulez alors ? je demande d'une voix éteinte.

– T'apprendre la confiance.

Je baisse de nouveau les yeux. Le lacet de ma chaussure droite est un peu lâche également.

– Je comprends ton découragement après l'épreuve que tu as passée il y a un mois. Et pour te dire la vérité, je pressentais que ça allait se dérouler de cette façon. Mais tu dois réapprendre à te faire confiance.

Elle me sourit, de son sourire d'actrice, celui auquel il est difficile de résister (mélange de pulpe de lèvres, d'émail blanc, de tension et de relâchement, le tout dans une répartition équilibrée et sublime).

– Donne-moi un *fa*, demande-t-elle.

Ma gorge est sèche. La note qui s'échappe de ma gorge est rocailleuse, patinée par la fatigue et l'émotion. Claudia l'approuve d'un geste lent de la tête.

– Peu importe la qualité de ta note, dit-elle, l'important est de la livrer, sans aucune retenue. Chanter est un acte de partage.

– Merci, je lui dis.

– Reviendras-tu me voir ?

– Mercredi prochain.

– Parfait.

Avant de prendre congé, je lui parle tout de même des problèmes de santé de mon père.

– La maladie, dit-elle alors qu'un voile sombre enveloppe son regard.

***

La nuit suivante, je fais un cauchemar terrible.

– Je vais me remarier, m'annonçait mon père d'une voix guillerette.

Sa future se tenait dans l'embrasure de la porte, le visage dissimulé dans l'ombre.

– Entre, l'invitait mon père. Je vais te présenter à mon fiston.

La femme s'avançait d'un pas. Malgré sa tête d'oiseau, je reconnus Mme Avdeïev.

Je me suis réveillé en hurlant.

3 h 14.

(π)

Je m'essuie le front, je suis en nage. Je tremble de partout, sûrement une poussée de fièvre. Ma respiration finit cependant par ralentir. La chape du sommeil enveloppe de nouveau mes membres engourdis.

Je fais un autre rêve :

(Avec du recul, peut-être aurais-je dû opter pour la nuit blanche ?)

Pénélope et Francis se tenaient enlacés, ils s'embrassaient à pleine bouche. Soudain, Pénélope réalisa ma présence, elle me parla sans que son ami ne cesse de l'embrasser. Ses mots se noyaient dans la masse spongieuse de la langue de Francis qui n'en finissait pas de tourner. J'en voyais d'ailleurs darder l'extrémité entre leurs lèvres scellées, aussi rose et fine qu'un pénis de chimpanzé.

– Echcuch-moi, dit Pénélope, tu n'aurais pas une pachtiche à la menthe ?

Je me réveille de nouveau en hurlant.

4 h 21.

(Le jeu préféré des habitués du PMU.)

Cette fois, je ne me rendors pas, autant ne prendre aucun risque.

Le lendemain, peu après mon retour du lycée, je reçois un autre coup de téléphone de Claudia Wilmer. Je devine au ton de sa voix qu'elle a dû prendre sur elle avant de composer mon numéro. Son débit hésitant est inhabituel :

– Je… je ne te dérange pas.

– Je viens de rentrer de cours.

– Je serai brève mais il y a une chose dont j'aimerais te parler.

Son souffle est court dans le combiné.

– Cela va faire plus de trente ans que j'enseigne le chant, raconte-t-elle. Je pensais arrêter avant que tu ne te présentes à moi. J'ai connu un nombre important d'élèves avant toi. Des élèves de toutes sortes. Certains étaient pitoyables et répondaient à l'insistance de leurs parents pour pratiquer cet art. D'autres avaient du talent, tout du moins prenaient-ils un plaisir évident à chanter. J'ai systématiquement entretenu des liens agréables avec tous, malgré mon autorité et la crainte que pouvaient susciter mes exigences. Et l'enseignement m'a avant toute chose apporté le plaisir des rencontres. Te concernant…

Elle marque un silence infime avant de reprendre d'une voix plus posée :

– Te concernant, je crois que je n'ai jamais entendu de voix plus magnifique que la tienne.

Et elle raccroche.

Je me retrouve l'oreille collée contre le combiné à écouter la tonalité comme si Claudia était toujours en ligne.

(C'est un *la*.)

Et la tonalité n'en finit pas de se développer. Elle semble composée d'un millier de petites voix qui me susurrent : Tu vois, faut jamais désespérer. Faut toujours avoir confiance. Les aléas ne sont jamais aussi terribles qu'ils en ont l'air.

Je hausse les épaules avec désinvolture.

Je suis beau et ténébreux et intelligent et émotif.

Et en plus il paraît que j'ai une belle voix.

11

Une paire de profiteroles

Le programme est chargé.

Je l'établis consciencieusement pendant le cours de mathématiques de M. Sélim.

(M. Sélim. J'ignore si c'est son nom de famille ou son prénom. M. Sélim n'est pas très grand (je crois même le dépasser de quelques centimètres). J'ai entendu dire qu'il a eu des problèmes de croissance lorsqu'il était enfant. Mais ce ne sont que des ragots, comme il en existe par centaines dans un lycée tel que le nôtre. Je le soupçonne pourtant d'avoir fréquenté en masse les cabossés de la vie, de s'être habitué à leur présence. Peut-être en fait-il lui-même partie ? M. Sélim nous enseigne le tangible. Des équations qui résument en une ligne la cohérence de notre monde. M. Sélim porte la bonne parole et je l'écoute souvent dans un recueillement admiratif.)

– Vous êtes nuls, nous assène-t-il.

Je ne lève même pas la tête, ne me sentant pas concerné par cette remarque (le cours porte sur le principe exponentiel que je maîtrise depuis au moins deux mois).

Les épaules basses, M. Sélim se tourne vers le tableau et y inscrit une formule. Puis il nous adresse un profond soupir avant de demander :

– Alors ?

Une rumeur manquant de motivation monte de la classe, je me replonge dans mes pensées.

Trois éléments distincts se détachent de mes préoccupations, je les note dans leur ordre d'importance (sur mon petit carnet où est consignée ma liste de sons).

1. Mon père est atteint d'un cancer. De l'estomac. Les premiers examens qu'il a effectués laissent présager une issue heureuse à sa maladie. Mais cet événement m'a confronté à l'éventualité de sa disparition. Et ça, je ne peux pas l'envisager. D'anciennes terreurs sont remontées à la surface. Je me revois enfant, incapable de trouver le sommeil, les draps emmêlés autour de mes jambes, mes pieds cherchant un peu de fraîcheur sur le coton déjà imprégné de ma transpiration. Mes angoisses concernaient l'abandon, une condamnation sans équivoque à la solitude. Le départ de ma mère avait cristallisé cette peur dans un premier temps, je ne suis pas sûr d'être capable d'y faire face une nouvelle fois.

– T'inquiète, mon pote, m'a-t-il dit. Ça ne m'empêchera pas de travailler, la vie continuera comme avant, sauf qu'à un moment je n'aurai peut-être plus beaucoup de cheveux sur le caillou.

Il s'est passé la main sur le crâne, comme pour éprouver cette matière à laquelle il allait devoir renoncer.

– Je ressemblerai à un vieux moine, a-t-il ironisé. Les conseils que j'ai l'habitude de te prodiguer n'en seront que plus respectables.

N'empêche, l'île maudite existait bel et bien, et Patrick (ou Michel, peu importe, il existe toujours un moment dans les récits où les personnalités se télescopent) en avait peur.

2. Mon ami Olive va partir vivre en Amérique et risque de devenir aveugle. Il a le même âge que moi, c'est peut-être ça le plus dur. Malgré la Tourette, ma jeunesse m'a toujours procuré un sentiment d'invincibilité. Je n'en avais pas franchement conscience, je dois le reconnaître, mais la maladie d'Olive a mis le doigt sur quelque chose d'extrêmement angoissant : quel que soit ton âge, les bouleversements ne font pas vraiment de discernements. Et la fragilité de la vie m'explose en pleine face.

Olive vit sa situation tout en retenue.

– T'inquiète, mon pote, m'a-t-il dit, je n'ai pas vraiment besoin de mes yeux pour jouer de la guitare. Regarde Ray Charles.

– Il jouait du piano.

– Stevie Wonder alors ?

– Il jouait du piano aussi.

Tout comme mon père, il adopte une attitude sereine qui masque une volonté de ne pas vouloir partager ses peurs avec moi. Ce qui, dans le cas d'Olive, témoigne d'une grande maturité. Je n'en éprouve pas moins une véritable affection à son égard.

Que c'est bon d'avoir un ami.

3. Claudia Wilmer.

***

La sonnerie retentit, marquant la fin du cours de M. Sélim. Dans mon application à édifier mon programme sur mon petit carnet, j'ai même réussi à répondre à quelques questions posées par notre professeur de mathématiques. Je me lève, satisfait de ces deux heures consacrées à ce bilan provisoire. Désormais, ma vie s'articulera autour de ces trois priorités.

Je salue Olive, non sans lui avoir proposé de m'accompagner pour réaliser la première étape de mon grand œuvre.

– Tu vas faire un gâteau ? me demande-t-il d'un air circonspect.

Seul son œil valide exprime la surprise.

– Mon père est chez le médecin jusqu'à 18 heures pour de nouveaux examens, expliqué-je. Ce qui me laisse largement le temps de lui préparer quelque chose pour son retour.

– Mais pourquoi un gâteau ?

– Tout le monde aime les gâteaux. Les gâteaux, c'est du baume pour le cœur. Ils ont le pouvoir de dissiper les tracas.

– Sauf les gâteaux ratés, me fait remarquer Olive.

– Je n'ai pas l'intention de lui faire un gâteau raté.

– Alors, OK, je t'accompagne, juste par curiosité. J'aimerais bien voir comment tu vas t'en sortir, mais ne compte pas sur moi pour te filer un coup de main. La cuisine, c'est pas trop mon truc.

– Moi non plus, mais en même temps, je n'ai jamais vraiment essayé.

En chemin, nous devisons.

– On dit d'un bon jardinier qu'il a la main verte, se questionne Olive. Mais que dit-on d'un bon pâtissier ?

– Je sais pas, qu'il a la main blanche peut-être ?

– Mais s'il n'utilise pas de farine ?

– La main jaune ? Il y a toujours du beurre dans les gâteaux.

Toutes les couleurs y passent. Nous atteignons le bas de mon immeuble, le sourcil froncé par l'intensité de cette réflexion.

– Tu comptes faire quoi comme gâteau ? me demande Olive en gravissant les marches de l'escalier.

– Des profiteroles, je lui réponds.

Il s'arrête en plein milieu du palier, comme si je venais de lui annoncer qu'en réalité j'étais une fille.

– Des pro-fi-te-roles ! s'écrie-t-il.

Il semble au bord d'éclater de rire.

– Bah ouais, c'est toujours le dessert que mon père prend quand on va au restaurant.

– Hmmpf.

Un mince sourire ne le quitte pas jusqu'à ce qu'on atteigne mon étage. L'appartement est vide, comme je l'escomptais. Nous jetons nos blousons en vrac sur le canapé, dans un mouvement synchronisé de nonchalance appliquée.

– OK, fais-je.

Je procède par ordre, attrapant le livre de recettes dans l'étagère au-dessus de la cuisinière. L'ouvrage est usé, le dos se déchire lorsque je le tire.

– Ça commence bien, murmure Olive.

Je passe outre sa remarque et cherche la recette en tournant les pages.

– Ça commence par un P, dit Olive. Le P est juste après le O.

Mon ami est d'humeur taquine, et cela me réjouit. Je me demande cependant s'il compte souligner chacune des étapes par ces blagues qui ne font rire que lui (et moi aussi, un peu, je le reconnais, c'est pas pour rien qu'on forme la fine équipe).

Je m'assure ensuite qu'il ne manque aucun ingrédient (farine, œufs, beurre, pincée de sel, cuillerée à café de sucre, chocolat, et glace à la vanille pour la garniture – pour ceux qui souhaitent réaliser la recette en même temps que moi).

– OK, fais-je de nouveau.

Olive me toise d'un air goguenard. Je sors une balance électrique d'un tiroir.

– Tu me lis les mesures ?

Mon ami prend place devant le livre ouvert et commence à articuler de sa voix grave :

– Q… quatre œufs.

Il hésite un peu et approche son visage de la page au point d'avoir pratiquement le nez collé dessus.

(Petit pincement au cœur.)

Je dois ressembler à un apothicaire en pesant les ingrédients. La méticulosité que j'emploie à cette tâche provoque plus d'un rire chez mon ami. Les agglomérats de farine roulent sur le petit monticule déjà formé.

– Si je respecte la recette au pied de la lettre, avancé-je, il n'y a aucune raison que je n'y arrive pas.

Je dispose alors tous les ingrédients sur le plan de travail.

– OK.

Olive s'est approché dans mon dos. Je devine son regard mi-impressionné, mi-moqueur posé sur moi.

– OK.

Ma voix n'est plus qu'un souffle. Aucun tremblement ni tic facial ou spasme ne secoue mon corps.

– OK.

Ce dernier mot sonne comme le signal du départ. Me voilà lancé. La précision de mes gestes me surprend moi-même. Le beurre fond dans l'eau qui chauffe, formant une nappe translucide aux reflets mats. J'intègre la farine à cette solution hors du feu et, muni d'une cuillère en bois (je n'ai jamais tenu cet ustensile de cette façon, me voici ordonné chevalier de la cuillère en bois et je brandis ce glaive pour défier la tristesse et la morosité), je tourne comme un forcené, jusqu'à ce que mon bras soit douloureux, jusqu'à ce que ma mâchoire se crispe. Toute trace d'ironie a quitté le regard d'Olive, il m'observe à présent comme si j'étais un puissant guerrier m'avançant sur un champ de bataille pour y livrer son ultime combat. La casserole est de nouveau sur le gaz, je fais sécher la pâte en poursuivant les mouvements vifs de la cuillère. Je retire la casserole du feu. Les coquilles des œufs se brisent sous mes doigts agiles. Je les ajoute un à un. Les jaunes se crèvent, la couleur se mêle intimement à ma préparation. Un dernier coup de cuillère, je reprends mon souffle. Une pellicule de transpiration perle sur mon front.

– Faut pas te mettre dans cet état, mon pote, murmure Olive.

Son conseil se nuance d'une infime note d'inquiétude. Je ne le relève pas : sur la plaque beurrée, je forme des petits monticules de pâte. Le four vrombit tel le moteur d'un avion paré au décollage. J'y glisse la plaque, le referme et dis :

– OK.

À bout de souffle, je m'assois devant la porte. Des ondes brûlantes me caressent le visage. Olive s'installe à côté de moi.

– Tu crois que ça va marcher ?

– On va le voir très vite, à mon avis.

Les particules de graisse luisent sous la chaleur. La pâte a déjà commencé à enfler. Nous observons avec attention, la minuterie est réglée sur vingt-cinq minutes. Ce qui nous laisse le temps d'aborder l'essentiel.

– Parfois… commencé-je.

(C'est toujours délicat de commencer une conversation en entrant directement dans le vif du sujet. Mais c'est un principe que je m'autorise avec Olive.)

– … parfois, j'aimerais que ma vie ressemble à une comédie musicale.

La surface des choux s'est tendue, leur coloration est lumineuse.

– Tu vois, dans les comédies musicales, tout se règle à coups de chansons. Les sentiments s'exacerbent mais les protagonistes semblent tellement concentrés sur la musique qu'ils en oublient leurs tracas. C'est comme s'ils se détachaient de la réalité pour s'élever au-dessus du monde.

Les choux ont grossi de belle façon, leur rondeur est généreuse.

– Et puis, et c'est peut-être le plus important : lorsqu'ils chantent, on les écoute.

– Sauf les gens qui n'aiment pas la musique.

– Faudrait les parquer, ceux-là.

Nous restons quelques minutes silencieux. Peut-être Olive imagine-t-il aussi une étendue grillagée où déambulerait une horde grise de prisonniers ? L'atmosphère y serait gorgée d'une poussière épaisse et les seuls sons qui s'élèveraient de ce cauchemar seraient des plaintes et des gémissements.

– Tout le monde aime la musique, murmuré-je. Je n'arrive pas à concevoir le contraire. La musique, c'est l'harmonie. Et l'harmonie, c'est le but ultime de chacun. Même le chaos, c'est l'harmonie.

Olive hoche gravement la tête, me confortant dans l'idée d'avoir prononcé une sentence essentielle. Je me sens frappé d'une grâce évangélique. Ma parole s'élève, Dieu lui-même a posé une main paternaliste (et sacrée) sur mon épaule. "Et du chaos s'extirpera l'harmonie, l'informe deviendra forme et l'assourdissant se muera en la plus étonnante des mélodies, la discordance trouvera sa place, les notes s'élèveront au détriment des règles et chacun apprendra à les accepter."

Il nous reste cinq minutes avant la fin de la cuisson. Les choux nous défient de leur géométrie éclatante, ils se pressent sur la plaque dans une bousculade aérienne.

– J'ai l'impression d'être une fausse note.

– Moi aussi, dit Olive.

La minuterie du four se met à sonner. Vingt-cinq minutes nous ont permis d'aborder l'essentiel, de ne parler de rien en définitive. Nous en sortons pourtant le cœur gorgé d'un sentiment d'achevé.

Une porte claque au bout de l'appartement.

– Salut Olive, dit mon père en entrant dans la cuisine.

Avant d'ajouter :

– Hmm, ça sent bon.

Plus tard, devant ses deux profiteroles fourrées à la glace à la vanille et généreusement nappées de chocolat, il m'explique :

– Tu sais, le toubib m'a recommandé de faire attention à mon alimentation. Mais je vais faire une entorse pour saluer ton effort.

Son visage s'illumine alors qu'il engouffre une première bouchée. La nuit venue, l'oreille collée à mon verre, j'écoute un son étouffé qui provient de la cuisine. C'est mon père qui pleure.

***

L'organisation de mes journées connaît quelques bouleversements. Désormais, le soir, c'est moi qui choisis les films. Je sifflote en roulant des joints. Parfois même, je me prends à chanter. Mon père m'écoute en souriant.

– C'est vrai que tu as une belle voix, dit-il.

Les notes qui sortent de ma bouche ont le pouvoir secret de s'immiscer dans son corps. Tels de minuscules missiles téléguidés, elles se glissent entre les cellules pour détruire les humeurs cancéreuses. Elles sont mon armée. Mon pouvoir.

J'ai repris mes cours avec Claudia Wilmer. La plupart du temps, elle ne dit rien, mais ses yeux m'encouragent (et son chat a arrêté de bondir de son fauteuil dès que je lui offre un *fa*). Mes progrès sont notables. Les sons proviennent désormais d'un endroit de mon corps que je n'avais jusqu'à présent jamais localisé. Comme si la paroi de mon ventre était tapissée d'une membrane, vibrant comme la peau d'un tambour, sensible à la moindre de mes injonctions. Des gammes se sont installées dans mon esprit, des portées aux lignes aussi fines que des fils électriques quadrillant un paysage désert. Je chante en puisant dans ce répertoire infini. L'hésitation n'est plus de mise, ma comédie musicale prend forme, comme une glaise malléable sous les doigts agiles d'un sculpteur.

Et mon père n'en finit pas de sourire.

Les films que nous visionnons évoquent la bonté comme la plus précieuse des richesses. Les protagonistes s'en drapent pour la partager avec tous ceux qui croisent leur chemin.

Une à deux fois par semaine, nous jouons aux échecs (pour être parfaitement honnête, j'ai toujours détesté ce jeu. Il demande un effort cérébral qui me semble incompatible avec le principe même d'une activité ludique. Mais le visage de mon père paraît si apaisé lorsqu'il réfléchit à son prochain mouvement de pièce que je consens à faire quelques sacrifices).

– La maladie perd du terrain, m'annonce-t-il un soir en croquant dans un brocoli bouilli.

Ses joues creusées indiquent pourtant le contraire.

– Les trois semaines de chimio restantes devraient suffire à abattre cette saloperie, ajoute-t-il.

Le haut de son crâne commence à être dégarni. Nos regards se croisent, je baisse les yeux, légèrement gêné.

– Je vais me faire un tatouage, dit-il en se passant la main sur ce qu'il lui reste de cheveux.

Ses doigts décrivent dans le vide les arabesques de ce que je suppose être le motif.

– Une fois que je serai chauve, explique-t-il. Un beau tatouage sur le crâne.

– T'arrives à travailler ? je lui demande.

– Bof bof.

– Si t'as des trucs à me faire lire…

Il ne répond pas. L'espace d'un instant, j'aimerais plus que tout au monde avoir l'énergie et l'inspiration pour lui proposer à mon tour de la lecture. Mes récits évoqueraient probablement une famille unie, un havre de paix où chaque événement serait célébré dans la douceur.

***

Vient le jour du grand départ. Un dimanche.

(Je déteste les départs, je déteste le dimanche.)

Je consulte ma montre, je suis légèrement en retard. Je presse le pas.

J'ai insisté pour accompagner Olive jusqu'à l'aéroport. Il a accepté sans pourtant manifester un enthousiasme débordant. J'imagine que la présence de ses parents doit le gêner. Dans le bus, nous nous asseyons deux rangées devant eux pour planifier les années à venir.

– On va communiquer par internet, me dit mon ami. Sur Skype, si la connexion est bonne, on aura pas trop de retour et on pourra commencer à répéter pour notre groupe.

– Mais le décalage horaire ?

– Bah, il n'y a que six heures.

Il se tourne alors vers son père et lui demande :

– Il y a bien six heures de décalage avec New York ?

– Ça dépend de l'heure d'été ou d'hiver.

Olive soupire un puissant :

– Hmmpf...

(Une des confessions les plus fortes d'Olive remonte à la semaine dernière.

– Il y a vraiment un truc qui me saoule chez mon père, c'est qu'il te répond jamais franchement quand tu lui poses une question. Il te demande à chaque fois des précisions, comme si la vie était un problème de maths et qu'il fallait éplucher chacune des consignes, en saisir toutes les nuances avant de communiquer le résultat.

Il avait conclu sa phrase par un volumineux et pneumatique "pénible" (qui remplace le "hmmpf" lorsque son agacement est à son comble).)

– Six heures, ça veut dire qu'à 15 heures ici, il est 9 heures aux States, marmonne-t-il. C'est jouable, je crois que dans mon école, on finit les cours en milieu d'après-midi. Ça nous laissera du temps en semaine. Et le week-end, ça sera confort.

– Hmmpf.

Il rigole (Olive adore quand je lui pique ses répliques).

– On pourra commencer par faire des reprises, propose-t-il. Tu en as bossé quelques-unes, non ? Tu me feras une liste et je travaillerai les arrangements.

Il parle à toute vitesse, comme pour éteindre un feu qui brûlerait dans sa tête. C'est peut-être la première fois que je le vois dans cet état. Ma peine provoquée par son départ s'en trouve décuplée.

– Ensuite, je pense qu'on peut bosser sur nos propres compositions.

– Nos propres compositions ?

Un vent de panique me traverse.

– Ouais, dit Olive sans me laisser le temps de clignoter du visage. C'est ça l'idée, mon pote. Il faut voir les choses en grand. Si on se limite à chanter les autres, on restera à jamais un groupe tout juste bon à faire rosir les filles pendant les soirées. Il faut viser le top.

– Le top…

Ma voix se perd dans les perspectives de rêves que mon ami vient de m'ouvrir par son discours.

– J'ai même un nom de groupe, m'avoue Olive.

Je lui lance un regard perplexe.

– La fine équipe, dit-il. Mais en anglais : The Dream Team. On garderait que l'initiale du premier mot et ça pourrait donner un truc du style D-Team.

– Ouais, c'est pas mal. En tout cas, c'est sûr qu'en anglais, ça sonne un peu mieux qu'en français

– Imagine un peu, les gens se demanderaient ce que signifie ce D. On serait auréolés de mystère.

Une femme assise à côté nous écoute discrètement en souriant. Olive ne s'en trouble pas outre mesure, il n'a pas ralenti son débit et parle de plus en plus fort. Sa mère tousse dans notre dos, le ramenant à l'ordre.

– Il y a du boulot, murmure-t-il en hochant la tête. Un sacré boulot, mais je suis partant. Tu l'es ?

– À fond.

– À fond la caisse.

Nous nous serrons la paluche. Sa poigne est toujours aussi forte. Ma main reste un moment dans la sienne. Nos regards se croisent, ses yeux sont plissés, il ressemble à un gangster. L'Amérique a déjà posé son empreinte sur sa personnalité.

Le bus atteint sa destination. Nous descendons. Je propose à la mère d'Olive de l'aider à porter sa valise. Elle accepte de bon cœur.

– C'est gentil de nous avoir accompagnés, Max, dit-elle. Puis en aparté : Tu n'imagines pas combien tu peux faire plaisir à Olivier.

(Pour les nouveaux venus, le prénom de mon ami n'est évidemment pas Olive (mais chacun devait s'en douter). Olive est le diminutif d'Olivier. Olive est un prénom féminin. Olive est la femme de Popeye. Et mon meilleur ami n'a rien en commun avec ce personnage si ce n'est sa silhouette longiligne et ses mollets comme des petites pattes de poulet.)

Nous marchons jusqu'à la porte d'embarquement. Olive et moi sommes quelques mètres derrière ses parents.

– Mais concernant nos propres productions, demandé-je, comment on va faire ?

Mon ami s'arrête et me regarde bizarrement (là oui, c'est possible que son œil éteint se soit replacé dans le bon axe).

– T'écris, non ? dit-il. Je te vois tout le temps en cours avec tes petits carnets de couleur à noter des trucs.

– Oui mais ça n'a rien à v…

– T'écris, oui ou non ? demande-t-il d'une voix plus autoritaire.

L'écriture est un domaine que j'ai toujours associé à mon père. Mais force est de reconnaître que mon ami a raison. Je capitule en haussant les épaules.

– Bien sûr que ça a à voir, affirme-t-il. Tu prends des mots et tu les agences ensemble. Et tu prends des mots en anglais, parce que je te rappelle qu'on est D-Team, le groupe le plus tendance.

– En anglais ?

– Ouais, et peu importe la signification, l'important c'est que ça sonne.

Une annonce dans le haut-parleur du hall retentit à cet instant même.

– On va y aller, dit le père d'Olive.

Je hausse encore les épaules, je n'ai jamais été très doué pour les au revoir (le haussement d'épaules reste l'attitude idéale quand on ne veut pas demeurer les bras ballants comme un benêt. Le hochement de tête n'est pas mal non plus).

– Bon ben salut, me dit Olive en me tendant la main.

Je la lui serre, la gauche se pose sur son avant-bras dans un geste chaleureux. Je l'aurais bien pris dans mes bras à ce moment-là, mais ce ne sont pas des choses qui se pratiquent entre garçons de quinze ans.

Il disparaît sous le portique. J'attends un moment, juste pour voir son avion décoller et s'éloigner jusqu'à devenir un point minuscule perdu dans le gris des nuages.

12

Les trois Bruce

Claudia Wilmer a son regard des mauvais jours. Je lui donne un *fa* sans attendre qu'elle me le demande. La note tremble un peu, je n'aime pas particulièrement lorsqu'elle est de cette humeur. Le chat n'est pas présent dans la pièce, c'est mauvais signe. Je me suis attaché à son animal de compagnie (il s'appelle Timur) et j'ai très vite remarqué qu'il se coordonnait avec les hauts et les bas de sa maîtresse. Il doit être dans un coin, à ruminer sur l'insipidité de sa vie de félin.

Claudia ne réagit pas à ma note, je l'interroge du regard.

– Tu vas où, là ? me demande-t-elle avec une pointe d'agressivité dans la voix.

– Je… je ne comprends pas.

– Tu traverses des moments difficiles, ton père est malade et tu t'occupes de lui, mais j'ai l'impression que tu te détournes de tes raisons de ta présence ici.

(Je pourrais lui en vouloir : mentionner la maladie de mon père de cette façon serait rédhibitoire chez n'importe quelle personne, mais Claudia n'est pas n'importe quelle personne.)

– Je… je ne comprends toujours pas.

– Si tu crois que j'ai repris l'enseignement du chant pour que tu puisses faire des vocalises sous la douche, tu te trompes lourdement !

– Mais j'ai mon groupe avec Olive. On a prévu de faire de grandes choses !

– Et c'est parfait, admet-elle d'un ton plus doux. Mais tu es quand même resté sur un échec dans ton parcours.

J'hésite à hausser les épaules (je l'ai déjà beaucoup fait ces derniers temps), j'opte pour la position bras ballants comme un benêt.

– Tu ne peux pas rester sur cet échec, m'assène Claudia.

– Vous voulez dire que…

– Oui, me coupe-t-elle. Il faut que tu te produises de nouveau en public. C'est bien de chanter pour moi, pour ton père et ton copain. Mais tu n'apprendras jamais mieux que lorsque tu réussiras à partager ce que tu as au fond de toi avec des inconnus.

– Je ne monterai pas sur scène, articulé-je en faisant claquer chaque syllabe.

Ce doit être la première fois que je témoigne d'une telle effronterie face à ma professeure. Elle me considère, le sourire aux lèvres. Toute trace de mauvaise humeur semble avoir disparu.

– J'ai l'impression de me trouver face à un miroir il y a des années de cela, murmure-t-elle. Ma détermination était identique à la tienne. J'oscillais entre mon désir de chanter et celui de ne pas me produire en public. Et j'ai fini par franchir le pas, sur l'insistance de cette personne qui m'avait prise sous son aile à Londres.

L'intensité de son regard me fait baisser les yeux (c'est toujours le même lacet de chaussure qui est défait).

– Et je peux te garantir que je ne l'ai pas regretté, ajoute-t-elle.

Le chat réapparaît, comme s'il avait senti que les perspectives de tempête avaient disparu.

– Seul le premier pas m'a coûté, explique-t-elle. Mais c'est souvent le cas, pour bien des disciplines. Tu as dû le sentir lorsque tu es venu dans ce salon pour la première fois, non ?

– Oui, je réponds dans un souffle.

– Pardon ?

– Oui, je répète d'une voix plus claire.

– Éprouves-tu la moindre gêne en ma présence à présent ?

– Non.

– Pardon ?

– Non !

– Très bien.

Le chat a repris sa place sur son fauteuil. Il bâille, dévoilant des incisives blanches et pointues, et se roule en boule pour dormir.

– Monter sur scène te fera le même effet. Une fois que tu y seras, ton hésitation actuelle te semblera dérisoire.

– Mais pourquoi tenez-vous autant à ce que je monte sur scène ?

– Pour oublier ton premier échec.

Le souvenir du gymnase de mon lycée refuse de s'effacer de ma mémoire, comme une épine plantée dans mon pied. Et je doute qu'une nouvelle prestation soit capable de le faire disparaître. Surtout si elle se déroule de façon identique. Rien que d'y penser, je sens le trac monter en moi.

– Je sais pas si j'y arriverai. Et puis les seules manifestations musicales de mon lycée se font par le biais de l'Académie du *la*. Je doute que le professeur de musique accepte de me donner une seconde chance.

– Il n'y a pas que le lycée dans ta vie, objecte Claudia Wilmer.

– Je… je ne comprends pas.

– Connais-tu le principe des tremplins musicaux ?

Je secoue la tête.

– Ce sont des concours ouverts aux amateurs, la plupart du temps des jeunes. Les candidats se produisent devant un jury composé de professionnels. Et devant un public également.

Elle marque une pause, étudiant attentivement ma réaction. Je garde mon visage impassible tant que je peux. Trop de mots dans son explication sont une source d'angoisse : jury, professionnels et public.

– Chaque candidat est noté, par le jury d'une part, mais aussi à l'applaudimètre.

Je suis pris d'un vertige. D'une légère nausée également.

– Je ne suis pas sûr que ça soit une bonne idée, avancé-je dans un chuchotement.

– Trop tard.

(Difficile de me souvenir quelle attitude j'ai adoptée en entendant ces mots et en considérant la mine un tantinet moqueuse de Claudia Wilmer. Haussement d'épaules ? Bras ballant ? Ou plus simplement membres figés par la stupeur ?)

– C… c… comment ça ?

– Je t'ai inscrit.

– Mais je… j… je refuse catégoriquement.

– Tu pourras toujours trouver une excuse pour ne pas t'y rendre et je ne peux pas te contraindre à y participer. Mais j'ai pris l'initiative de t'inscrire – et de payer ton inscription également, soit dit en passant.

De cette façon, tu n'auras pas à le faire toi-même, et je n'aurai pas à te demander tous les jours où tu en es.

– Je refuse, répété-je.

– Je ne te demande pas une réponse immédiate, dit Claudia. Tu as toutes les cartes en main aujourd'hui, à toi de décider comment tu comptes les distribuer.

Je me plonge dans le mutisme, Claudia respecte mon silence.

– Bon, on commence le cours, finit-elle par proposer.

Dans un premier temps, ma voix est éraillée. Impossible de placer mes notes correctement. Les mélodies m'échappent comme des oiseaux filant dans les airs à l'ouverture de la porte de leur cage. Les tensions disparaissent pourtant de mon esprit. L'art lyrique reprend ses droits.

Ma médecine.

Lorsque je quitte l'appartement de Claudia Wilmer ce jour-là, ma détermination ne s'est cependant en rien atténuée : je refuse catégoriquement de me rendre au tremplin musical.

***

Le crâne de mon père luit sous le plafonnier de la cuisine. La lumière en révèle les irrégularités. Il se passe la main sur le dessus. Ça lui donne un air canaille, il ressemble à Bruce Willis.

– Yippee-ki-yay, me lance-t-il en guise de bonjour. Je vais faire du chou-fleur ce soir. Je me disais que ça pourrait être sympa si le frangin se joignait à nous.

– Je peux m'en occuper si tu veux ?

– Non, non, va faire tes devoirs. Ça va me changer les idées de passer un peu de temps dans la cuisine.

– T'as eu tes résultats d'examens ? je demande.

– Ce matin. Le toubib dit que la chimio a l'air d'être efficace. Il semble assez confiant en tout cas.

Le timbre de sa voix est sourd. Même s'il ne l'évoque pas, son traitement monopolise une grande partie de son énergie. Ses gestes sont mesurés, comme s'il s'économisait pour le combat qu'il est en train de livrer.

– T'es sûr pour le... ?

– Oui, oui, me coupe-t-il. Il m'a même félicité en disant que je m'en sortais très bien.

(Je pensais en vérité à la préparation du chou-fleur mais je le laisse terminer sur cette note positive.)

Je file dans ma chambre. Mon oncle arrive à 19 heures tapantes (traditionnellement l'heure de l'apéritif, du temps où mon père buvait encore de l'alcool). À 19 h 01, j'ai l'oreille collée à mon verre.

– Tu bois quelque chose ? demande mon père.

– Non, ça va, répond mon oncle.

– Tu sais, tu peux boire un verre, ça ne pose pas de problème.

– Non, je t'assure, ça va.

– Oui mais je crois que t'as pas bien compris. Je ne te propose pas de boire un verre, je te *demande* de boire un verre. Ça me ferait juste plaisir de te voir siroter pendant qu'on papote.

– Whisky, dit mon oncle.

(Et le bruit infime du goulot qui se pose sur le bord du verre, et le liquide qui s'écoule en délicats hoquets successifs.)

Cette fois, mon oncle se retrouve seul à considérer les pans escarpés de la montagne. L'ascension se fera sans son partenaire. Mon père reste au sol et son frère lui promet de lui envoyer une photo dès qu'il atteindra le sommet.

Au bout du troisième whisky, le débit de la voix est plus hésitant.

L'échange se poursuit pourtant.

– Tu t'en sors ?

– Yep.

(Ce n'est pas mon verre habituel, l'acoustique n'est pas la même et les sons me parviennent étrangement étouffés. Les deux frères parlent plus bas et je me retrouve incapable de discerner lequel prend la parole.)

– Et toi ?

– Yep.

– Tu vois le bout du tunnel ?

– Yep. Et toi ?

– Yep.

– Dans quelques années, on considérera cette situation en rigolant, tu verras.

– Yep.

La plage de silence qui s'ensuit est d'une longueur inhabituelle. Elle se conclut par un :

– Max, viens manger !

Je compte jusqu'à dix (pour donner une illusion d'occupation interrompue par l'appel de mon père) avant de sortir de ma chambre. Les deux frères sont attablés. Mon oncle s'est tondu la tête lui aussi. Ils se ressemblent comme deux gouttes d'eau.

Je m'installe, le plat de chou-fleur est déjà sur la table. Les deux Bruce me regardent avec une lueur d'amusement dans les yeux, comme s'ils étaient en train de me faire une bonne blague. J'ignore leur petit manège, concentré sur le contenu de mon assiette.

(À dire vrai, je n'ai jamais été friand du chou-fleur. Mais je reste partagé entre l'envie de le manifester et le plaisir d'avoir mon oncle assis à notre table.)

Je finis par lever les yeux sur eux. Je le sentais... depuis le début du repas, les deux Bruce se retiennent de rire. Sûrement à cause du fait que je n'ai fait aucune remarque sur leur coupe. Ils sont là tels des gosses, à pouffer comme s'ils faisaient partie d'une même bande où seuls les membres sont habilités à comprendre leurs blagues. Mon agacement est tel que je pose brusquement ma fourchette sur la nappe.

– Je veux en faire partie, lancé-je.

– En es-tu bien sûr ? demande mon oncle. Ça te causera peut-être quelques problèmes au lycée.

– Je m'en fiche.

– Alors OK, dit mon père.

Après le repas, il pousse la table dans un coin de la pièce pour que je puisse m'asseoir au milieu sur une chaise. Mon oncle est allé chercher son harmonica chez lui.

(Une chose importante que je n'ai peut-être pas précisée, mais mon oncle habite sur le même palier que nous. L'appartement appartenait à leur mère et ils l'ont scindé en deux lots pour s'installer chacun de leur côté.) Je suis torse nu. J'ai noué une serviette sur mes épaules. Mes cheveux sont mouillés, je viens de les laver. Mon père se tient dans mon dos.

– Prêt ? dit-il.

– Vas-y.

La tondeuse se met en marche dans un vrombissement continu. Mon oncle se met à jouer de l'harmonica au même moment. Du blues. (Mon oncle est blues, jusqu'au bout des doigts. Dans chacun de ses gestes, dans la mélancolie qui sourd de ses yeux clairs, dans les phrases qu'il articule de sa grosse voix enrouée, et même dans ses considérations anatomiques.) La lame de la tondeuse pèse sur mon crâne. Les mèches choient sur le plancher en un feutrement discret. Me voilà bientôt au centre d'un champ d'herbes noires. Mon père quadrille la surface de mon crâne de mouvements réguliers de tondeuse. Les notes d'harmonica sont de plus en plus déchirantes.

– On va passer à la suite, annonce mon père.

Il a sorti le vieux coupe-chou de son grand-père. La lame scintille sous le plafonnier. Il plonge le blaireau dans la bassine d'eau prévue à cet effet, puis me badigeonne la tête avec d'une fine couche de mousse. Le crissement du rasoir sur ma peau se répercute dans l'enceinte de mon crâne. Lorsque mon oncle s'interrompt de jouer, je comprends que mon père a fini. Il me tend un petit miroir pour que je puisse admirer le résultat de son travail. Me voilà aussi lisse et propre qu'une coquille d'œuf.

– On prend le dessert ? propose mon oncle.

Il remet la table en place après que j'ai passé un coup de balai. Nous nous réinstallons. En l'espace de vingt minutes, l'effectif des Bruce est passé de deux à trois.

– On pourrait faire une partie de poker après ? suggère mon père.

– Pourquoi pas ?

Nous répondons en chœur, mon oncle et moi. Cette fois, ça y est, je fais vraiment partie de la bande.

***

Mon père a repris peu à peu l'écriture (ce que j'interprète comme un signe encourageant). Il restait enfermé dans son bureau, travaillant sans relâche sur ses projets, tout en se ménageant un moment pour reprendre la fabuleuse odyssée du vaillant capitaine. Le vrai, le seul, l'unique Patrick : moi.

Patrick s'ennuyait dans sa cabine. Il avait allumé une lanterne sur son bureau et se frottait les mains l'une contre l'autre pour essayer de capter un peu de chaleur. Il observait attentivement la carte dépliée devant lui en se demandant sur quel point de l'océan ils pouvaient bien se trouver actuellement. Deux de ses compagnons l'avaient rejoint : John McLane et Malcolm Crowe. Tous les trois observaient un recueillement tourmenté. Le bateau progressait à vitesse réduite depuis plusieurs jours. L'action leur manquait, ils ne tardèrent pas à puiser dans leurs souvenirs pour essayer de revivre les meilleurs épisodes de leur odyssée.

– Tu te souviens de la monstrueuse tempête ? commença John.

– Comment oublier une telle catastrophe ? murmura Malcolm.

– Notre bateau avait déjà beaucoup navigué, il portait sur ses flancs les outrages de son périple et la voile était déchirée en de multiples endroits.

John s'était placé au milieu de la pièce, il se mit à raconter son histoire à la manière d'un aède. Ses gestes étaient lents et mesurés, son récit regorgeait de précisions savoureuses. Le souvenir de cette sinistre étape était encore vif dans la mémoire de Patrick. Il n'avait qu'à fermer les yeux pour se trouver projeté sur le pont de son navire, à scruter les lourds nuages qui obscurcissaient les cieux à l'horizon.

– C'est un sacré brin qui se prépare là, murmura le capitaine entre ses dents.

L'amplitude de la houle creusait de profonds sillons sur la surface de l'océan.

– En même temps, ce n'est pas la première tempête que nous ayons à affronter, avança Armaggedon, le fidèle lieutenant.

– Celle-là n'est pas comme les autres, dit Patrick d'un air pensif.

Dans la soute, John et Malcolm ramaient côte à côte en se livrant à une de leurs activités favorites : les charades.

– Mon premier est un rongeur, commença John. On pose mon second sur la table et mon tout est ce qui nous attend.

– Je donne ma langue au chat, dit Malcolm.

– Rat-mets. Ramer, quoi.

– Pas mal, accorda Malcolm en jetant un œil par l'écoutille. Et c'est vrai qu'il va falloir donner un bon coup, par rapport à ce qui nous guette au loin.

La tempête se déchaîna soudain avec une violence inouïe. Le bois craquait sous leurs pieds. L'écume était aussi blanche que la salive épaisse d'un chien enragé. En l'espace de quelques secondes, tout le monde fut trempé. Difficile de maintenir le cap dans de telles conditions. Les courants convergeaient vers un point unique : un vertigineux tourbillon qui s'enfonçait dans les profondeurs de la mer. Le maelstrom mugissait comme une bête sauvage. Ses bords étaient hérissés de récifs noirs et tranchants. On eût dit une bouche énorme s'apprêtant à les dévorer.

– Virez de bord ! hurla Patrick à pleins poumons.

– Il faut savourer mon premier, dit Malcolm. Mon second est une abstraction, mon troisième encadre la rivière et mon tout nous attend.

– Je donne ma langue au chat, dit John.

– Vie-raie-deux bords, répondit Malcolm.

– Ha ha ha, elle est pas mal, celle-là.

Le navire se coucha pratiquement sur le côté pendant la manœuvre.

Le mât de misaine se fendit dans un craquement sinistre.

– Souquez ferme ! vociféra Armaggedon.

– Mon premier est une pièce d'or qui irrite le bout de mes doigts, murmura John avec malice. Et mon tout nous attend.

Sans même attendre la réponse de son ami, il déclara :

– Sous qu'est ferme.

Le navire luttait contre le courant. Sa proue s'enfonçait dans les flots pour en émerger lasurée d'écume. La bouche du maelstrom était dans leur dos, le mugissement s'amplifia comme si la bête hurlait son dépit devant ce repas qui s'éloignait.

– Encore un effort ! cria Patrick à ses hommes.

– Mon premier est le petit frère de Cyrano, annonça Malcolm. Et nous devons fournir mon tout.

– Encore un nez fort ?

– Yep.

Un rayon de soleil traversa la couche nuageuse. Le vent soufflait déjà moins violemment. Mais le combat était loin d'être encore terminé.

– Regarde ! cria Armageddon à son capitaine en pointant son doigt vers l'avant.

Un récif de bonne taille se dressait sur leur trajectoire. Une créature monstrueuse à plusieurs têtes se tenait sur ses escarpements.

– Nous filons droit dessus, murmura Patrick saisi d'un profond découragement.

– Nous pouvons encore l'éviter, déclara Armageddon dans un élan d'optimisme. Rameurs de droite ! Allez-y à fond !!!

– C'est nous, ça, dit John.

– Eh ouais, répliqua Malcolm, toujours au mauvais endroit, au mauvais moment.

Les muscles des deux hommes se tendirent dans un claquement sec.

– L'important, c'est d'y croire, souffla John.

Le récif se rapprochait dangereusement. Le dragon – ou la créature ailée, peu importe son nom – trépignait d'impatience en voyant l'embarcation filer dans sa direction. Ses pattes griffues lacéraient la pierre et de ses gueules ouvertes s'échappait un long et lugubre hurlement.

– Les puissances célestes ne nous laisseront-elles donc aucun répit ? soupira Patrick.

– Il faut croire que non, admit Armaggedon.

Sous l'énergie déployée par les rameurs, le navire frôla le récif. Le monstre tendit une de ses six têtes, la mâchoire claqua pour se refermer sur un marin. Patrick bondit, il était trop tard, la créature emportait sa proie dans les airs. Le hurlement du malheureux s'éleva dans la tourmente, le craquement de ses os broyés ponctua son agonie.

– Cette répétition d'épreuves est harassante, déclara Patrick.

Le récif s'éloignait déjà derrière eux, le monstre paraissait plus furieux que jamais. Armaggedon, son fidèle lieutenant, lui donna une bourrade dans le dos. Il connaissait son capitaine comme personne. Malgré ses protestations, il savait bien que Patrick aimait le danger.

Dans la cabine, la flamme de la lanterne vacilla. John McLane et Malcolm Crowe fixaient Patrick d'un regard affectueux. Ce dernier finit par lever la tête sur ses deux compagnons.

– Ça me manque aussi, murmura-t-il.

John désigna du menton l'horizon par la fenêtre, d'où perçait le halo lumineux du soleil qui tardait à se lever.

– Un jour, le vent se remettra bien à souffler, déclara-t-il.

Je tourne le dernier feuillet.

– Tu es ce que tu écris, m'a confié un jour mon père.

Si je considère l'esprit badin qui régnait dans la soute, il doit aller mieux. Bien qu'il soit tard, j'envoie un message à Claudia Wilmer : *J'ai combien de temps pour me préparer ?*

Elle me répond presque aussitôt : *Quinze jours.*

13

New York New York

– Whaaaa la tête !

Une joie incontrôlable s'empare de moi. Et cela pour de multiples raisons : en premier lieu, parce qu'on a prononcé cette phrase exactement en même temps. En second lieu, parce qu'Olive porte une paire de lunettes aux verres si épais qu'un nom de scène me vient tout de suite à l'esprit : MC Cul-de-Bouteille. En troisième lieu, parce que lui aussi s'est tondu la tête. Soudain, la distance qui nous sépare me paraît moindre. Il est là, en face de moi, réduit à quelques images par seconde sur l'écran de mon téléphone, mon ami de toujours. Et la technologie nous permet de reformer l'espace d'un instant la fine équipe.

– T'as bossé ? me demande-t-il.

– J'ai repris mes cours de chant.

– Et la Brad Pitt, toujours aussi sévère ?

– Terrible.

– Hmmpf.

Nous restons un moment sans dire un mot, à ricaner comme des gros bêtes en contemplant nos visages respectifs.

– Ça te vieillit un peu, cette coupe, me lance Olive.

– C'est pour soutenir mon père, avoué-je. Mon oncle a fait pareil.

– Il y en a pas un pour rattraper l'autre, déclare mon ami. Mais le geste est noble.

– Et toi ? Pourquoi t'as fait ça ?

– Fait chaud par ici. T'imagines même pas. Et on est toujours pas en été. Alors j'ai élagué pour pouvoir respirer un peu. Et puis il y a un truc particulier aux States.

Une saute de l'image et du son me contraint à tendre l'oreille.

– Ici tout le monde s'en fout de mon œil qui rebique, poursuit Olive. Enfin c'est l'impression que les gens donnent. Personne ne me regarde bizarrement, pas de moqueries sous cape, rien. Et comme mes cheveux me servaient essentiellement à dissimuler mon anomalie, alors j'ai décidé de tout couper.

– Ça te vieillit aussi un peu.

Le terme n'est pas tout à fait exact. Disons que le visage d'Olive semble avoir mûri.

– Et tes yeux ? je demande.

– Ça, c'est la bonne nouvelle de la semaine : les toubibs ont dit que mon cas n'était pas si désespéré. Et que la dégénérescence n'était pas aussi effective qu'avaient pu le prétendre les spécialistes français. Il faudra juste que je porte ces bésicles pendant quelque temps.

Un poids disparaît de ma poitrine. Je me sens soudain plus léger. Si j'avais été en présence de mon ami, il est fort possible que je l'aurais serré dans mes bras. Je contiens mon émotion en orientant la conversation sur un autre sujet :

– Et tes cours ?

– Bah, ça va à peu près, répond-il. J'ai encore de la marge au niveau de la langue, il va falloir que je fasse des progrès si je veux m'en sortir, mais ça ne me semble pas insurmontable.

Ses yeux roulent derrière ses lunettes, comme ceux d'un mérou surpris dans son sommeil.

– *How do you do ?* je lui demande.

– *How do you do*, il me répond.

Et nous rions un bon coup.

– En ce qui concerne...

Il attrape sa guitare, qui était hors champ.

– En ce qui concerne ma chérie, reprend-il.

Sa mine se fait plus sombre.

– Elle a pris un pète pendant le voyage.

Il plaque un accord souligné par un enchaînement de notes virevoltantes.

– La sonorité est légèrement voilée, explique-t-il. Mais ça me plaît bien.

– Yeah, je fais.

Et sans aucune concertation, je commence :

– *Something in the way she moves.*

Il me donne un *do*, puis un *do* septième.

– *Attracts me like no other lover.*

Fa et de nouveau un *do*. Son instrument sonne joliment. Il a pris sa position *mère couveuse*. La mélodie lui vient de la façon la plus naturelle. C'est la première fois que nous jouons ensemble. J'ai l'impression d'avoir fait ça toute ma vie.

À la fin du morceau, seuls les bruits de la rue qui s'élèvent dans le dos de mon ami couvrent le silence. Olive doit habiter dans un quartier animé. Le Sud de Manhattan, m'avait-il dit avant de partir. La sirène d'une voiture de police déchire la rumeur de la ville (New York, la ville qui ne dort jamais).

– On le reprend ? propose Olive.

Nous jouons pendant une heure. Notre première version me paraissait parfaite, elle ne l'était pas. Loin de là. Des nuances inattendues se révèlent au fur et à mesure de nos répétitions.

– Je vais chercher à boire, lui dis-je.

Ma voix est sèche. Comme si je venais de fumer un demi-paquet de cigarettes. Claudia n'aurait certainement pas approuvé la façon dont je pousse mon chant. Mais Claudia n'est pas là. Je suis seul avec mon ami Olive. Et l'énergie qui me transporte m'a coupé de la réalité et de tous les conseils prodigués par ma professeure.

À bout de souffle, nous terminons notre session.

– Et la vie à Paris ? me demande Olive en posant sa guitare.

– La vie continue, comme aurait pu le dire ma grand-mère si j'avais eu une grand-mère.

– Pas de bouleversements ?

– Nope.

– Et Pénélope ?

– Je suis sur un coup.

– Un coup ? Comment ça un coup ? Une autre Pénélope ? Ou toujours la même ?

– Ça fait beaucoup de questions en une seule phrase. Mais pour te répondre d'une manière succincte : disons qu'elle ne perd rien pour attendre.

– T'es une vraie teigne, mon pote.

– Tu sais, avec Brad Pitt, j'ai l'impression d'apprendre beaucoup plus que le chant. J'aurais tellement voulu te présenter Claudia. Tu sens, rien qu'à son regard, qu'elle a du vécu et qu'elle a tiré parti de son expérience.

– Du genre : faut pas se laisser abattre ? demande Olive.

– Bien plus que ça.

Les phrases peinent à s'organiser dans ma tête pour formuler correctement les sensations que j'ai à l'esprit.

– Tu sais, des fois, quand j'observe Claudia, je me dis que j'aimerais lui ressembler quand je serai plus vieux. Enfin, je veux dire, quand je serai un petit pépé.

Là, Olive sourit. Peut-être m'imagine-t-il les cheveux blancs, la lippe molle et les yeux cernés de rides ?

– Elle donne l'impression d'avoir survolé sa vie avec un calme olympien. Et lorsque je songe qu'elle a la même maladie que moi, tu n'imagines même pas l'effet que ça me fait. Pendant nos cours, je ne l'ai jamais vue manifester le moindre tic, le moindre écart. Comme si elle avait réussi à dompter la bête qui gronde en elle. Je lui ai posé la question lors de notre premier entretien, mais elle ne m'a pas franchement fourni de réponse. Et j'ai eu l'impression qu'elle voulait que je comprenne par moi-même.

– La solution tout seul tu devras trouver, jeune *padawan*.

– Et tu sais pas le dernier coup qu'elle m'a fait ?

Je lui raconte mon inscription forcée au tremplin musical. Olive éclate de rire.

– Elle est trop, la Brad Pitt, je l'adore !

Il s'essuie les larmes de ses yeux.

– Et tu vas le faire ? demande-t-il.

– Après mûre réflexion, je crois que oui.

Olive reste silencieux un moment, probablement pour évaluer la situation dans laquelle je me suis fourré.

– Tu t'entraînes, hein ?

– Pas mal.

– Je l'ai senti. La première fois que je t'ai entendu chanter, c'était bien. Très bien même. Mais là, c'était différent encore. Les sons venaient de… profond. Comme si… comme si t'avais creusé dans ton corps.

L'image me plaît bien. L'image de Patrick cherchant un trésor sur une île déserte me vient immédiatement à l'esprit. Son visage est couvert d'une fine pellicule de transpiration mais il sourit sous l'effort. Et bientôt, son outil heurte un objet dur.

– Peu importe si tu y arrives ou pas, l'important c'est que tu te lances.

J'approuve d'un hochement de tête.

– Et… commence Olive.

Un froncement de sourcil suspicieux traverse son visage.

– Depuis une heure, je ne t'ai pas vu clignoter une seule fois.

Il coupe la communication.

Je reste là, les bras ballants (oui, là, je crois que le terme s'applique parfaitement à mon état). Un oiseau gazouille dehors. Il gazouille aussi dans ma tête, il gazouille aussi dans mon cœur.

***

J'hésite.

Je le fais ?

Ou je ne le fais pas…

J'ai pris soin de noter dans mon petit carnet les arguments pour et les arguments contre. Le tremplin musical a lieu dans dix jours maintenant. Après une brève recherche sur internet, j'en trouve un qui se déroule le week-end d'avant. Ce genre d'événements est relativement fréquent. À croire que les chanteurs courent les rues.

Ce tremplin se déroule dans un gymnase non loin de chez moi. L'avantage principal serait que je m'imprègne de l'ambiance générale. L'inconvénient majeur est que cela me plonge dans un état de stress proche de la panique.

J'hésite.

Pas longtemps.

L'entrée est payante. J'achète mon billet et me place dans le fond de la salle, là où personne ne remarquera ma présence (tout du moins, je l'espère). Le jury commence à s'installer derrière une rangée de tables alignées juste devant la scène. L'éclairage est tamisé, une poursuite illumine une zone sur laquelle trône un micro fixé à un pied. L'objet, dans sa simplicité nue, se présente comme une invitation. La tension doit commencer à monter dans les loges, tel un poison pernicieux. Les pieds battent une cadence imaginaire, peut-être celle des battements de cœur qui cognent de plus en plus vite.

Le public n'est pas encore très nombreux, probablement de la famille des candidats. Des enfants manifestent leur excitation en se tortillant sur leur chaise. Les portes d'entrée s'ouvrent et se referment.

Ma décision n'est pas encore tout à fait prise. Et si je décampais à toutes jambes ?

Les membres du jury affichent tous une affabilité professionnelle. Le tremplin ne représente peut-être pour eux qu'une récréation, un moment de détente capable de les conforter dans leur supériorité. Aujourd'hui, ce sont eux les dieux. Ceux qui décideront d'un coup de pouce dressé vers le haut qui a le droit, et le privilège, de rester dans l'arène. Ils devisent tranquillement en disposant des feuillets devant eux. Une grande pendule indique l'heure sur un des murs de la salle. Une des membres du jury consulte sa montre et tape dans ses mains, enjoignant les autres à finir de s'installer. Le brouhaha s'atténue progressivement dans la salle – bruissement des manteaux que l'on enlève, raclement des pieds de chaises sur le plancher, derniers bavardages d'enfants avant que les parents ne les exhortent au silence. La lumière baisse lentement jusqu'à plonger la pièce dans une semi-pénombre. Seule la poursuite éclairant la scène trace un cône lumineux parfait. Un homme s'avance dans le halo : le maître de cérémonie. Au moment où il se place devant le micro, une musique enjouée s'élève des haut-parleurs disposés de chaque côté de la scène. Dans une coordination parfaite, le public se met à taper des mains en rythme.

– Merci, merci, dit le présentateur, couvrant la musique de sa voix. Et bienvenue pour la septième édition du Tremplin musical des Jeunes Talents !

Le battement des mains s'amplifie dans un tonnerre d'applaudissements.

– Dix concurrents vont se mesurer sous vos yeux pour parvenir à la première place, annonce l'homme alors que le silence se fait. La lutte sera serrée, j'aime autant vous le dire. J'ai assisté aux auditions et je peux vous garantir que le nom de Jeunes Talents correspond parfaitement aux chanteurs qui vont se produire aujourd'hui devant vos yeux. Ils sont jeunes et ils ont du talent ! Ha ha ha !

Je sursaute. Audition ? Claudia n'a absolument pas évoqué d'audition.

– Mais sans plus attendre, reprend le présentateur, accueillons notre première candidate : Laura Chevalier !

Le tonnerre d'applaudissements reprend, accompagné par des sifflets des membres de sa famille (je suppose). Au fond de la scène, le rideau s'entrouvre dans le murmure lourd du tissu, et une minuscule créature fait son apparition.

– Laura ! crie l'homme dans un élan emphatique.

La fillette ne doit pas avoir plus de dix ans. Elle s'avance jusqu'au micro à petits pas, le menton plaqué sur son cou, la lèvre inférieure un peu pendante et les yeux balayant la salle comme un animal effarouché. Le présentateur règle la hauteur du micro. La fillette se dandine sur ses deux jambes pendant toute l'opération.

– Que vas-tu nous chanter, Laura ?

– Mmmph shhlemph mmmph...

– Pardon ?

– *Sympathy for the Devil*, des Rolling Stones.

– Aaah très bien, tu as choisi un classique. Eh bien, c'est à toi de jouer à présent.

Je ne suis pas d'un naturel moqueur (tout du moins, c'est l'impression que je me donne, peut-être sarcastique de temps en temps, mais j'ai tellement subi de moqueries qu'il ne m'est jamais venu à l'idée d'en faire). Dans le cas présent, je suis partagé entre un sentiment de malaise et une envie d'applaudir à tout rompre pour encourager Laura. Quoi qu'il en soit, je suis également soulagé : les tremplins musicaux ne sont finalement pas aussi terribles qu'ils en ont l'air. Je soupire d'aise, me confortant dans mon apaisement.

Jusqu'à ce que la fille se mette à chanter.

– P… p… p…

Je me plaque la main sur la bouche pour éviter qu'un cri n'explose. Je sors mon inhalateur de la poche de mon blouson et en inspire une grande goulée.

La voix est magnifique. Et d'une puissance étonnante. Comment un corps aussi menu peut-il contenir une si importante quantité d'air ? Les bafouillages de son arrivée sur scène ont disparu. Définitivement. Laura donne l'impression d'être une autre personne. Elle a posé ses deux mains sur le micro et fixe un point dans le fond de la salle.

– *Please allow me to introduce myself…*

Le timbre est légèrement voilé. Le premier vers est scandé. La mélodie se révèle à travers un enchaînement harmonieux. Et soudain, Laura incarne le personnage évoqué dans le morceau : le diable lui-même.

Nouvelle bouffée d'inhalateur.

Son regard s'obscurcit. Ses yeux scrutent à présent le public. Un rictus étrange déforme sa bouche, à peine un sourire. Un frisson glacé me parcourt l'échine. L'espace d'un éclat lumineux, je crois voir les Rolling Stones eux-mêmes, dans la pénombre de la scène, juste derrière la jeune interprète. Ils approuvent d'un mouvement de tête silencieux.

Dix ans, bon sang ! Elle n'a que dix ans !

Mes doigts serrés contre ma bouche peinent à contenir les phrases qui se forment dans mon esprit, dans un chaos indescriptible.

Lutte intérieure, lutte intérieure…

Et Laura illumine la scène de sa prestation. Dans la seconde qui suit la dernière note, le public laisse exploser sa joie dans une ovation assourdissante.

Le soulagement éprouvé au début du spectacle s'effondre comme un château de cartes sous une brise légère. J'aimerais déguerpir à toutes jambes, mais je me sens comme cloué sur ma chaise.

Le flot d'applaudissements se tarit. Je réalise que j'y ai largement contribué. Laura est à bout de souffle, elle salue les spectateurs d'une rapide révérence et s'éclipse dans un mouvement de sa robe des plus gracieux. Le calme revient peu à peu. Les membres du jury griffonnent consciencieusement quelques lignes sur leur feuillet. Il est temps de passer au candidat suivant.

La fille est un peu plus âgée (douze ans, je dirais) et provoque une vague d'applaudissements légèrement moins enthousiaste que la précédente. Peut-être les membres de sa famille sont-ils peu nombreux dans la salle ? Je songe aux personnes qui pourraient être présentes lors de ma future prestation. Mon père, mon oncle ? C'est indéniable qu'ils se porteront volontaires pour m'accompagner dans cette épreuve. Les laisserai-je seulement le faire ?

Dès que la deuxième candidate commence à chanter – *Killing In the Name*, de Rage Against The Machine –, la tension monte encore d'un cran.

Elle brandit un poing rageur dans notre direction et commence à hurler les paroles. L'effet est saisissant, les spectateurs ont un mouvement synchronisé de recul. Mais qui choisit donc les titres ? La question me taraude. La deuxième candidate est habillée aussi sagement que la première : petite robe blanche avec un motif fleuri en liseré, coiffée avec soin, deux nattes enroulées en macaron. Dès qu'elle s'est mise à chanter, la métamorphose s'est opérée. Tout comme sa prédécesseure, la voici transformée en entité démoniaque. Sa voix témoigne d'une puissance plus élevée. Elle reste cependant juste. À la fin du morceau, un de ses macarons s'est défait. Ses joues ont pris une coloration rosée, elle a la force de sourire entre deux souffles. Après un profond salut sous les bravos du public, elle laisse la place au candidat suivant.

À ce stade du récital, je suis au plus mal. Si la qualité va augmentant, il est probable que la suite promet un déchaînement artistique de haute volée.

Nouvelle bouffée d'inhalateur.

Les candidats suivants sont également des filles et leur prestation est à l'avenant des deux premières. Leur ordre de passage correspond à leur âge. Cinq minutes de délibération sont accordées au jury entre chaque morceau. Une heure et demie s'écoule avant que les dernières en lice se présentent sur scène. C'est un groupe de quatre qui doivent avoir sensiblement mon âge. Leurs robes blanches illuminent la scène d'un éclat vif, leur sourire également. Leur aisance tranche radicalement avec les candidates précédentes. À un moment, l'une d'entre elles – la plus jolie (cette considération n'est en rien un manque de respect envers Pénélope, il faut savoir apprécier la beauté dans son expression la plus limpide) – me fixe de ses yeux noisette. J'en éprouve un violent frisson.

– Jeunes filles, dit le présentateur d'un ton obséquieux et paternaliste (je l'aurais étranglé, à ce moment-là, tant sa vulgarité me semblait inadaptée à la pureté du groupe de chanteuses), vous avez l'honneur de clore cette représentation. Les raisons sont multiples, tout d'abord vous êtes les plus vieilles de cette cession.

Il provoque quelques rires dans le public en ajoutant en aparté :

– Heureusement qu'ils ne m'ont pas compté...

Avant de poursuivre :

– Vous êtes également fidèles au rendez-vous du Tremplin des Jeunes Talents, puisque c'est aujourd'hui la septième fois que vous vous produisez sur cette scène. Oui, mesdames, messieurs, vous m'avez bien entendu ! Ce groupe de jeunes et jolies jeunes filles est présent à cette manifestation depuis sa création, alors je vous demande de les applaudir bien fort !

Les hurlements s'élèvent à l'unisson. Dans le fond de la salle, des prénoms sont criés : Ariel ! Becky ! Cassandra ! Doreen ! Leur fan-club se manifeste avec enthousiasme. Les filles réagissent par de discrets sourires. De toute évidence, elles ne sont pas là pour plaisanter. Leur professionnalisme est glaçant. Rien ne semble laissé au hasard dans cette formation. Du ruban rouge qui noue leurs cheveux jusqu'à leurs petits escarpins noirs parfaitement cirés (sans compter également que la première lettre de leur prénom constitue le début de l'alphabet).

– Qu'allez-vous nous interpréter, mesdemoiselles ?

– *Because*, des Beatles, répond la plus jolie.

Le présentateur plisse ses lèvres dans une moue approbatrice.

– À vous de jouer, mesdemoiselles ! conclut-il d'une voix tonitruante.

Les quatre filles se retrouvent seules sur scène, dans un alignement parfait, quatre taches immaculées, quatre poitrines se gonflant au même rythme de respiration.

Lorsque la première note s'élève, j'ai l'impression d'être giflé à toute volée.

***

D'un geste, Patrick intima le silence au reste de l'équipage. Les hommes se figèrent sur place.

– Écoutez, murmura Patrick.

L'océan était calme, le clapotis des vagues pratiquement inexistant. Le silence était comme une lourde chape provoquant une impression d'étouffement. La chaleur y était pour beaucoup. Le souffle des marins était profond. Ils tendaient l'oreille avec tant d'application que leur front était marqué par un pli de concentration.

Un son s'élevait au loin, difficilement perceptible, semblable à une série de notes jouées sur un flûtiau. Plus le bateau s'approchait et plus cette musique céleste prenait de l'ampleur.

– Je pressens une catastrophe, murmura Armaggedon, le fidèle lieutenant.

Patrick l'interrogea du regard.

– Il existe plus d'une légende étrange à propos de l'océan, raconta Armaggedon, mais aucune n'est aussi singulière que celle des créatures chantantes.

Les marins s'étaient approchés et ils formaient un cercle parfait autour des deux hommes.

– Les créatures chantantes vivent au fond de la mer, expliqua le lieutenant. Elles ne remontent à la surface que pour une seule raison : se nourrir. Un vieil homme m'a conté une fois la technique de chasse qu'elles prisent particulièrement. Elles utilisent leur voix pour attirer leurs proies.

Le silence s'épaissit dans l'assemblée. Seul le son du flûtiau s'élevait dans le lointain.

– C'est beau, dit un des hommes.

Il se plaqua immédiatement la main sur la bouche, comme si cette phrase lui avait complètement échappé. Les autres le regardèrent, la terreur courait dans leurs yeux.

– Bouchez-vous les oreilles, ordonna Armaggedon. Trouvez des morceaux de tissu, du coton, n'importe quoi, mais n'écoutez surtout pas le chant de ces créatures !

Les hommes se précipitèrent, cherchant sur le pont, dans les soutes, dans leurs maigres biens entreposés à côté de leur hamac. Certains déchirèrent un morceau de leur pagne pour se l'enfoncer avec hâte dans l'oreille. La panique se répandait à bord comme une traînée de poudre. Au milieu de cette effervescence, seul Patrick restait immobile. Soudain, il avisa Armaggedon en l'attrapant par le bras.

– Attache-moi, ordonna-t-il.

– Comment ?

– Attache-moi au mât, expliqua Patrick à son fidèle lieutenant. Je dois en avoir le cœur net.

– M... mais tu es fou ! bredouilla Armaggedon.

– Le chant de ces femmes doit être particulièrement beau s'il est capable d'attirer les hommes hors de l'embarcation.

– Ce chant va provoquer ta démence !

– Ce qui sera également le cas si je ne l'entends pas. Je ne connais rien à la beauté. J'aimerais, l'espace d'un instant, y goûter, la savourer dans son expression la plus pure. Et si le chant de ces créatures est tel que tu le décris, alors l'opportunité est unique.

Armaggedon céda à la volonté de son capitaine. À l'aide d'une grosse corde de chanvre, il ficela Patrick contre le bois du mât et, une fois sa tâche terminée, il s'enfonça deux bouts de tissu gras dans les oreilles.

– Merci, dit Patrick.

– Pardon ? fit Armaggedon.

– Merci ! hurla Patrick.

– Ah, OK, déclara le fidèle lieutenant, pouce brandi vers le haut.

Les cordes étaient bien serrées sur le torse de Patrick. Le son du flûtiau se précisait, les membres de l'équipage s'étaient assis sur le pont, dos contre le bastingage, les mains plaquées sur les oreilles.

Un marin sortit soudain de la soute, il paraissait dans tous ses états. Il se précipita sur Patrick, le visage congestionné par la terreur.

– Je... je n'ai rien trou... trouvé à me mettre dans les or... bredouilla-t-il dans une gerbe de postillons.

– Ton pagne, utilise le tissu de ton pagne, bon sang ! le coupa Patrick.

Mais le malheureux ne l'écoutait pas, il avait dressé la tête et ses yeux s'agrandissaient lentement d'un émerveillement vénéneux. Un récif se découpait à une centaine de mètres de la proue. Malgré la pénombre, on y devinait des silhouettes mouvantes.

– Que… que c'est beau… murmura-t-il en s'avançant vers le bord du bateau.

– Ne fais pas ça ! cria Patrick.

Mais l'homme avait déjà une jambe par-dessus le bastingage.

– Elles m'appellent ! hurla-t-il.

Patrick crut voir une ombre luisante affleurer à la surface de la mer. Les remous étaient nombreux, on eût dit une eau portée à ébullition. Le visage de l'homme était radieux. Il éclata de rire :

– Elles sont magnifiques, elles sont…

Il se figea soudain.

– Non… non…

Une terreur sans nom se lisait à présent sur ses traits livides. Un hurlement monta de sa gorge. Il venait de voir quelque chose dans les flots, quelque chose d'épouvantable.

Attaché à son mât, Patrick ne pouvait rien pour lui. Il assista à la scène, impuissant : un tentacule visqueux jaillit de la mer et s'enroula autour de la jambe du marin. La prise était puissante, les os de la victime se brisèrent en un craquement atroce. Puis il fut emporté dans le vide. Ses hurlements couvrirent le chant des créatures. Des claquements de mâchoires s'élevèrent, des bruits de mastication et un rot gras sortirent des profondeurs abyssales. Patrick tremblait de tous ses membres. La scène avait duré quelques secondes à peine. C'était largement suffisant pour mesurer la menace qui était tapie sous la coque de leur navire.

Pourtant, le trouble de Patrick n'avait pas été provoqué par cette vision cauchemardesque.

Les créatures étaient juchées sur le récif.

Et elles chantaient toujours.

Elles regardèrent le bateau passer non sans cesser de chanter. L'une d'elles – de loin la plus jolie – fit un geste de la main pour saluer Patrick. Ce dernier hésita à détourner les yeux, elles étaient entièrement nues. Leur apparence était celle de jeunes filles magnifiquement formées. Patrick aurait tout donné pour avoir la force de rompre ses liens et les rejoindre. Mais le navire s'éloignait déjà. Cet épisode demeurerait assurément l'un des plus marquants de leur périple. Le chant des créatures s'était imprimé de façon indélébile dans l'esprit de Patrick. Il n'avait jusqu'à présent jamais rien entendu d'aussi puissant. Chaque note avait été pour lui comme une gifle.

***

Je n'attends pas la fin du spectacle. À bout de souffle, je quitte la salle pendant l'ovation finale, craignant une explosion de tics nerveux. Je tremble de partout et suis obligé de m'appuyer contre un mur quelques instants pour recouvrer mon calme.

Il faut que je sorte d'ici.

L'hostilité du monde se révèle à moi dans sa réalité la plus glaçante : je ne suis rien, un détail qui a failli croire un jour qu'il avait une once de talent. Je titube. Les portes vitrées du gymnase renvoient une lumière aveuglante. Dans la rue, l'hostilité sera bien plus importante, mais je dois forcément m'y confronter si je veux rejoindre le Cocon. Je m'avance, chancelant, vers la clarté du jour. Une voix m'appelle tout à coup :

– Hé ?

Une voix de fille.

Je ne me retourne pas. Je ne veux pas offrir à cette personne le spectacle désolant de mon visage en proie aux convulsions.

– Hé ? insiste-t-elle.

La voix est plus douce, semblable à celle d'une personne cherchant à apprivoiser un animal sauvage apeuré. Je m'immobilise.

– Je t'ai vu dans la salle, dit la fille.

C'est une des quatre chanteuses du dernier groupe – la plus jolie. Elle détaille mon visage.

– T'as la Tourette, n'est-ce pas ? demande-t-elle.

– O… oui.

– Je suis Doreen.

– Max.

– Comme Maxime ?

– Maxence.

Son sourire s'élargit. Nous nous serrons la main.

La sienne est douce.

14

New York New York
once more

Olive a un sourire si large que l'écran de mon portable semble soudain minuscule, incapable de contenir l'euphorie de mon ami.

– Regarde ! hurle-t-il.

Son visage apparaît selon un angle étrange (morceau de ciel bleu, un œil (le bon), un morceau de joue et une oreille rougie par le soleil), puis l'écran se stabilise sur une étendue verte.

– Je suis en plein centre-ville ! annonce Olive. Central Park, mon pote ! Tu peux t'y balader pendant des heures et tu entends à peine le bruit des voitures.

Je me gorge de ce paysage incroyable. Un fragment d'Amérique. Le pays où tout demeure encore possible.

– Je viens ici dès que j'ai un moment de libre...

Il s'interrompt. Sa voix devient hésitante.

– Attends, attends...

La vue bascule soudain vers un carré de pelouse en friche.

– Salut, pépère, murmure Olive.

Un écureuil me fixe à travers l'écran de ses yeux ronds. En trois bonds, il s'approche du téléphone de mon ami.

– On est comme dans un dessin animé, s'enthousiasme Olive hors champ. Il y a de ces bestioles partout, tu pourrais lui chanter une chanson de Cendrillon.

Tendre rêve me vient à l'esprit. Mon père m'a souvent montré ce film lorsque j'étais petit (peut-être voulait-il me sensibiliser à la féminité de cette jeune héroïne qui passe ses journées à faire le ménage, esclave des temps modernes qui accepte sa soumission à coups de chansons (si l'on excepte le fait qu'elle finit dans les bras d'un prince dont la fatuité laisse supposer qu'il lui offrira un aspirateur pour la fête des mères)).

– "Les rêves qui sommeillent dans nos cœurs / Au creux de la nuit / Habillent nos chagrins de bonheur…"

L'écureuil dresse la tête, surpris par le son de ma voix. Peut-être va-t-il se mettre lui aussi à chanter ?

Olive éclate de rire.

– Si tu pouvais être là avec moi, soupire-t-il. C'est sûr qu'on s'en paierait une bonne tranche.

Une série de perspectives traverse mon esprit. Pas plus tard que de la semaine dernière, je consultais le prix des billets sur un site d'achat en ligne. Je pourrais abandonner mon père une semaine, voire plus. Il respirerait un peu, pourrait s'entraîner seul aux échecs et choisir les films qu'il a envie de voir le soir.

– Sûr qu'on s'en paierait une bonne tranche, je réponds à mon ami.

– Je continue ma visite ? propose Olive.

L'écureuil remonte dans son arbre, vexé de n'être plus le centre d'attention et, avant que je n'aie eu le temps de répondre, l'écran balaie de nouveau le décor verdoyant de Central Park.

Olive marche d'un bon pas, essayant tant bien que mal de stabiliser sa prise de vue. Le prix de la connexion va lui coûter un bras, mais son père a de l'argent et lui a garanti ses communications avec la France (il travaille dans les assurances et, comme le dit souvent mon ami avec une pointe de moquerie, "il assure").

La visite virtuelle se poursuit. Nous atteignons un bassin dont la circonférence est grillagée. Un nombre inimaginable de coureurs se croisent sur le chemin qui borde ce vaste plan d'eau.

– Il y a tout ici, déclare Olive. T'as envie de grignoter un truc ?

Mon ventre gargouille à cette proposition. Olive bifurque vers une petite place où se dresse un kiosque en bois.

– Le célèbre hot-dog new-yorkais, tonne-t-il d'une voix triomphale.

L'écran fixe soudain ses pieds, il doit chercher des sous dans sa poche. Puis la mine affable et souriante d'un Indien (d'Inde, si j'en juge à son turban) me fait face. Olive prend sa commande dans un anglais fluide.

– Ketchup ou moutarde ? me demande-t-il.

– Moutarde, je réponds d'un air offusqué, comme si rien d'autre n'était envisageable.

L'Indien laisse échapper un petit rire avant de préparer le hot-dog à grand renfort de gestes précis et généreux. Le pain s'affiche dans tout son moelleux, la saucisse luit d'une constellation de gouttes de graisse et le filet de moutarde se présente tel un sourire.

Nouvelle saute dans l'image, puis le visage d'Olive de profil, la bouche ouverte, le hot-dog à l'horizontale, orienté en direction de ce gouffre hilare.

Il doit tenir son téléphone à bout de bras.

– Bon appétit, mon ami, dit-il avec un accent anglais.

Son visage s'illumine de grâce à la première bouchée. Sa mâchoire inférieure décrit d'amples mouvements circulaires de mastication.

– Hmmmm, lâche-t-il dans un soupir d'aise.

– Je saute dans le premier avion, dis-je.

Il éclate de rire, la bouche pleine (ce qui n'est pas forcément le spectacle le plus réjouissant de toute notre communication).

– Je t'attends, mon ami, je t'att…

Il est brusquement coupé par une violente saute de l'image. Sur l'écran de mon téléphone, tout n'est plus que chaos. Les arbres, le ciel, puis de nouveau les arbres, et des saccades à n'en plus finir. La voix d'Olive me parvient dans le lointain :

– Au voleur !

Il vient de se faire piquer son portable.

C'est peut-être pour cet épisode qu'Olive mériterait d'entrer en lice pour le meilleur second rôle, catégorie junior. On dit que lorsqu'un morceau de Mozart s'interrompt, le silence qui suit, c'est toujours du Mozart. C'est exactement pareil avec mon meilleur ami : lorsqu'Olive occupe le premier plan, eh bien quand il n'est plus là, sa présence plane toujours.

Le voleur me fixe de sa face joviale. N'importe qui aurait éteint le téléphone après un tel larcin, mais il s'agit de l'appareil d'Olive, et même si la voix de mon ami s'est fondue dans la rumeur du parc, il est toujours là.

Parce qu'il n'y a qu'à lui que de telles choses peuvent arriver.

– *Hey man !* dit le garçon.

Il doit avoir une vingtaine d'années tout au plus. Un bandana rouge lui ceint le front, rassemblant ses cheveux en une épaisse touffe qui lui descend sur les épaules. Un tatouage coloré jaillit du col de son t-shirt élimé. Il porte un appareil dentaire où scintillent des éclats d'or. Il a couru comme un dératé à travers le parc, mais ne manifeste aucun signe d'essoufflement.

– *What's up ?* demande-t-il.

Je bafouille une réponse qui lui arrache une salve de rire.

– Heu… *I am good*… heu… *fine*…

(Et là, sans vouloir accabler ma professeure d'anglais envers qui j'ai la plus profonde estime, je réalise qu'il existe une différence fondamentale entre la vie dans une salle de classe et la vraie vie. La même différence qui sépare la théorie de la pratique. Ou la cogitation du passage à l'acte. Ou le bord du bassin et l'immersion dans le grand bain.)

– *Welcome to the Big Apple*, lance-t-il.

Quelle peut être cette grosse pomme à laquelle il fait allusion ? J'imagine que ça doit être le nom de New York pour les initiés.

– *Thank you*, je lui réponds en essayant de prendre l'accent.

– *Where are you from ?*

– *France, Paris.*

– *Ah, Paris…*

Il fronce soudain les sourcils et approche son visage de l'écran.

– *Your face*… murmure-t-il, *what happened with your face ?*

Je comprends "fesses" au début avant de me ressaisir :

– Ah, mon visa… *my face, it is the Tourette. The Tourette syndrome.*

– *The Tourette disease !* s'exclame-t-il.

C'est la première fois que j'entends le nom de ma maladie prononcé en anglais. Curieusement, j'en éprouve comme une fierté.

– *Yes, the Tourette syndrome*, approuvé-je.

– *Holy shit ! You got a minute, man ? Wanna show you something.*

– Euh… *yes… it is OK with me.*

Il file à travers le parc, sans couper la communication. J'espère que la batterie ne tombera pas en rade, l'attitude du garçon a piqué ma curiosité au vif.

Il s'engouffre sous un pont, l'obscurité nous enveloppe. Une porte métallique grise se découpe dans la pénombre. Elle s'ouvre, dans une protestation grinçante, sur une enfilade de couloirs. Le garçon a allumé la lampe du téléphone, révélant sa trajectoire d'un faisceau tremblotant. Il finit par déboucher sur une artère plus large. Je suis muet d'ébahissement : nous sommes dans les égouts de la ville.

– *Welcome to the underground of the Big Apple*, murmure le jeune voleur.

Le son de ses pas résonne contre les parois du conduit. Il marche un moment, dans un clapotis de bruits d'eau, avant de s'arrêter face à une nouvelle porte, en bois celle-ci. Après avoir donné trois petits coups brefs sur le battant, il attend.

– *Who is this ?* demande une voix de l'autre côté.

– *Hornet*, répond le garçon.

– *Password ?*

– *This is the dawning of the age of Aquarius.*

La porte s'ouvre alors sur une pièce large, éclairée par un nombre impressionnant de bougies.

(Il n'est pas impossible que le chef déco ait également une nomination dans le film de ma vie.)

Un lustre suspendu au plafond scintille de mille feux (probablement le produit d'une virée particulièrement lucrative dans les beaux quartiers de la Big Apple). Une dizaine de visages suspicieux sont tournés vers moi.

– *Hey buddies !* lance le jeune voleur en désignant l'écran du téléphone. *This is…*

Il s'interrompt pour me demander :

– *What's your name, dude ?*

– *Max.*

– *Max! That's a real cool name for a Frenchie.*

– *Hi Max*, font les autres d'une seule voix. *What's up, man ?*

Une jeune fille s'est levée et s'avance au milieu des bouteilles et des cartons qui jonchent le large tapis posé au sol. Elle paraît avoir le même âge que le voleur de téléphone.

– Salut, Max, dit-elle avec un accent à peine prononcé.

Il ne me faut pas plus de quelques secondes pour deviner ce que le jeune voleur voulait me faire voir. L'œil de la fille est comme pris de sursauts. L'universalité de la Tourette ne connaît pas de frontières, le club s'enrichit de nouveaux membres chaque jour.

– Je parle un peu français, déclare la fille. Je m'appelle Daisy.

– Enchanté, Daisy.

– Et ça c'est Fire, Thomson, Russell, Apathy et Monkey.

Le dernier nommé pousse un petit cri de singe en se grattant l'aisselle, provoquant des rires dans l'assemblée.

– Les autres, ajoute la fille, je les connais pas, ils viennent juste d'arriver.

Tous me saluent d'un geste de la tête. Me voilà intronisé dans un gang de voleurs. Hornet a posé le téléphone d'Olive au sol, j'ai une vue panoramique sur l'ensemble de la pièce.

– J'ai vécu en France pendant quelques années, explique Daisy, mais j'ai un peu perdu. Ça me fait plaisir de pratiquer de temps en temps.

– Tu vivais où ?

– À Bordeaux.

Sa voix s'étrangle légèrement dans sa gorge en prononçant le nom de la ville, qui doit lui évoquer un mauvais souvenir.

– Et… et comment as-tu atterri ici ? demandé-je.

– Les… les… ?

Elle cherche son mot pendant quelques secondes.

– Les aléas, finit-elle par dire.

– Tu parles bien, je lui fais remarquer.

– Merci, répond-elle avec un accent anglais exagéré.

Je ris. Elle rit à son tour. Jamais contact n'aura été aussi immédiat avec une personne étrangère. Le regard de Daisy reflète une mélancolie que je n'ai jamais jusqu'alors observée chez quiconque. Quand elle sourit, ses yeux pétillent pourtant de malice.

– Je ne pensais pas qu'il y avait de la vie sous New York, avancé-je.

– C'est une ville qui peut réserver bien des surprises, explique-t-elle.

Son visage se rembrunit alors qu'elle ajoute :

– Et bien des dangers également si on ne reste pas sur ses gardes.

– Comme se faire voler son portable ?

Mon intervention n'a rien d'un reproche, mais plutôt d'une observation. Daisy l'a compris.

– On va lui rendre, son portable, à ton copain, déclare-t-elle dans un demi-sourire. Si tu réussis à passer le test.

– Le test ?

– Ouais, nous autres de la Guilde des voleurs, on dirait pas comme ça, mais on a un code d'honneur.

– La Guilde ?

– On ne vole pas vraiment, poursuit-elle sans tenir compte de mes interventions, on soulage les gens de biens qu'ils peuvent aisément remplacer. Ton ami, là, sans téléphone, il doit être bien embêté. Mais je suis persuadée que la semaine prochaine son père lui en paiera un nouveau, le dernier modèle, et que la vie reprendra comme avant, comme s'il ne s'était rien passé.

Sa voix devient plus sourde lorsqu'elle précise :

– Comme si nous autres, nous n'avions jamais existé.

Ses compagnons approuvent d'un hochement de tête, même s'ils ne doivent pas comprendre grand-chose de son discours.

– Le test consiste à nous fournir une bonne raison de lui rendre son téléphone, termine-t-elle.

– Olive est mon ami, je réponds du tac au tac.

– Est-ce une raison suffisante ?

– Et j'ai des choses importantes à lui confier qui ne peuvent pas attendre la semaine prochaine.

– Le monde tourne trop vite, c'est toi qui dois lui imposer sa cadence et non le contraire. Tout peut attendre pour celui qui sait faire preuve de patience.

Le vocabulaire de Daisy est soudain plus étoffé. Je la soupçonne d'avoir déjà récité sa dernière tirade, voire de l'avoir apprise par cœur.

– Ce sont des choses concernant un événement qui doit se dérouler dans deux jours, argumenté-je.

– Peut-être pouvons-nous t'aider ? suggère Daisy.

Je considère longuement l'assemblée de la Guilde. Ils sont tous jeunes, affichant à travers leurs regards fuyants les épreuves que leur a déjà imposées la vie. Comme une annexe américaine de la seconde K.

– J'ai connu Olive en primaire, commencé-je d'une voix basse.

Je raconte la fine équipe, et Daisy traduit au fur et à mesure à ses compagnons. Tous se sont approchés et assis, en formant un demi-cercle parfait autour du téléphone. Je ne ménage aucun détail, évoquant les souvenirs de la même manière qu'on feuillette un album photo avec une pointe de nostalgie. Mon récit semble les captiver, comme si la France représentait pour eux un pays imaginaire au folklore improbable.

Nos années collège sont peut-être les meilleures. Je me rappelle de longs moments passés dans notre coin, à l'abri du regard des autres, cultivant notre différence à travers l'édification d'un univers qui n'appartiendrait qu'à nous. Notre première année au lycée aura été plus compliquée, avec l'arrivée des filles dans l'architecture de notre fine équipe.

J'évoque Pénélope sans omettre la moindre anecdote, provoquant quelques sourires dans mon auditoire.

– Olive est comme une extension de ma personne.

Daisy bute un peu sur la traduction. Je lui laisse le temps d'y parvenir et je poursuis :

– On est les deux membres cassés d'un appareil qui peine à tenir debout mais qui consacre toute son énergie à le faire. Et là, j'ai vraiment besoin de lui pour un conseil.

Je marque un temps de silence, avant de rentrer dans le vif du sujet.

– Dans deux jours, je vais me produire sur scène. Je vais devoir chanter devant des inconnus et je ne me sens pas du tout prêt à affronter cette épreuve. Cela ne doit pas représenter beaucoup pour vous, mais pour moi la situation est cruciale. J'ai rencontré une fille le week-end dernier. Elle fait partie d'un groupe de chanteuses absolument étonnant. Et elle participera aussi à l'événement. Jamais je ne me suis senti aussi démuni. C'est comme si je me trouvais au bord d'un gouffre avec aucune autre solution que celle de sauter. Mais je ne suis pas seul. J'ai mon père, mon oncle et ma professeure de chant. J'ai aussi Olive.

Je retiens ma respiration.

– Et aujourd'hui, si j'ai autant besoin de lui, c'est que ses conseils m'ont toujours été précieux. Même si je connais la réponse qu'il va me donner quand il entendra mon dilemme. Même si je connais les mots exacts qu'il va m'adresser. C'est juste que j'ai besoin de les entendre de sa propre bouche.

– Et quels sont ces mots ? demande Daisy.

– Vas-y.

Le silence enveloppe la pièce. Un léger courant d'air fait tanguer le lustre, libérant une cascade de tintements cristallins.

– On va lui rendre son téléphone, à ton ami, murmure Daisy. Et pas plus tard que tout de suite. Il doit encore être dans le parc, on le retrouvera facilement.

– Merci, dis-je.

L'assemblée reste coite. Je crois lire pourtant dans leur regard comme une forme de remerciement en retour.

– J'aimerais ajouter une dernière chose, dis-je en baissant la tête.

– Nous t'écoutons, dit Daisy.

Je leur donne un *fa*.

La communication est coupée à ce moment-là.

***

– Demain, c'est le grand jour ? dit mon père.

– Yep.

– C'est à 15 heures, c'est ça ? demande mon oncle.

– Yep.

– Et il faut venir un peu en avance pour avoir des bonnes places ?

– Yep.

Je ne peux m'empêcher de sourire, ça fait trois jours que je leur rabâche les dispositions à prendre pour assister au tremplin. Ils ont dû se donner le mot afin que je ne stresse pas.

– Et ta prof de chant sera là ? demande mon père en se passant une main sur la peau de son crâne.

– Yep.

– Ça me fait bien plaisir de la rencontrer.

– Moi aussi, ajoute mon oncle.

Ils me font face tous les deux, offrant leur tête d'œuf au plafonnier de la salle à manger. Mon père a meilleure mine. Il continue de dormir beaucoup mais me certifie qu'il sent son énergie revenir.

– Encore un mois de chimio, m'a-t-il annoncé la semaine dernière.

Tout comme lui, j'ai l'impression d'apercevoir au loin le bout d'un tunnel.

– Et cette histoire de connexion avec New York ? demande mon oncle.

– Yep.

– Non, pas yep, dit-il. C'est une question que je te pose, pas une affirmation.

Je soupire malgré moi, ce n'est pas faute de leur avoir expliqué plus d'une fois. Mais force est de reconnaître que la technologie n'est pas leur fort.

– C'est Olive qui veut assister au spectacle.

– Sacré Olive, dit mon père.

– Et il m'a demandé d'établir une connexion visuelle avec lui. Mais comme je serai sur scène, ce sera à vous de le faire.

– Une connexion visuelle ? grommelle mon oncle.

– Il appellera, tu auras juste à décrocher. Tu pourras le saluer si tu veux. Et ensuite tu devras orienter le téléphone vers la scène. C'est simple comme bonjour.

– Si tu le dis.

Il se ressert un fond de whisky. Mon père jette un regard en biais à la bouteille. Puis hausse les épaules, comme s'il venait de jouer un dialogue dans sa tête où, dans un accès de sagesse, le renoncement serait l'issue. J'approuve d'un discret signe de tête. Son état de santé joue beaucoup dans ma détermination à faire face à mes anciens démons. Il y a un mois à peine, la situation me paraissait désastreuse. Aucune échappatoire ne se profilait et le futur m'apparaissait comme une bête monstrueuse disposée à me dévorer.

Aujourd'hui, je suis presque heureux. Je réalise que j'ai hâte d'être demain, de me retrouver sur cette scène vide, avec pour seule présence ce public qui me fera face.

Sur mon téléphone, j'ai archivé un message d'Olive. Une simple phrase capable de me donner l'énergie pour me tenir debout demain devant le micro.

Vas-y.

C'est si bon d'avoir un ami.

Mais, pour être tout à fait sincère, mon entourage si attentionné n'est pas l'unique raison de mon enthousiasme.

Prenez pas plus tard que ce matin.

Je profitais tranquillement d'une heure de permanence en flânant dans la rue commerçante qui jouxte mon lycée. Je regardais la vitrine d'une librairie quand j'ai senti une présence dans mon dos. Une silhouette blanche se reflétait dans la glace, j'ai immédiatement deviné de qui il s'agissait.

– Salut, m'a lancé Pénélope.

– Salut, je lui ai répondu sans même me retourner.

Elle était seule. Nulle trace de Francis. Peut-être s'était-il éclipsé avec pertes et fracas ?

– Tu cherches un livre ?

– Non, non, je regardais juste comme ça.

J'ai fini par me retourner. Elle était encore plus belle que dans mon souvenir. Je me suis empressé de chausser mes lunettes de soleil.

– Tu vas bien ? m'a-t-elle demandé.

– Ça fait aller.

(Je ne connais pas de réponse plus stupide que celle-là. D'abord que désigne le "ça" ? À quelle action se réfère le verbe "faire" ? Et que signifie "aller" ? Un mouvement ? Mais vers où alors ? Tant d'imprécisions me rendent dingue. Un "ouais" est tellement plus efficace (ou un "yep").)

– Je pensais à toi l'autre jour, dit Pénélope.

– Ç… Ça fait aller…

(Je devrais prendre l'habitude de flâner avec mon inhalateur, en cas de rencontres inopportunes comme celle-ci.)

– Je pensais à la façon dont les choses se sont déroulées entre nous deux, déclare Pénélope.

Je reste coi, les yeux baissés sur mes chaussures.

– J'ai pas l'impression d'avoir été très correcte avec toi, murmure-t-elle.

– Bah…

Elle poursuit en ignorant mon "bah" (comment l'en blâmer ?) :

– Je me sens si lâche parfois, mais j'imagine que tu dois comprendre. On se retrouve face à une décision à prendre et on choisit la voie la plus rapide pour expédier l'affaire.

(Expédier l'affaire ? Je pourrais la gifler à toute volée en cet instant précis.)

– Ça… ça fait aller.

– Et quelque temps plus tard, le souvenir de cet épisode m'est revenu. Et les scrupules qui vont avec.

(Pénélope a donc une conscience. C'est un bon point pour elle.) La méfiance éprouvée au début de cet entretien commence à s'estomper. Je n'ai toujours pas la moindre idée de ce qu'elle a derrière la tête, je subodore pourtant que ses intentions ne sont pas mauvaises. Mes épaules se détendent petit à petit.

– J'aimerais…

Elle marque une hésitation en baissant les yeux, le rouge aux joues. Mon cœur bondit dans ma poitrine.

– J'aimerais, reprend-elle, que tu me pardonnes.

– Ça… ça fait aller.

– J'aimerais aussi… que nous restions bons amis.

(Ah…)

– Pas de problème, Pénélope. À aucun moment, je n'ai eu l'impression que nous soyons en mauvais termes.

Elle semble aussi surprise que moi de ma réponse, si j'en juge au O parfait que forme sa bouche.

– Alors… alors c'est parfait, bredouille-t-elle.

– Bon, fais-je.

– Bon, fait-elle.

On pourrait en rester là. Mais au moment où elle commence à s'éloigner, une impulsion me traverse l'esprit (le genre d'impulsion qui, avec un temps de recul, restera bénie en cette magnifique journée).

– Je… je chante demain.

– Tu chantes ?

– Oui, je participe à un tremplin musical. Je me suis inscrit et je passe demain après-midi.

Le O de surprise se dessine avec plus de précision.

– Je me disais, proposé-je en haussant les épaules, que peut-être tu pourrais passer si tu n'as rien de prévu ? C'est à 14 h 30.

Elle fait mine de réfléchir – pas longtemps, elle doit déjà connaître la réponse.

– Et c'est où ? demande-t-elle.

– À la salle des fêtes.

Je lui communique l'adresse exacte.

– Oui, je connais. Ce n'est pas très loin de chez moi.

(De nouveau sa mine de réflexion concentrée.)

– OK, dit-elle dans un élan d'enthousiasme. J'essayerai de passer.

Elle tourne les talons et s'éloigne à pas légers, comme si elle avait conscience que je l'observais. Avant de disparaître au coin de la rue, elle se retourne et m'adresse un signe de la main – doigts qui ondulent en éventail – et un sourire discret en coin – aguicheur ?

Je reste pantois devant la vitrine de la librairie, un moment suffisant pour qu'un des employés de la boutique sorte pour me demander si tout va bien.

***

Dans le silence troublé par les battements de mon cœur, je considère la salle.

Impossible de me remémorer le cheminement qui m'a conduit jusqu'ici, sur cette scène, un lourd rideau de velours rouge dans mon dos, un micro dressé devant moi, comme s'il était planté dans le sol.

Un bruissement de tissus parcourt le public, je distingue mon père et mon oncle assis au deuxième rang. Mon oncle tient mon téléphone orienté dans ma direction, Olive doit avoir une vue d'ensemble sur la scène. Une tache blanche se découpe dans la pénombre derrière eux, Pénélope a tenu sa promesse. Et elle est venue seule.

Les membres du jury m'observent avec attention. Ils se sont installés à une table, Claudia Wilmer est parmi eux. J'avais senti la veille qu'elle me cachait quelque chose. J'ai même eu l'impression que son œil droit tressautait. Aujourd'hui, elle semble me sourire, un sourire transparent et énigmatique. Son regard m'indique pourtant qu'elle ne me fera pas de cadeaux, et une phrase qu'elle m'a souvent répétée me revient à la mémoire : "Ce qui fait réellement avancer, ce sont les coups de pied au cul." Elle ne me fera pas de cadeaux, certes, mais elle s'est persuadée que c'est ce qui me fera progresser. J'accepte ce principe avec sérénité en cet instant. Rien ne peut m'atteindre. Je baisse mon regard sur ma main, juste pour vérifier que mes doigts ne tremblent toujours pas. Jamais je ne me suis senti dans un tel état d'apaisement. Mon esprit est comme une étendue neigeuse vierge de tout relief, prête à accueillir les notes, les silences, les accords.

Un des membres du jury (un homme d'un certain âge portant un collier de barbe) m'adresse un discret signe de la tête. Il est temps de commencer. Le public m'attend.

Je leur donne un *fa*.

Une note à peine esquissée mais d'une justesse indéniable.

Et puis je m'élance.

Je m'élance dans ma nouvelle vie.

TROISIÈME NOTE
(UN *LA*)

15

Le mur

Je n'ai pas réussi à chanter lors des funérailles de mon père.

J'avais pourtant prévu de le faire.

La veille, je m'étais longuement imaginé la scène, blotti sous ma couette, faisant danser le faisceau de ma lampe de poche sur l'intérieur du drap. Des ombres se dessinaient, projections imprécises et fantasmées de ce que j'envisageais. Je m'étais vu debout devant les membres de ma famille, droit comme un I, comme j'avais pu me tenir un mois auparavant lors du tremplin musical. Tous auraient attendu la première note, la larme à l'œil. J'aurais alors offert le meilleur de moi-même, sans aucune retenue, comme j'avais pu le faire devant ce public composé en majorité de parfaits inconnus. Excepté Pénélope, Olive via un écran de portable, Claudia Wilmer dans le jury, mon oncle et mon père, du temps où il était encore vivant.

Il y a une éternité.

Juste après ma prestation, sous le fracas des applaudissements et le regard approbateur de Claudia, alors qu'une partie du public se levait et que la scène semblait se dérober sous mes pieds, je suis parvenu (je ne sais par quel miracle ?) à croiser le regard de mon père. J'y ai lu de la fierté. Une fierté qui m'a irradié, qui m'a soulevé du sol (peut-être est-ce la raison du tangage de la scène ?), une fierté qui m'a convaincu que la vie avait du sens. J'ai aussi observé une petite grimace qui a légèrement tiré les traits de son visage sur le côté. Quelque chose d'infime, mais nous autres de la Tourette sommes experts dans le décryptage des expressions. Celle-là était directement reliée à son système nerveux. Et au foyer où se concentre toute la douleur. La manifestation était minime, suffisante pourtant pour que je la remarque. Je ne m'en suis pas alerté, j'étais sur un nuage, perdu dans les hauteurs du succès que je venais de remporter. Les projecteurs diffusaient une douce chaleur sur mon épiderme, j'ai placé ma main en visière au-dessus de mes yeux pour m'assurer que ce triomphe m'était bien destiné.

– Bravo ! hurlait le public.

Claudia s'est même laissée aller à taper dans ses mains.

Pénélope s'était levée, j'ai perçu dans son mouvement comme une ouverture. Le champ des possibles s'élargissait de nouveau. Et le bateau de Patrick se rapprochait peu à peu des côtes d'Ithaque.

La grimace de mon père restait pourtant comme une ombre persistante sur cette incroyable journée. Et lorsque, deux jours plus tard, il s'est écroulé dans la salle à manger, je ne m'en suis presque pas étonné.

L'éternité s'est alors déployée, imposant la lenteur de son rythme à mon quotidien : visites à l'hôpital, en soins de réanimation puis palliatifs, repas avec mon oncle le soir dans un silence de ruminations vénéneuses, journées au lycée passées en apnée, et nuits peuplées de cauchemars fiévreux où je luttais pour garder la tête hors de l'eau. Je battais des bras et des jambes, l'énergie déployée me plongeait dans un état de fatigue extrême. Je me réveillais épuisé au petit matin.

L'éternité m'a dévoré, plus rien n'avait de valeur autour de moi, juste la tête de mon père qui reposait sur un oreiller si volumineux qu'il paraissait l'absorber. Ses yeux clos bougeaient sous ses paupières. J'aurais tout donné pour partager la vision qui devait le troubler. Je me suis approché du lit pour poser mes mains sur les siennes.

– Qu'est-ce que tu vois, papa ? ai-je murmuré.

Une infirmière est entrée dans la chambre juste à ce moment-là.

– Tout se passe bien ? a-t-elle demandé.

– Ça… ça fait aller.

Elle est ressortie, après s'être activée brièvement sur les appareils qui cliquetaient autour du lit. Du bout des doigts, elle a effleuré mon épaule. J'ai longuement frissonné à cette caresse. Mais je n'ai pas eu le temps de me retourner, elle n'était déjà plus là.

Quelques jours plus tard, j'ai trouvé posée sur le bureau de mon père une pile de feuillets. Ils concernaient l'épisode de Michel contre l'île maudite. Il n'avait pas renoncé à l'écrire, mais avait choisi de ne pas le partager avec moi. Peut-être que le simple fait de l'avoir laissé traîner là relevait en fin de compte d'une invitation ?

Les premières lignes m'ont plongé dans un abîme de tristesse.

Michel renonça. Un regain d'énergie le saisit au cœur du champ de bataille, avant de s'éteindre dans un crépitement de désillusions. Le désastre qui s'étendait autour de lui le laissa sans voix. Ses hommes étaient tombés, un à un. Il demeurait seul au centre du charnier, vacillant sur ses jambes.

– Je renonce, se murmura-t-il à lui-même.

Un mugissement monta du centre de l'île maudite, le cri poussé par ceux qui remportent la victoire. Michel tomba à genoux.

Les rangs ennemis se resserraient peu à peu autour de sa position. Mais il n'avait pas peur. Il était désormais prêt à affronter son trépas. Son seul désir était de partir la tête haute. En considérant la masse sombre de ses adversaires, une pensée traversa son esprit : il est des combats qui sont perdus d'avance.

Au loin, petite tache sombre dans l'étendue d'eau, son navire est immobile. Ses soutes n'abritent plus âme qui vive. Sa coque est glacée. Bientôt, il partira à la dérive, fantôme oublié d'un océan bien trop vaste. Dans la cabine du capitaine, le lit n'a même pas été fait. Sur la table de nuit, il y a une photo, vestige des temps immémoriaux. Un garçon y fixe l'objectif, le regard perdu dans le vague, un mince sourire aux lèvres. Il se tient debout dans un jardin, les arbres dans son dos semblent bruisser d'une énergie voluptueuse.

– Je renonce, répéta Michel au milieu des morts.

Il existait pourtant une chose qu'il n'abandonnerait jamais.

Le garçon lui souriait. Ils avaient pris la photo dans un jardin public.

– Une dernière, avait-il demandé à son fils. Un souvenir pour quand je serai en pleine mer.

Le garçon s'était plié à sa volonté de bonne grâce et s'était placé devant l'objectif. Après tout, il n'allait pas voir son père pendant un moment. Michel avait observé l'image de son fils dans le viseur de l'appareil, cadrant l'image avec soin, de façon que la masse des cheveux de l'enfant ne soit pas coupée. Il soupira d'aise, il aimait tant y plonger son visage, pour se repaître de l'odeur du garçon.

– Bon, tu la prends, cette photo ? avait dit ce dernier.

Michel avait appuyé à cet instant précis sur le déclencheur, immortalisant l'impatience feinte et joyeuse de son fils.

Sur la table de nuit de sa cabine, les couleurs de la photo avaient passé. Il ne subsistait plus que la pureté du regard de l'enfant et ce mince filet qui traversait le bas de son visage en un semblant de sourire. L'instant était pourtant gravé dans l'esprit de Michel, la légèreté de ce souvenir flottait encore dans sa mémoire. Elle était d'ailleurs la seule énergie capable de le faire encore tenir sur ses jambes.

Le cœur de l'île maudite enfla, provoquant une multitude de séismes à sa surface. La terre trembla sous les pieds de Michel. Son épuisement était tel qu'il ne le remarqua même pas. Ses pensées étaient accaparées par la photo de son garçon.

– Là où je vais, dit-il, je t'emporte avec moi.

Je n'ai pas réussi à chanter pour les funérailles de mon père.

Mon oncle me tenait serré contre lui. De toutes ses forces. De ses deux bras, il m'enveloppait, m'empêchant de trembler comme une feuille. Des spasmes d'une violence inouïe faisaient craquer ma nuque. Je me mordais la joue. Au sang. Autour de moi, des silhouettes sombres et floues se déplaçaient dans l'air glacé de la matinée, brouillées par le rideau de larmes qui couvrait mes yeux. Un seul objet se découpait avec netteté dans la grande salle du crématorium. La caisse en bois, fermée, qui trônait en son centre.

– Le cercueil, avait dit mon oncle.

Impossible de prononcer ce mot, ni même d'y penser. La caisse en bois fera très bien l'affaire. Le couvercle a été fermé, une photo de son occupant posée sur un chevalet. Je l'ai détaillée les yeux grands ouverts.

Je t'emporte avec moi.

Mon père souriait.

Pour l'éternité.

****

La procédure d'adoption de mon oncle a été une formalité. De toute évidence, mon père et lui avaient déjà envisagé cette perspective. Lorsque nous sommes rentrés des funérailles, ma chambre était toujours ma chambre, le salon toujours le salon, la cuisine toujours la cuisine. Seule la personne avec qui je vivais à présent était différente.

– Je reviens tout de suite, dit mon oncle.

Il sort de l'appartement. Je l'entends entrer dans le sien à travers la cloison. Il revient quelques minutes plus tard avec deux objets dans chaque main : une bière dans la gauche, une masse dans la droite.

– Je vais boire un coup pendant que tu t'occupes d'agrandir l'appartement, annonce-t-il.

Difficile de ne pas saisir où il veut en venir. J'attrape la masse, mon bras se tend sous son poids. Mon oncle tire une chaise de sous la table et s'installe tranquillement.

– À toi de jouer, bonhomme.

Sa voix s'élève dans un murmure, l'intonation est cependant suffisamment ferme pour que je comprenne qu'il s'agit d'un ordre.

– Ça va faire de la poussière, objecté-je.

– De toute façon, j'avais prévu de tout nettoyer. Alors une couche de poussière en plus, c'est pas bien grave.

Je lève l'outil, aussi haut que les muscles de mes bras me le permettent. Puis je l'abats de toutes mes forces. Le coup est violent. Les fondations de l'immeuble vibrent avec force. Je n'ose même pas demander à mon oncle s'il a prévenu les voisins. Au deuxième coup, le mur se lézarde. Un éclat de plâtre siffle à mes oreilles. Mon oncle boit une gorgée de bière, ses yeux brillent sous la fraîcheur de la boisson. Au troisième coup, le papier peint se déchire plus franchement, laissant entrevoir un alignement de briques. Je pose le fer de la masse au sol pour souffler un peu. Un nuage de poussière épaisse s'est développé dans la pièce. Mon oncle se lève pour aller chercher deux serviettes dans la cuisine. Il les plie en deux et s'en attache une sur le bas du visage, à la manière d'un desperado de l'Ouest sauvage. Je l'imite avant de me remettre à l'ouvrage.

Mes coups sur le mur se répètent, avec de plus en plus d'énergie. Des fragments de brique roulent à mes pieds. Mes bras me tirent, mais je continue, comme s'il s'agissait d'une affaire capitale. L'effort physique comble la rage qui grondait en moi depuis près d'un mois. À travers cette masse qui fend la matière, je libère mes souffrances.

– Han !

Ma voix s'élève, à peine étouffée à travers le tissu de mon masque. Plusieurs briques se sont délogées du mur pour s'échouer sur le sol. Mes mouvements de bras gagnent en assurance, en régularité.

– Han ! Han ! Han !

Mon oncle sort une seconde bière de la poche de sa veste et l'ouvre avec son briquet. Ses yeux sont rougis par la tristesse. D'un geste du menton, il m'encourage à persévérer. Mes épaules se tétanisent sous l'effort. Mais je continue, plus déterminé que jamais. Une brique crisse, comme une dent de lait sur le point de tomber, et disparaît de l'autre côté du mur. La cloison est percée.

– Ça va être plein de poussière chez toi aussi, fais-je remarquer.

– Chez nous, précise mon oncle.

Je lui souris derrière mon masque. Une bouffée d'affection me transperce, les larmes me montent aux yeux. Je serre le manche de la masse de toutes mes forces et porte un coup puissant contre le mur. Je manque de perdre l'équilibre sous la violence du mouvement. D'autres briques tombent dans l'appartement de mon oncle. Le trou s'élargit. Bientôt les meubles de sa salle à manger apparaissent, malgré le nuage de poussière blanche.

– On va tout réaménager, dit mon oncle. On va se faire une salle de billard.

On a les moyens de le faire. Mon oncle m'a expliqué que je ne manquerai désormais de rien. Les livres de mon père se vendaient bien. Sa mort a accéléré les ventes. Pendant quelques années, mes finances seront assurées par ses droits d'auteur. Je ne manquerai de rien… je n'en suis pas si sûr. Le vide dans ma tête peine à se combler. Et ce n'est pas l'argent qui y remédiera.

J'interromps mes coups de masse pour passer ma tête dans l'ouverture du mur. Mon cœur bat à tout rompre, mon front luit de transpiration. Je reprends lentement mon souffle. À cet instant, on frappe trois coups à la porte d'entrée. Mon oncle se lève pour aller répondre d'un pas lourd. Une voix animée parvient jusqu'à moi. Je suppose un voisin furieux dérangé par le vacarme. Dans un premier temps, mon oncle le laisse épancher sa bile sans intervenir. Puis il répond. Au début, je ne perçois que quelques mots. La voix est posée, le débit est calme. Il finit par me hurler :

– Vas-y, Max, continue ! Ne t'arrête pas !

Soit.

Je me remets à l'ouvrage. Et bien que je continue à produire un vacarme de tous les diables, la voix de mon oncle me parvient, comme s'il se trouvait juste à côté de moi :

– Comment osez-vous ? Vous n'avez pas la moindre idée de ce qu'il traverse, le gamin ! Et ne me dites pas que vous n'étiez pas au courant ! Tout le monde le sait dans l'immeuble. Mais je reconnais bien là la marque de votre médiocrité, bien à l'abri dans le confort de vos certitudes !

La colère de mon oncle est sincère. Le malheureux voisin cherche à reprendre la parole en entrecoupant l'éclat de pathétiques "oui, mais...". Mon oncle ne lui permet pas de développer. Il fond sur lui tel un rapace sur sa proie. L'homme n'a d'autre choix que de s'éclipser.

Lorsque mon oncle revient dans le salon, l'ouverture dans le mur est suffisamment haute pour qu'une personne puisse s'y glisser.

– Vas-y, m'encourage-t-il.

Ses paroles sonnent comme une invitation. J'y réponds en posant le pied de l'autre côté de la cloison éventrée.

– Bienvenue chez toi, dit mon oncle.

Il nous faut pas moins de la fin de la journée pour nettoyer l'appartement. Une épaisse couche de poussière s'est déposée sur les meubles. Armés de chiffons, nous nettoyons chaque objet avant de le poser sur la grande table de la salle à manger. Ils portent tous en eux une histoire, la plupart reliée à l'existence de mon père. En en manipulant certains, un pincement me serre la poitrine. Un cendrier en forme de coquillage m'évoque un bref séjour au bord de l'océan. Sur un coup de tête. La voix de mon père résonne encore dans mon crâne dans ses intonations les plus fidèles : "Je te ferai un mot pour l'école." Et puis on avait quitté la ville, à bord d'une voiture de location. Tous les deux, avec pour seul objectif celui de déguster un plateau d'huîtres au bord de la plage. En plein milieu de semaine. Les raisons de ce brusque départ ont été oubliées. Il ne subsiste en mon esprit qu'une impulsion, la volonté de répondre à un désagrément par une fantaisie. Comme si par cet acte, mon père avait voulu faire comprendre à la vie elle-même que son désir de liberté était fort, et qu'il en fallait beaucoup pour réussir à l'ébranler.

Je fais tourner le cendrier entre mes doigts. "Tu choisis entre le mug et le cendrier", avait proposé mon père. Il lui fallait absolument un souvenir. Les bibelots proposés par cette boutique sur la jetée étaient de piètre facture. J'avais choisi le cendrier dans un haussement d'épaules : le placard de notre cuisine était déjà rempli d'un nombre incalculable de mugs, glanés au gré de nos différentes escapades. Je pourrais déterminer avec précision le moment et le lieu pour chacune d'elles.

– On va s'en sortir, me dit soudain mon oncle en considérant mon état de rêverie.

Sa voix s'éraille sur la fin de la phrase. Il se masque soudain les yeux d'une main et ses épaules sont agitées par de lourds sanglots.

– C... c'était mon grand frère, dit-il en reprenant lentement son souffle.

Je ceinture son buste de mes deux bras et le presse contre moi.

– Bien sûr qu'on va s'en sortir, je lui dis.

***

Je tends la lettre à Claudia Wilmer.

– Vous étiez au courant ? je lui demande.

Elle ne prend même pas la peine de saisir le bout de papier, bien sûr qu'elle était au courant : elle faisait partie du jury.

– Tu n'es pas obligé d'accepter, me dit-elle. Compte tenu de ta situation actuelle.

– C'est dans une semaine, objecté-je.

– Cette nouvelle étape peut te conduire jusqu'à la finale de l'association des Tremplins vocaux de France.

C'est à toi de voir si tu veux vraiment y participer. Le fait que ça soit le week-end prochain n'a pas grande importance. Tu es prêt, ta voix est prête et tu nous l'as largement prouvé le mois dernier. La question est : es-tu capable de te mesurer au public avec les événements que tu es en train de traverser ? Sur ce point, je ne peux pas répondre à ta place.

– Vous ferez partie du jury ?

– Non.

– Vous m'accompagnerez ?

– Oui.

Nous en restons là. L'heure de cours se déroule dans l'apaisement et les quelques murmures d'approbation de ma professeure face à ma prestation.

Sur le chemin du retour, mes pensées sont ailleurs. Je me sens épuisé, comme si j'avais été placé dans le tambour de la machine à laver en mode essorage. Une image refuse de quitter ma mémoire. J'y vois mon père, assis dans la salle de spectacle, les yeux fixés sur moi. J'y retrouve cette fierté qui m'avait tant porté ce jour-là. Je donnerais tout pour ne jamais effacer cette image de mon esprit.

Ma décision est prise depuis longtemps, mais j'avais besoin de l'aval de Claudia. Je vais franchir cette seconde étape. Si je me fie à la lettre qui m'a été envoyée, ma prestation lors du premier tremplin a été remarquée. L'association responsable de l'événement veut que je participe aux concours suivants organisés par la municipalité. Elle promet un passage à la télévision pour les finalistes dans une émission populaire dont j'ai vaguement entendu parler. Nul besoin de cette "carotte" pour stimuler mon intérêt. Je me fiche de la télévision comme d'une guigne. Ce concours me permettra de penser à autre chose, de concentrer mon énergie sur une activité positive. J'irai jusqu'au bout de ce concours, la tête haute.

Dans l'enthousiasme de mon choix, je lance un *fa* au tout-venant dans la rue. Une vieille dame tirant un caddie de course sursaute, avant de me sourire. Les gens aiment la musique, c'est indéniable.

Mon oncle m'attend à l'appartement. Il ne sait pas trop où se positionner, dans la salle à manger ou dans la cuisine. Sa maladresse est touchante. En espérant que je retrouve mes marques, il peine à trouver les siennes. Une odeur appétissante s'est développée dans l'appartement, il a dû passer un moment dans la cuisine. C'est de famille, tout comme son frère, mon oncle sait y faire pour préparer un repas. Je mets le couvert, il m'invite à m'installer rapidement en posant le plat sur la table.

Nous mangeons en silence. Il ne le brise qu'une fois pour me demander :

– Ça a été l'école aujourd'hui ?

– Yep, je lui réponds.

Nous avons passé suffisamment de temps tous les deux dans les parcs pour déterminer si une ambiance est tendue ou non. Ce qui est loin d'être le cas actuellement. Mon oncle s'allume une cigarette à la fin du repas et va la fumer à la fenêtre de la cuisine, pendant que je débarrasse et fais un coup de vaisselle. Nous agissons comme si nous avions fait ça toute notre vie.

Plus tard dans la soirée, je suis confronté à un autre problème qu'il va me falloir résoudre : la bannette vide devant ma chambre.

Patrick me manque.

Comme si le deuil n'était pas suffisamment lourd à porter. Dans le bureau de mon père, j'ai également trouvé des cahiers vierges. Une invitation ? J'en ai pris un, mauve, et je l'ai rangé dans la bibliothèque de ma chambre.

Patrick vit encore, je le sens au plus profond de moi-même. Mon stylo est en suspension au-dessus d'une page blanche du cahier mauve. Mais aucune péripétie ne me paraît être à la hauteur du drame qui me frappe. Les récits sur papier sont parfois si réducteurs. Il me faudrait développer des trésors d'ingéniosité pour traduire le gouffre qui s'est formé dans mon cœur et je n'ai pas l'expérience d'écriture de mon père. En ai-je aussi l'énergie ?

Je range le cahier mauve dans son étagère, en me faisant la promesse d'au moins le sortir tous les soirs.

Puis je me couche.

Cette nuit-là, je rêve de Claudia, perdue dans les décombres de la ville de Dresde. Le rêve est d'un réalisme effroyable. Et bientôt, je me fonds avec cette silhouette gracile – minuscule tache blanche au milieu de la grisaille. La vision de la ville à travers ses yeux est cauchemardesque. Les avions sillonnent le ciel sans relâche. Sa déambulation s'effectue dans l'appréhension d'un nouveau bombardement. La guerre n'a rien à voir avec ce que peuvent nous présenter les films à la télévision. La peur domine, s'insinuant dans chaque cellule. La mort s'y déploie et l'atmosphère se compose de la multitude de cris des défunts, écho se répercutant à l'infini.

Je me réveille dans la suspension d'un hoquet, comme si je regagnais la surface d'une mer huileuse après une trop longue immersion. Ce n'est pas ma première apnée du sommeil, celle-là était particulièrement terrifiante. Le poids de mon corps continue de m'entraîner vers le bas. Mais je choisis de résister. Demain, je commencerai à m'entraîner. Dès la sonnerie du réveil, je me lèverai. Pour prouver à tous que je suis encore là.

Que je ne renoncerai jamais.

Et que l'image de mon père ne disparaîtra pas.

16

Une sirène (la plus jolie)

Le lieu où nous nous produisons est une vraie salle de spectacle, située dans un conservatoire des quartiers chics. Les loges sont spacieuses. Chacun des candidats a une place dans une alcôve où il peut contempler son reflet dans un miroir cerné d'ampoules. Une femme propose de nous maquiller. Je décline poliment son invitation avant de me placer légèrement à l'écart des autres. Suffisamment près pour ne pas paraître m'isoler. Suffisamment loin pour me permettre de me concentrer.

Du pied, je bats le rythme de ma musique intérieure.

Un, deux, trois, quatre. Un, deux, trois, quatre.

Je tâche de me tenir le dos droit, malgré ma tête penchée sur l'écran de mon téléphone.

– L'autre jour, il m'est arrivé un truc incroyable, m'annonce Olive.

– Ah ouais ?

Un, deux, trois, quatre.

– Tu sais, la fille qui m'a rapporté mon téléphone ?

– Daisy ?

– Ouais, Daisy. Ben je l'ai revue.

– Super.

Un, deux, trois, quatre.

– Elle était en bien mauvaise posture. Elle venait de se faire choper en train de voler à la tire dans un grand magasin.

– Mince.

– Je lui ai filé un coup de main, j'avais la carte bleue de mon père.

– Ah ah, le chevalier Olive.

– J'ai payé les trucs qu'elle venait de piquer. Et j'ai rallongé un peu, histoire de convaincre le directeur de la boutique.

– Armé de son épée… heu, pardon, de la carte bleue du roi, son père, il arpente les contrées sauvages à la recherche de jeunes filles en détresse.

– Elle était un peu embarrassée, je dois dire.

(Lorsqu'il raconte une histoire, Olive ne tient jamais compte de mes traits d'ironie. Il donne l'impression d'avoir préparé son texte et de le réciter en faisant fi des interventions extérieures. Connaissant cette particularité de mon ami, je m'en donne à cœur joie.)

– Mais bon, comment ne pas l'être ? reprend-il. Prise la main dans le sac, comme on dit. Heureusement, je suis intervenu avant que les flics ne débarquent.

– Sacré chevalier Olive.

– Elle paraissait quand même soulagée. Même si elle a refusé que je lui offre les affaires que j'avais payées. Tu parles, des fringues de fille, je vois pas bien comment j'aurais pu m'en servir.

– Chevalier Olive, maître dans l'art du travestissement.

– Enfin, toujours est-il qu'on a passé un petit moment ensemble après.

(Là, je reste coi. Impossible de m'imaginer Olive seul en compagnie d'une fille.)

– On s'est baladés dans Central Park et je lui ai payé un hot-dog.

(Ma coi-attitude s'émaille d'une légère ouverture de la bouche.)

– C'était sympa, dit Olive. On a papoté et elle m'a expliqué les rudiments du pickpocket.

Son visage se fend d'un plissement admiratif.

– On se rend pas bien compte, mais c'est tout un art de subtiliser un objet à quelqu'un sans éveiller son attention.

Je crains un instant qu'il se soit mis en tête d'essayer lui-même.

– L'idée, c'est de…

– Olive ?

– Oui ?

– Je passe dans dix minutes.

– J'en ai pas pour longtemps.

Je le laisse terminer. Il s'applique à répondre à mes attentes : avant chacune de mes prestations, je l'appelle afin qu'il détourne mon attention du stress. Peut-être est-ce d'ailleurs ce qu'il est en train de m'expliquer à travers son cours sur l'art des pickpockets ?

– Une petite bousculade suffit la plupart du temps, confie-t-il. Rien de bien méchant, juste une altération de la trajectoire. La victime se concentre sur cet événement, analyse les éventuelles sources de danger créées par cette modification de son cheminement. Elle se pose alors deux questions : l'individu qui m'a bousculé a-t-il de mauvaises intentions ? Et vais-je pouvoir reprendre normalement ma route, me remettre sur les rails sans que cet imprévu n'ait d'incidence sur ma vie ?

Un ricanement s'échappe des lèvres d'Olive :

– Il devrait pourtant s'en poser une troisième : mon portefeuille est-il toujours dans ma poche ?

Un homme entre dans les loges et me dit :

– Ça va bientôt être à toi.

Olive l'a entendu aussi, il m'adresse un clin d'œil.

– Tu me raconteras ?

– Yep.

Je me lève, m'étire. Ma main a pris le relais de mon pied et bat la mesure sur ma cuisse.

– Merci, dis-je à Olive.

– Merci pour quoi ?

– Merci pour ton cours sur les pickpockets, c'était assez édifiant.

(Probablement plus qu'il ne le croit.)

– Bah, de rien.

Nous coupons la communication.

Avant d'appeler Olive, j'ai longuement observé mon visage, guettant le moindre tic. L'impassibilité de mes traits révélait un apaisement profond. Mes idées bien en place dans ma tête.

Ma paupière a tressailli pourtant à un moment. Un éclat à peine perceptible. J'ai respiré profondément, comme me l'a enseigné Claudia. Les mots se bousculaient dans mon crâne, je me suis efforcé de les canaliser. J'ai prononcé à voix basse le prénom de mon père.

Nouveau tressaillement de la paupière.

Dans mon alcôve, j'avais l'impression de pratiquer un culte devant un autel. Un rite païen certes, mais un rite qui respecterait le protocole d'une cérémonie soigneusement édifiée. J'ai répété encore et encore le prénom de mon père.

"Il serait fier de toi", m'avait dit mon oncle la veille.

"Il serait fier de toi", m'avait dit Claudia lors de notre dernier cours.

"Il serait fier de toi", m'avait dit Pénélope alors que je l'avais croisée par hasard (?) dans la rue.

Les larmes me sont montées aux yeux. Cela ne m'a pas troublé outre mesure. Cela faisait partie du jeu. Ne jamais tricher avec les émotions.

Un murmure est monté dans mon dos, probablement un des candidats qui s'inquiétait de mon attitude. Je n'ai pas relevé non plus, j'étais dans ma bulle, dans un cocon où rien ne pouvait m'atteindre.

Lorsqu'Olive raccroche, après m'avoir expliqué les bases de l'art des pickpockets, je m'aperçois que je n'ai pas vu le temps passer.

Une femme m'attend à la porte des loges, chargée de me conduire jusqu'à la scène. Je la suis docilement dans les couloirs blanc crème qui nous mènent jusqu'à la grande salle de spectacles. Pendant le trajet, une série de tics agitent mon visage. J'ai quitté ma zone de confort, l'alcôve de lumière où je m'étais réfugié. J'ai l'impression d'être un gladiateur dans le ventre du Colisée. L'appel du sang pulse dans mon crâne. Mes pas sont lourds. La femme écarte un rideau, un projecteur m'éblouit. Me voilà sur scène.

Le présentateur dit mon nom. Je l'entends à peine. Je suis concentré sur le fauteuil vide qui se trouve à l'avant-dernier rang, là où j'imagine que mon père se serait assis. Mon regard ne dévie pas d'un millimètre.

– Que vas-tu nous chanter, Max ? demande le présentateur.

– *Let's Stay Together* de Al Green.

Ma voix semble provenir d'un lieu lointain qui se situerait hors de mon corps.

– Un classique, se gausse l'homme dans une familiarité déplaisante.

Mesurant mon absence de réaction à ce qu'il devait estimer comme un trait d'esprit, il enchaîne rapidement :

– Bon, eh bien, à toi de jouer, Max.

(Pour les nouveaux venus, *Let's Stay Together* est une chanson où un homme déclare sa flamme à une femme en lui expliquant qu'il la juge parfaite et qu'il souhaite qu'ils restent ensemble jusqu'à la fin des temps. Bien plus qu'une simple chanson d'amour, *Let's Stay Together* est un hymne à l'éternité.)

Je commence avec deux objectifs : offrir au public une magnifique prestation et ne pas m'effondrer en cours de route.

Le morceau commence par un *sol*.

Je gonfle mes poumons. Dès la première note, un frisson électrique parcourt les spectateurs.

– *I, I'm so in love with you.*

J'aurais pu fixer Pénélope en attaquant ce premier vers (car Pénélope est présente dans la salle), cela aurait été du plus bel effet – concilier le chant avec un semblant de mise en scène – mais mon regard est toujours rivé sur le fauteuil vide.

– *Whatever you want to do / Is allright with me.*

Les paroles s'enchaînent avec la fluidité d'un filet de caramel brûlant.

Mon souffle porte ma voix jusqu'à des notes plus aiguës, jusqu'au refrain.

– *Let's stay together.*

Cette fois, je balaie le public du regard. Le sens de la phrase est sublimé, diffusant l'idée d'une invitation. "Restons ensemble."

J'aime ce contact, ce lien qui a fini par se tisser entre nous. Je suis disposé à vous offrir ce que j'ai de plus intime. "Chanter est un acte d'amour", m'avait asséné Claudia lors de notre premier cours.

Aujourd'hui, je lui donne raison.

Le morceau dure trois minutes et quatorze secondes. Une éternité. Les applaudissements montent dans un fracas, après une courte hésitation, comme si la salle entière se trouvait prise d'hébétude. Je salue brièvement (une discrète inclinaison du buste) et je disparais derrière les rideaux. Les applaudissements redoublent, accompagnés de sifflets. Je reviens sur scène. Mon visage tremble sous l'émotion, une série de tics le traverse. Le public se manifeste avec davantage d'enthousiasme. *Ils savent.* Ils connaissent le mal dont je suis frappé. Ils saluent ma prestation, ils saluent également mon combat. Il y a encore peu, j'étais un monstre de foire. Je suis à présent un prodige.

"Il serait fier de toi."

Je finis par quitter la scène, laissant dans mon dos une foule laminée par l'émotion. Je retrouve ma place dans l'alcôve, évitant le regard des autres participants, ceux qui ont dû m'entendre d'ici et sont prêts à renoncer pour éviter l'humiliation. Je me prends la tête dans les mains, murmure le prénom de mon père. Une fois, deux fois… Redescendre sur la terre ferme n'est pas une opération à prendre à la légère. Parfois, elle me demande presque plus d'énergie que ma préparation avant de me rendre sur scène. Je laisse lentement ma respiration retrouver un rythme normal. Au sol, mon pied bat la mesure, jusqu'à descendre à une cadence posée et régulière. Avec une serviette blanche, j'essuie mon front. Ainsi que cette minuscule larme qui s'est formée à ma paupière.

– Bravo, fait une voix dans mon dos.

La femme qui m'avait accompagné jusqu'à la scène vient de faire irruption dans les loges, probablement pour venir chercher le candidat suivant.

– Merci, je lui réponds.

La pièce se vide peu à peu. Il est temps de rejoindre le reste des participants, dans la pièce où sera proclamé le résultat du tremplin. De loin l'épreuve que j'appréhende le plus. Sur scène, je suis seul. Là-bas, il faudra que je côtoie des gens, que je leur fasse la conversation. Certains viendront avec pour unique motivation celle de constater par eux-mêmes les effets de la Tourette chez un jeune garçon de quinze ans, manifestant un intérêt pathétique et improvisé pour la sémiologie. Il me faudra serrer les dents, m'accrocher à la présence rassurante de mon oncle et de Claudia. Pénélope m'a dit qu'elle ne pourrait pas rester, qu'elle devait répondre à des obligations familiales. Je hausse les épaules tout seul devant le miroir, avant de me lever. Autant en finir le plus rapidement possible.

***

– Tu te souviens de moi ?

Devant le buffet, je mâche consciencieusement une bouchée de chips avant d'avaler une gorgée de mon verre de limonade. Je manque de m'étouffer en reconnaissant cette voix.

Une sirène (la plus jolie).

– Dorine, c'est ça ? je dis dans une éclaboussure de fragments de chips.

Ce qui évidemment la fait rire.

– C'est ça, mais à la façon dont tu le prononces, je vois bien que tu l'écris avec un *i*. Alors que mon prénom s'écrit avec deux *e*.

– D... Doreen ?

– Ma mère est américaine, du Wisconsin. Un endroit où il ne se passe rien. Tout du moins pas grand-chose. T'y es déjà allé ?

Elle éclate de rire, sûrement à cause de l'incongruité de sa question.

– Oui, une fois, je lui réponds du tac au tac. Mais je ne suis pas resté longtemps, j'avais un rendez-vous important en Arkansas.

– Ah ouais ? C'est dingue comme coïncidence, parce qu'il se trouve que ma mère a rencontré mon père en Arkansas. Il avait là-bas un élevage de kangourous polaires.

– J'adore les kangourous polaires, leur chair est si parfumée.

Nous nous observons tous les deux du coin de l'œil un court moment. Des fois, il n'en faut pas plus pour nouer une relation qui promet de dépasser tout ce qu'on a pu rêver jusqu'alors. Dans ma tête, Olive pousse un vigoureux "hmmpf".

– Je t'ai vu tout à l'heure, me lance Doreen. Tu te débrouilles.

– Tu n'es pas passée avec ton groupe ?

(Je détourne la conversation sur elle, je ne suis pas encore très à l'aise avec les compliments.)

– Non, répond-elle. Cassandra a une angine.

– Oh, fais-je tout en essayant de me rappeler qui est Cassandra – de toute évidence un autre membre de son groupe.

Je n'entends pourtant aucune trace de déception dans le timbre de sa voix.

– Tu me sers un verre ? demande-t-elle.

– Whisky ? Tequila ?

– Hmmm… *Vodka por favor.*

La limonade mousse encore dans le verre alors que je le lui tends. Elle le porte à ses lèvres sans me quitter des yeux.

– Ça pique, dit-elle d'une voix de petite fille.

Avant d'ajouter dans un murmure :

– T'as un morceau de chips collé à la lèvre.

Le fragment est de belle taille. Je m'en débarrasse d'une discrète pichenette.

Dans le fond de la salle, mon oncle me fait un signe discret : il doit y aller. Je lui adresse un salut de la main. Doreen surprend notre échange. Une nuance plus grave altère l'expression de son visage.

– J'ai appris pour ton père, dit-elle.

– Ah.

Je n'éprouve curieusement aucun embarras. Je me demande pourtant comment elle a pu en prendre connaissance. Paris n'est peut-être finalement pas si grand ? Les nouvelles y circulent avec une rapidité déconcertante.

Doreen me passe la main sur l'avant-bras, dans un geste que je situerais entre la maladresse et l'attention.

– Tu habites dans le quartier ? je lui demande.

– Un peu plus haut, à la limite de l'arrondissement.

– On peut rentrer ensemble, si tu veux, je vis aussi par là-bas.

Elle me lance un sourire que j'interprète comme une réponse affirmative.

– Il faut pas que je traîne, annonce-t-elle. J'ai encore du boulot ce week-end.

Nous évoquons nos lycées respectifs (elle est dans le privé) avec un détachement désabusé, tout en sirotant notre verre de limonade, comme les deux convives d'un cocktail mondain.

(Je sens le fou rire monter en moi d'une façon irrépressible, et j'ai comme l'impression que Doreen est dans le même cas que moi.)

– On va y aller ? propose Doreen.

– Je vais juste dire au revoir à ma professeure de chant.

– Je t'attends dehors.

Claudia est tout en réserve lorsque je la retrouve. Je ne l'ai jamais vue se laisser aller à des débordements affectifs, même si à l'heure actuelle son regard posé sur moi me certifie le contraire.

– On se voit mercredi, dit-elle en guise d'au revoir.

Lorsque je retrouve Doreen à l'extérieur, je dresse un rapide calcul du temps que le trajet va nous prendre. En traînant un peu, je peux compter sur une demiheure. Ce qui est largement suffisant pour faire connaissance. Au bout de cent mètres, nous sommes en train de chanter le générique d'un dessin animé.

– C'était mon préféré, s'esclaffe-t-elle.

– J'adorais le personnage qui accompagnait le méchant.

– Ah ouais, l'espèce de chien débile, là.

Nous devisons encore quelques minutes sur ce que nous estimons être un monument télévisuel. Avant que je lui pose une question plus franche :

– Tu viens d'où ?

– De Corée. Mon père et ma mère sont mes parents adoptifs. Je n'ai jamais connu les vrais.

Elle répond avec application, comme si ses origines n'étaient pas une affaire à prendre à la légère. Je hoche la tête avec révérence.

– Je suis arrivée en France alors que je ne savais pas encore marcher, raconte-t-elle. Mais je me souviens de plusieurs choses, même si certains prétendent que les premiers souvenirs n'apparaissent que bien plus tard.

Elle se pince la lèvre inférieure de deux doigts, elle doit chercher au fond de sa mémoire une évocation à partager avec moi.

– Je n'ai aucune image en tête, avoue-t-elle, juste des odeurs. Des parfums de plats ou de fleurs. Celui du jasmin, par exemple. Je le lie immanquablement à des ambiances sonores, des bruits de foule ou le bruissement du feuillage des arbres. C'est dans ces instants que je me sens particulièrement bien. Comme si mes racines se rappelaient à moi de la façon la plus délicate.

Son allure a sensiblement ralenti. Il nous faudra plus d'une demi-heure pour atteindre notre destination. L'instant s'éternise et aucun de nous ne semble s'en plaindre.

– La fille blonde avec son manteau blanc qui était assise dans le fond de la salle, c'est une amie à toi ? demande soudain Doreen.

– C'est une longue histoire, murmuré-je.

Elle n'insiste pas, même si je vois que ma réponse a provoqué chez elle une légère contrariété.

– Un jour je t'emmène en Corée si tu veux, lui dis-je pour changer de conversation.

L'audace de ma proposition me surprend moi-même. Je clignote du visage à trois reprises en étouffant un cri dans le revers de ma manche.

– Pourquoi pas ? répond Doreen dans un demi-sourire.

Elle s'arrête de marcher.

– C'est ici que j'habite, annonce-t-elle en désignant l'immeuble devant lequel nous sommes.

– Alors on est voisins.

Nous nous quittons sur une poignée de mains.

(La minute des esprits chagrins : d'aucuns prétendent qu'il est impossible pour deux adolescents de sexe opposé de se serrer la main. Que cette coutume appartient à une époque révolue que personne n'ose mentionner, de peur de se couvrir de ridicule. Il convient de préciser que le contact physique avec une autre personne, pour nous autres de la Tourette – comme celui d'une joue contre une autre joue par exemple –, peut s'avérer comme un moment délicat. Surtout quand il concerne une partie du visage. J'ai donc pris l'habitude de serrer la main des filles, au détriment du qu'en-dira-t-on. Et je suis à chaque fois surpris de la facilité avec laquelle elles répondent à ma main tendue en l'empoignant d'une façon très naturelle.)

Nous nous quittons donc sur une poignée de mains. La sienne est toujours aussi douce.

***

Pénélope attendait. Pénélope s'ennuyait. Pénélope contemplait la tapisserie qu'elle avait entrepris de réaliser pendant l'absence de Patrick. Elle trouva soudain son ouvrage laid. Très laid.

– Mais qu'est-ce qu'il fout, bordel ? grogna-t-elle en observant la course descendante du soleil par la fenêtre.

Une tourterelle se posa sur une branche d'arbre et se lança dans une roucoulade aérienne.

– Oh, ta gueule, maugréa Pénélope.

Elle était d'humeur particulièrement maussade ce jour-là. L'attente avait revêtu les atours d'une fièvre étouffante. Elle était incapable de se concentrer sur une activité plus de quelques minutes et la seule chose susceptible de calmer son irascibilité restait de faire les cent pas dans la grande pièce principale de sa demeure. Cette occupation ne l'empêchait malheureusement pas de se livrer aux pires ruminations. Loin de là.

– Mais qu'est-ce qu'il fout ? répéta-t-elle d'une voix rauque et sourde.

L'impatience s'était progressivement muée en colère, une colère vénéneuse qui contaminait chacun de ses gestes en de violentes tensions musculaires.

Elle avait entendu des histoires sur les dangers de l'océan. Une avait retenu tout particulièrement son attention. Elle concernait une nymphe de la mer qui vivait sur une île. Seule. Tout du moins jusqu'à ce qu'un voyageur égaré se présente sur les rivages de son havre.

Pénélope martela le sol de ses chausses. Elle trépignait tout en envisageant le pire.

– Si jamais... gronda-t-elle.

Ses poings étaient si serrés que ses ongles lui laçéraient le gras de la paume.

Cette nymphe était paraît-il d'une beauté lumineuse. Certains arguaient qu'il s'agissait d'une ancienne sirène ayant recouvré l'usage de ses jambes.

– Une femme de petite vertu, oui, grommela Pénélope.

Les récits la concernant étaient plus fantastiques les uns que les autres. On racontait que le soleil peinait à se coucher sur son île, tant l'astre s'émerveillait à contempler une telle beauté.

– Foutaises...

On racontait que...

– Fermez-la ! Mais fermez-la !!!

Pénélope s'ennuyait. Pénélope pestait. Et lorsqu'elle songeait à Patrick, elle se disait : Il ne perd rien pour attendre, celui-là.

***

Je referme le cahier mauve, un sourire satisfait aux lèvres. Comme le disait si bien mon père avant de s'installer devant son ordinateur le matin : "Le plus dur, c'est de se lancer."

C'est aussi simple que ça.

Après, ça roule tout seul.

(Enfin, j'imagine.)

Je fais tourner mon stylo dans ma main. Maîtrise.

Ce premier texte est court. Je le relis une fois, puis une autre ; je n'en suis pas mécontent. Satisfaction.

Je regarde l'heure. Il n'est pas trop tard. J'attrape mon téléphone et je compose ce numéro particulier que je connais par cœur. Une sonnerie, deux sonneries. La voix féminine répond. Je raccroche.

À quoi bon…

Depuis que je m'adonne à ce rituel, juste avant de me coucher, je n'ai jamais eu le courage de parler. Il me faudra pourtant un jour le faire. Ne serait-ce que pour honorer la promesse que j'ai faite à mon père sur son lit de mort.

17

Les échelons de la gloire

Prenez par exemple ce film qui raconte l'histoire d'un boxeur qui part de rien et qui finit par accéder au titre de champion du monde. Son cheminement vers les sommets est très structuré et progressif. Un coup je tombe sur un obstacle, un coup je le surmonte, et atteins ainsi un nouveau palier.

C'est aussi simple que ça.

Des fois, je dresse une liste des choses qui s'avèrent en fin de compte très simples. Et je me dis qu'il serait tout aussi raisonnable d'arrêter de se torturer les méninges pour un oui ou pour un non.

Ma progression jusqu'à l'émission *La Voix des talents*, en direct sur la première chaîne française, devant des millions de spectateurs, ne s'est pas déroulée sans heurt. Loin de là. Mon grand avantage restait que j'avais parfaitement conscience des deux obstacles qui se dressaient devant moi : la Tourette (ce premier obstacle (et pas des moindres) a le mérite d'être aussi le moteur principal de ma motivation) et mon cœur pris dans le chahut de montagnes russes. (Pénélope et Doreen se tiennent devant moi sur une estrade. Elles portent toutes deux un petit panneau où sont énumérés leurs principales qualités et leurs défauts. Pénélope la blonde et Doreen la brune, comme si le fait de se différencier par leur couleur de cheveux avait véritablement un sens (et ça n'en a aucun, tout n'est pas aussi simple que ce que j'ai pu prétendre un peu plus haut). Pénélope est jolie, Doreen aussi. Pénélope est intelligente, Doreen aussi. Pénélope chante, Doreen aussi. Pénélope s'habille avec élégance, Doreen… Doreen porte une veste sans forme, d'un tissu d'une couleur difficilement identifiable. Mais le soin porté à l'allure vestimentaire est-il vraiment un critère important ? Doreen a l'air à l'aise dans ses chaussures (des baskets au tissu tellement élimé que l'autre jour j'ai cru apercevoir un bout de sa chaussette). L'estrade, sur laquelle elles – la brune et la blonde – se trouvent, prend soudain l'aspect d'une balance. L'équilibre est instable, le moindre souffle fait osciller les plateaux. Pénélope a chaussé des talons. Peut-être le regrette-t-elle : plus d'une fois, elle manque de s'étaler. Doreen, elle, se tient les deux mains posées sur les hanches, avec une insolence assumée. Et mon cœur n'en finit pas de valdinguer dans ma poitrine.)

Hormis ces deux obstacles, il y a aussi le vide qui subsiste dans ma tête, creusé par la victoire de l'île maudite. Semblable à un manque terrible qui couperait le moindre de mes élans par une simple phrase me ramenant à la réalité : “Il n’est plus là.”

Une seule chose est capable de me détourner de cette pensée obsessionnelle : le chant. Et un épisode marquant devait figurer dans ma progression jusque sur la scène de *La Voix des talents*.

Je suis en cours de mathématiques. M. Sélim a l’air d’humeur joyeuse, il nous dispense son cours le sourire aux lèvres. Les élèves hochent la tête au fur et à mesure de ses explications, comme pour encourager les bonnes dispositions de leur professeur. Pour une fois, chacun semble comprendre la leçon (et peut-être est-ce cela la seule explication à la bonne humeur de M. Sélim ?).

– Maxence au tableau, dit M. Sélim.

Je m’exécute de bonne grâce, comment refuser quoi que ce soit à notre professeur de mathématiques quand il est d’une composition aussi plaisante. Sur l’estrade, je le dépasse d’une bonne tête (j’ai envie de tapoter le haut de son crâne mais je me retiens. Il ne saisirait probablement pas le sens affectif d’un tel geste). Il se tourne vers le tableau et y inscrit une équation. Puis me lance un regard empreint de défi.

– À toi de jouer, bonhomme, dit-il.

(M. Sélim appelle ses élèves de sexe masculin “bonhomme” et de sexe féminin “jeune fille”. Certains d'entre nous se sentent gênés par cette appellation, ce qui est loin d'être mon cas. Dans la peau d'un "bonhomme", je suis comme le personnage d'un conte, une entité ingénue plongée dans une aventure aux rebondissements multiples.)

J'attrape le marqueur qu'il me tend tout en lui adressant :

– OK.

Et là, il se passe quelque chose d'extraordinaire (mais comment s'en étonner lorsqu'on est un bonhomme ?). Mon "OK" tinte dans ma bouche comme le son d'une clochette. M. Sélim lui-même s'en trouve déstabilisé, ses sourcils s'arquent sous la surprise et il a un léger mouvement de recul.

– OK, répété-je sur la même intonation (peut-être un chouïa plus haut).

Sans plus attendre, je commence à résoudre l'équation inscrite au tableau.

– Explique, me demande M. Sélim.

Je dis les chiffres tout haut, ou plutôt : je les chante. Comme s'il s'agissait de notes. Et l'équation s'organise selon une étrange harmonie. Une mélodie se distingue. Ma voix se nuance d'accents légers.

– Parfait, dit M. Sélim une fois que j'ai terminé. Tu peux retourner t'asseoir.

Les autres élèves me sourient, comme si ce qui venait de se dérouler au tableau relevait juste d'une anecdote sympathique (un des gros avantages de la seconde K reste que, pour surprendre les élèves, il faut mettre le paquet).

Sans transition, M. Sélim passe au chapitre suivant de son cours. Je remarque alors que sa voix n'est plus tout à fait la même. Et sa démarche, lorsqu'il bondit vers le tableau, est étrangement aérienne.

***

– Contagieuse ? Je comprends pas ce que ce mot a à voir avec ce que tu viens de me raconter...

Olive a presque l'air en colère de ne pas avoir saisi le sens de ce que je suis en train de lui expliquer. Ses yeux roulent derrière les verres de ses lunettes MC Cul-de-Bouteille.

– Bah si, c'est comme une grippe, continué-je d'expliquer. Une espèce de virus.

– Une maladie, tu veux dire ?

– Oui, si tu veux.

Je réfléchis quelques secondes à ma prochaine formulation. Je ne voudrais pas froisser davantage mon ami.

– Tu sais, c'est comme quand tu passes un mois de vacances dans le Sud. Tu finis par attraper l'accent.

– Ah oui, je saisis, *peuchère*...

(Olive est pathétique en accent. C'est, je crois, un de ses seuls défauts. Quand il en imite un – belge, suisse, québécois –, j'éprouve une honte irrépressible ainsi que l'envie pressante de partir dans un pays étranger, loin, très loin, ou de creuser un trou profond pour m'y enterrer. Mais l'amitié se construit sur de solides concessions. J'ai pris pourtant pour habitude de ne jamais l'encourager.)

– La musique, c'est pareil, m'empressé-je de dire pour couper court à sa performance. Tu chantes, les gens chantent autour de toi. C'est aussi simple que ça.

– Whaaa…

– Ma vie va enfin pouvoir devenir une comédie m… m… musicale.

(Je me trouve incapable de le prononcer sans balbutier. L'émotion, sans doute.)

– Ça ouvre quelques perspectives, murmure-t-il.

– Quelques perspectives, reprends-je d'un air songeur.

La transformation de mon quotidien s'est faite par paliers, tout comme ce célèbre boxeur qui a fini, au fil des épisodes de sa vie, par devenir champion du monde.

Le soir de ma discussion avec Olive, je ressasse le chemin parcouru. Il y a quelques mois, je me trouvais dans la même position. Allongé, les mains derrière la tête, à fixer les petites voitures du papier peint, en passant de l'une à l'autre comme on ferait défiler du doigt les billes d'un boulier. Je mesure les épreuves que j'ai dû affronter, de la plus bénigne (ma rencontre avec ma *première* professeure de chant), jusqu'à la plus terrible (l'île maudite).

Je mesure également à quel point le chemin qu'il me reste à parcourir est encore semé d'embûches. Je n'en ai pas parlé à Olive, mais j'ai déjà testé ma théorie sur la comédie musicale à deux reprises, juste après mon cours de mathématiques. L'une s'est avérée désastreuse, l'autre porteuse d'un espoir incommensurable.

Tous les soirs, en rentrant du lycée, j'ai pour habitude de passer à la boulangerie acheter du pain. C'est une chose que je faisais du temps où mon père vivait encore. Sur le guéridon dans l'entrée de notre appartement, il avait disposé un bol où il laissait de la menue monnaie afin que je puisse m'acquitter de cette tâche. Lorsque mon oncle a pris sa place, l'habitude est restée sans qu'il n'y ait de réelle concertation.

La boulangère est avenante, tout en sourire. Ses gestes sont d'une grâce contenue, comme si elle répétait dans sa tête la chorégraphie d'une ballerine papillonnante.

– Une baguette, lancé-je en pénétrant dans la boutique.

Ma voix est claire.

– S'il vous plaît, ajouté-je en baissant d'une octave.

La boulangère me toise en souriant, les deux mains sur les hanches, mais alors qu'elle s'apprête à me répondre (en chantant, de toute évidence, si j'en juge à la soudaine coloration de ses joues et à l'étincelle brillant dans son regard), une voix monte de l'arrière-boutique.

– Qui c'est, cette tapette ?

Un homme se tient dans l'embrasure de la porte du fond, les bras croisés sur son ventre énorme (le mari de la boulangère, si j'en juge à la brusque perte de coloration des joues de la jeune femme et à son regard baissé sur ses pieds dans une attitude conjuguée de pénitence et de culpabilité). Le gaillard me dévisage avec animosité. Sa lippe est luisante et sa babine retroussée sur une canine jaunie par la nicotine. Il passe ses ongles sur sa barbe de trois jours dans un grattement sourd.

– Y en a vraiment pour tous les goûts dans ce quartier, grogne-t-il.

Je tends ma monnaie à la boulangère, nos regards évitent soigneusement de se croiser. Elle me donne ma baguette, la chaleur du pain irradie ma main. Suffisamment pour que mon visage se torde dans une série de grimaces. Puis je file sans demander mon reste, sous les ricanements du patron.

Dans la rue, je reprends mon souffle. Je manque de me gifler, tant la honte me submerge. J'aurais dû m'en douter. Cela me paraît d'une telle évidence à présent :

Olive avait raison sur un point, tout le monde n'est pas sensible à la musique. En témoigne ce rustre dans sa boulangerie.

Dépité, je pénètre dans un parc perdu entre deux rangées d'immeubles. Un banc isolé me semble l'endroit propice pour ruminer mon erreur. Le lieu est calme, seuls quelques enfants s'activent autour d'un petit toboggan coloré. De ma position, en levant un peu la tête, je peux apercevoir l'enseigne de la boulangerie au bout de la rue. Peut-être aurais-je dû m'éloigner davantage ? Le regard de l'homme pèse encore dans mes pensées, ce mépris qu'il affichait ouvertement que j'aurais presque pu interpréter comme une mise en garde : "Si tu files pas droit, il va t'arriver des bricoles. Reste dans les clous, garde le profil bas et tu seras sûr de ne pas avoir d'ennui."

Le plus dramatique dans cet avertissement est qu'il a probablement raison.

Le ciel est bleu, j'ai pourtant l'impression qu'un minuscule nuage noir persiste à stationner juste au-dessus de ma tête. Et puis survient une éclaircie, sous l'apparence d'une petite fille qui s'approche de moi, à petits pas, piquée par la curiosité. Elle penche son visage sur le côté, comme si elle cherchait à m'observer en coin pour ne pas me manquer de respect. Je réalise alors que, depuis quelques minutes, ma face s'agite sous les convulsions. Maudit boulanger.

Je lance un regard désolé à la fillette. Je ne voulais pas la troubler. Elle reste pourtant sur place à me toiser avec de plus en plus d'attention. Elle ne doit pas avoir plus de quatre ans. Je cherche des yeux sa mère ou sa nounou.

– Hi hi, fait soudain la fillette.

– Quoi, hi hi ?

– Ta tête, elle est bizarre.

– Je te remercie.

(Je n'ai jamais pu m'empêcher de pratiquer le second degré avec les enfants en bas âge, même si j'ai parfaitement conscience qu'ils ne doivent pas le comprendre.)

– On dirait un feu d'articif… tific…

– Un feu d'artifesse ?

Elle éclate de rire (il est un humour universel qui fonctionne quel que soit l'âge).

– Monsieur Caca, dit-elle d'un air goguenard en me montrant du doigt.

– Je te remercie aussi.

Je devrais couper court à la conversation. Le "Monsieur Caca" risque de devenir le leitmotiv hystérique de notre échange jusqu'à ce que la personne en charge de cette enfant vole à ma rescousse. Mais la fillette observe contre toute attente un moment de silence – de réflexion, pour être plus précis.

– Pourquoi ta tête elle est bizarre ? me demande-t-elle.

– Hmmm… fais-je en mimant une concentration intense.

Le visage de la fillette s'illumine, elle doit avoir identifié ce léger moment de suspension qui précède toujours une histoire.

– Imagine… commencé-je, alors qu'elle se glisse sur le banc pour s'asseoir à mes côtés.

(Une précision : je n'ai ni frères et sœurs, ni cousins, ni membres de ma famille susceptibles d'avoir des petits enfants. J'ai pourtant une facilité de contact avec eux assez étonnante. Un peu comme si on faisait partie de la même bande.)

– Imagine, répété-je en prenant un air de plus en plus concentré. Imagine que tes parents décident d'organiser une fête énorme dans votre maison.

– J'ai pas de maison, j'ai un appartement.

Je soupire en secouant la tête.

– Peu importe, déclaré-je d'un ton faussement las. Et c'est bien pour cette raison que je te demande d'imaginer. Si tu imagines que tes parents font une fête, tu peux très bien imaginer que vous vivez dans une maison plutôt que dans un appartement.

La fillette observe un court instant de silence, le temps qu'il faut à l'information pour atteindre son cerveau. Elle finit par acquiescer d'un vigoureux mouvement de tête.

– Imagine donc une fête organisée par tes parents

dans votre maison. Ils veulent que l'événement soit unique, aussi ont-ils invité tous leurs amis.

La fillette applaudit vivement à cette annonce.

– Ils ont passé leur journée dans la cuisine à préparer de quoi nourrir leurs convives.

Nouvel applaudissement.

– Ta mère a revêtu sa plus belle robe, et ton père son costume le plus élégant. Mais déjà l'après-midi touche à sa fin et le premier invité sonne à la grande grille du jardin. Il est 19 heures et le soleil sur l'horizon baigne le décor d'une lumière mordorée.

– C'est quoi, mordoré ?

– Orange.

La fillette frémit d'excitation.

– Tes parents accueillent leurs amis à grand renfort d'embrassades. Les premières bouteilles sont débouchées, les regards se nuancent d'une effervescence euphorique. Et la musique s'élève progressivement des haut-parleurs, quelques notes au début, diffuses dans le brouhaha, puis de plus en plus fort.

Je fais claquer mes doigts pour accompagner mon récit, la fillette réagit en esquissant un gracieux mouvement des épaules.

– Ils sont à présent une centaine dans le jardin, à rire, boire et danser. Mais bientôt, la cloche de l'église sonne 22 heures dans le lointain. Le front de ta maman se barre d'un pli d'inquiétude : le bruit va déranger les voisins. On presse les invités de rentrer dans la maison, la fête va se poursuivre à l'intérieur.

La fillette hoche la tête, comme si elle approuvait cette sage décision.

– Imagine maintenant…

Je marque une hésitation, pour monopoliser son attention : c'est à ce moment précis de mon récit que son imagination sera le plus sollicitée.

– Imagine un passant dans la rue, articulé-je avec soin. Il marche dans la nuit, tout seul. Peut-être promène-t-il son chien ? Oui, on va dire qu'il promène son chien. À un moment, il passe devant la maison de tes parents. La façade est comme un visage, des fenêtres pour les yeux et la porte pour la bouche. La musique fait trembler les vitres et des faisceaux lumineux colorés balaient l'espace intérieur. Le passant s'arrête pour observer ce spectacle. Il n'entend pas la musique mais devine l'intensité de la fête à l'intérieur.

J'écarte les mains, comme si ma dernière phrase constituait la conclusion de mon récit. Mais la fillette ne comprend pas, si j'en juge à sa mine renfrognée.

– Mon visage est comme la façade de cette maison, expliqué-je.

– Tu veux dire qu'il y a une grosse fête à l'intérieur ?

– Exactement.

– Avec des gens qui crient et qui dansent ?

– C'est ça.

– Et de la musique très forte.

– De la musique, surtout de la musique, confirmé-je.

– “Petit escargot, porte sur son dos…

– … sa maisonnette”, terminé-je.

Nous nous mettons alors à chanter tous les deux cette petite comptine qui ne paye pas de mine, mais qui soudain devient fondamentale. Nous enchaînons. Par chance, je connais tout le répertoire de ma nouvelle amie. Finalement, la vie peut devenir une comédie musicale, si on en considère les protagonistes comme des êtres innocents dénués de toute malice.

– Anita ? appelle une voix au loin.

– Je dois y aller, dit la fillette avant de tourner brusquement les talons.

Elle m’adresse un dernier “merci Monsieur Caca” et disparaît en sautillant d’un pas léger.

Plus tard, je retourne à la boulangerie pour y clamer un retentissant :

– J’avais oublié de prendre une chocolatine.

Tout en notes virevoltantes et devant l’œil noir du patron.

***

Je pourrais vous épargner mes séances d’entraînement, mais je soupçonne le lecteur lambda d’en être friand. J’ai en tête l’image de ce boxeur légendaire marchant dans la neige jusqu'aux cuisses, portant un tronc volumineux en travers de ses épaules. Physiquement, je n'ai pas atteint de telles extrémités, même si cette période de ma vie n'a pas été de tout repos.

Il y avait bien sûr les cours chez Claudia Wilmer. Nous avons augmenté leur fréquence hebdomadaire en nous voyant trois fois, le lundi soir, le mercredi après-midi et le samedi matin. La durée des séances dépassait largement l'heure habituelle. La porte était toujours ouverte, j'entrais avant de me déchausser dans le vestibule. Timur le chat venait à ma rencontre en ronronnant. Je le saluais rapidement avant de gagner le salon. Claudia m'y attendait, assise sur son fauteuil, les deux mains posées sur ses genoux. Je me postais devant elle et lui donnais un *fa*. Mon plus beau *fa*, un *fa* venu des profondeurs, un *fa* qui tutoie les abysses, à l'amplitude généreuse et à la précision remarquable. Timur s'asseyait derrière moi, le dos droit, le regard fixé sur ma nuque. La plupart du temps, Claudia approuvait mon *fa* d'un discret hochement de tête. Le cours pouvait alors enfin commencer.

Je n'ai pas porté de tronc, de la neige jusqu'aux cuisses, ça non. Mais parfois, ce genre d'effort physique me semblait familier. J'ai répété des notes, des enchaînements, des harmonies jusqu'à ce que ma gorge me brûle, que mes cordes vocales soient douloureuses. D'un regard, Claudia m'encourageait à relâcher mes tensions. Je pouvais interrompre le cours pour me masser le crâne, une douce torpeur descendait alors jusqu'à mes épaules. Une vague de frissons courait le long de mon dos. Mes muscles se détendaient peu à peu. Puis je reprenais, sans relâche. Nous n'échangions presque aucun mot, je connaissais par cœur le déroulement du cours. Claudia n'était là que pour attester de mon respect du protocole. Des gammes, des vocalises, entrecoupées d'exercices respiratoires. Puis le chant, une fois que la voix s'est assouplie. La mélodie qui s'élève. Et le chat dans mon dos qui n'en finissait pas de fixer ma nuque, comme s'il s'agissait du point d'où émergeaient toutes ces vibrations. À la fin du cours, le félin me raccompagnait à la porte. S'il avait été doué de parole, il est probable qu'il m'eût félicité sur la qualité de ma performance. Il se contentait de ronronner, et cette turbine sourde me suivait jusqu'à ce que la porte soit fermée. Je quittais l'immeuble, bien souvent essoufflé. Mais mes journées d'entraînement ne s'arrêtaient jamais là. Je regagnais mon appartement. Mon oncle m'y attendait, le repas était souvent prêt. Il se servait un verre alors que je lui racontais ma journée. Je le faisais toujours en effectuant de légères modulations avec ma voix. Parfois une série de notes arrachait un sourire à mon oncle. Il se mettait alors à claquer des doigts, comme pour battre le rythme d'une musique sortie de nulle part.

Nous mangions ensuite dans un recueillement silencieux. De temps à autre, nous tournions la tête vers cet emplacement vide, là où mon père s'installait lorsque nous dînions tous les trois. Habituellement, nous regardions un film après le repas (ou une série, mon oncle adorait l'ambiance de certaines séries. Même si j'estimais qu'il n'était pas très regardant quant à la qualité du scénario, j'acceptais de me laisser embarquer avec lui de bon cœur). Mais en ces temps d'entraînement, je filais dans ma chambre pour poursuivre ma journée. Mon oncle avait tapissé les murs de boîtes d'œufs, me certifiant qu'il s'agissait d'un isolant efficace qui préserverait les voisins de mes vocalises. Et là, je recommençais, debout et pieds nus sur le tapis. À enchaîner les notes, les accords, les harmonies. Deux heures durant, tous les soirs. Car c'est à ce prix que se paie la route vers le succès. Les échelons de la gloire s'élèvent à perte de vue. Et il faut bien plus que du courage pour entreprendre d'en faire l'ascension. Tout ce qui peut être montré des chanteurs ou musiciens, immortalisés sur photos dans des attitudes d'une désinvolture décomplexée, naviguant entre cocktails mondains et bacchanales éthyliques, n'est qu'une imposture. Pour atteindre le sommet, seul le travail compte. Et je suis bien placé pour défendre ce point de vue. Ma voix s'étoffe au fur et à mesure de ma progression. Elle se transforme en une entité à part entière, un animal doué d'une vie propre, et ma tâche consiste désormais à l'apprivoiser.

Je terminais souvent mes séances du soir en nage. Et avant de me glisser sous ma couette, je prenais une bonne douche. C'est à ce moment-là que je m'abandonnais au plaisir du chant sans contrainte technique, sans palier à franchir, sans échelons de la gloire. Avec le pommeau comme micro, je me lançais dans des interprétations toniques, libérant le stress accumulé tout au long de la journée. Après, dans mon lit, je peinais encore à m'endormir mais, lorsque le sommeil se manifestait, je plongeais dans le monde des rêves avec la réelle impression d'avoir marché dans la neige toute la journée en portant un tronc d'arbre sur mes épaules.

En marge des cours de Claudia Wilmer, il y avait également mes exercices de chant liés au quotidien. Je persévérais avec la boulangère, en prenant soin de ne pas croiser son mari. La jeune femme se pliait à mon jeu de bonne grâce, même si je lui reconnaissais une certaine timidité dans sa manière d'entonner le prix de la baguette.

M. Sélim m'interrogeait plus régulièrement au tableau. Nul doute qu'il le faisait délibérément pour m'entendre chanter les mathématiques à travers la résolution de complexes équations.

Et puis, il y avait les enfants du parc. Anita me présenta ses camarades et nos rendez-vous devinrent réguliers. Je m'installais sur un banc, et nous chantions. Des comptines la plupart du temps, mais de temps en temps la chanson d'un dessin animé. La fraîcheur et les mines réjouies de ces enfants étaient stimulantes. J'observais leur innocence comme aurait pu le faire un ethnologue consciencieux. Car c'était là une qualité cruciale au bon développement de ma comédie musicale. Il devait y avoir moyen d'éveiller un tel état d'esprit chez les gens qui m'entouraient. Je testais mes réflexions sur Olive. Ce dernier réagissait en riant à gorge déployée.

– T'es malade, mon pote, disait-il. T'es complètement maboul. Et les nounous disent rien quand tu étudies l'innocence des petits enfants ?

Et il repartait dans un éclat tonitruant. Jamais je ne l'avais vu rire de cette façon. Il était comme un enfant pris d'un irrépressible fou rire.

C'était peut-être cela la solution ? La fantaisie. Attendrir les gens qui vous entourent en leur racontant des fables. Qui n'aime pas les histoires ? (À part peut-être les boulangers retors.)

Patrick passa son bras autour des épaules d'Armaggedon et le serra vigoureusement.

– On en a fait, un bout de chemin ensemble, dit-il.

Son fidèle lieutenant opina alors que le capitaine lui ébouriffait sa tignasse en riant. Puis Patrick épousa le paysage d'un geste ample du bras.

Un trait sombre se dessinait sur l'horizon, une bande de terre. Ithaque.

– Et là, termina-t-il, nous voilà de retour à la maison.

– Le bout de la route, murmura Armaggedon.

Sa voix était rauque, voilée par l'émotion.

Les autres marins les avaient rejoints et se massaient contre le bastingage à scruter le lointain. Les rameurs avaient quitté leur poste, laissant le vent gonfler la toile et prodiguer les dernières énergies pour accomplir la fin de leur odyssée. L'effervescence régnait sur le pont. En embarquant avec le capitaine Patrick, beaucoup avaient laissé derrière eux des femmes, des enfants, peut-être même des parents qui avaient trépassé durant leur trop longue absence. Et à présent, l'heure était aux retrouvailles.

– Tu crois qu'il me reconnaîtra ? demanda Armageddon.

Armaggedon avait un fils. L'enfant n'avait que trois ans lorsqu'ils avaient largué les amarres. Patrick haussa des épaules pour toute réponse.

– Tu crois que je le reconnaîtrai ? ajouta le fidèle lieutenant.

Patrick se tourna vers son ami. Il se donna un coup sur la poitrine, au niveau du cœur.

– Il existe un langage qui ne sollicite pas forcément les yeux et la bouche pour communiquer, expliqua-t-il.

Armaggedon approuva d'un mouvement de tête.

– J'ai peur, finit-il par admettre. J'ai une trouille de tous les diables. Et aucun des dangers que nous avons pu affronter me paraît plus terrible que celui qui nous attend sur la terre ferme.

– J'ai peur aussi, confia Patrick. Et je pense que chacun sur ce navire appréhende ce qui peut se passer une fois que nous aurons atteint notre destination. Mais n'oublie pas...

Il se donna de nouveau un coup sur la poitrine.

– Tout est question de confiance.

Le bateau s'était considérablement rapproché. Quelques silhouettes étaient rassemblées sur le ponton, la main en visière au-dessus des yeux pour détailler ce navire qui s'apprêtait à jeter l'ancre dans leur port. Des cris s'élevèrent lorsque certains le reconnurent. Le sourire des marins s'élargit. Et bientôt le quai vibra d'une fébrilité joyeuse et impatiente.

– Je vais aller me donner un coup de peigne, décréta Armageddon avant de disparaître dans la soute.

Patrick resta seul dans son coin. Son regard était fixé sur le sommet de la colline qui surplombait le port, là où se trouvait sa maison. Il lui sembla apercevoir une ombre blanche se profiler à la grille du jardin.

– Cette fois, ça y est, se murmura-t-il à lui-même.

Il ferma les yeux, imagina le grincement de la lourde coque de son navire lorsqu'elle toucherait le ponton en pierre du quai, il entendit les cris de joie mêlés aux larmes abondantes. Il imagina ses hommes abaisser la passerelle. Peut-être lui laisseraient-ils l'honneur de l'emprunter en premier ? En tant que capitaine mais aussi en tant que personne qui avait réussi à les ramener chez eux sains et saufs.

Il imagina la passerelle tanguer sous son poids, ses mains sur les cordes en chanvre. Puis son pied qui s'élève. Et se pose enfin sur la terre de ses ancêtres.

Chez lui.

L'imminence de ce contact était effrayante. Le monde des fantasmes avait fini par se confondre avec celui de la réalité. Et bientôt, il ne servirait plus à rien de se retrancher dans ses rêves.

Patrick ouvrit les yeux.

Oui, il avait peur.

Comme jamais il ne l'avait eu auparavant.

***

Je referme le cahier mauve, satisfait.

"Il serait fier de toi."

J'ai mis environ une heure pour composer ce nouvel épisode. L'expérience s'est révélée douloureuse au début mais l'écriture s'est déliée lorsque j'ai insisté. Certes, je n'ai pas la plume de mon père mais ce second feuillet ne prête pas à rougir. Il amorce surtout une notion qui pourrait me permettre d'achever cette fantaisie : le bout de la route. Et lorsque j'écrivais, la sensation étrange d'avoir mon père qui lisait par-dessus mon épaule ne m'a pas quitté.

Mon réveil indique 23 h 17. Il est temps de se coucher. Demain est une grande journée. Peut-être la plus grande de ma vie. J'ai rendez-vous en fin d'après-midi dans les studios de la chaîne de télévision. J'ai pratiquement la journée pour me préparer. Doreen m'a proposé son aide pour repasser ma chemise. Elle a tant et tant insisté que j'ai fini par accepter. Ce sera l'occasion de lui présenter mon oncle (tout du moins d'une façon plus officielle, ils se sont déjà croisés lors du dernier tremplin). Je suis apaisé, ma respiration est lente et profonde. Je ne crains pas l'insomnie, même si demain sera le jour de la grande confrontation. Avec le monde entier. Tout du moins une grande partie. “Pas moins de cinq millions de téléspectateurs”, m'a certifié l'attachée de presse. La rencontre ne sera pas des moindres. Mais je n'ai pas peur. Je n'ai plus peur de rien.

D'ailleurs…

J'attrape mon téléphone et compose le numéro. Au bout de deux sonneries, la voix féminine s'élève. Je reprends mon souffle, la gorge nouée par l'émotion. Et je dis :

– J'ai fait une promesse à papa sur son lit de mort et… et je crois que je la tiendrai.

Ma voix n'est qu'un filet. Malgré tous les exercices respiratoires que j'ai pu faire, me voici à bout de souffle. Il me reste quand même l'énergie de murmurer :

– Je t'aime, maman…

Puis je raccroche.

18

Les trompettes de la renommée

La maquilleuse s'appelle Sheila et elle a un délicieux accent anglo-saxon. Je lui demande d'où elle vient (mon aplomb me surprend une fois de plus).

– D'Écosse, me répond-elle.

Son souffle sent la cannelle.

– Je peux te parler de mon pays, propose-t-elle. Souvent, je fais ça avec les candidats et ça les calme la plupart du temps. Même si toi, tu n'as pas l'air très nerveux.

Elle marque une hésitation, son nez moucheté de taches de rousseur se plisse légèrement vers le haut.

– Tu es le garçon avec la Tourette, n'est-ce pas ?

Mon visage répond à ma place en une discrète série de clignotements.

– Tu es déjà allé en Écosse ? demande-t-elle.

– Non.

– Le plus beau pays du monde.

– Il faut aimer la pluie, non ?

Elle me donne une bourrade sur l'épaule.

– Il faut surtout aimer la couleur verte, dit-elle. Et sans eau, c'est une couleur qui peut devenir bien terne.

Cela fait un moment qu'elle a fini de me maquiller ("une couche de fond de teint pour éviter le reflet des projecteurs sur la peau", m'a-t-elle expliqué). Elle s'est assise derrière moi, à califourchon sur une chaise, les avant-bras posés sur le dossier. Nos regards se croisent dans le miroir de la loge, elle a l'air rêveuse.

– L'Écosse, c'est surtout un parfum particulier, celui de la terre humide. Mais aussi celui du sel des embruns, des grèves lissées par la marée, de la laine épaisse des moutons.

– Ça donne envie.

– Je t'emmène un jour, si tu veux.

Sa dernière phrase s'élève dans un murmure, à peine un souffle. Peut-être l'ai-je imaginée ? Je fais comme si je ne l'avais pas entendue. Elle consulte la pendule sur le fond de la pièce.

– Ça va être l'heure, dit-elle.

Mon pouls bat un peu plus rapidement qu'à son accoutumée. Normal. Ma respiration me semble pourtant lente et profonde.

Contrôle.

J'ai en tête toutes les directives qui nous ont été assignées lorsque nous avons été accueillis dans les locaux de la chaîne. Nous ? Une dizaine de concurrents qui se sont respectivement marmonnés un “bonjour” (s’ils chantent comme ils marmonnent les “bonjour” alors je suis sûr de remporter haut la main ce tremplin national). Une jeune femme qui tenait un dossier serré contre sa poitrine nous a aimablement conduits dans une grande salle de réunion où étaient disposés des rafraîchissements sur une table.

– Servez-vous, a-t-elle dit d’une voix égale.

Je me suis étonné de sa réserve avant d’en comprendre (tout du moins d’en pressentir) les raisons. Une autre femme est entrée dans la pièce, dans un tourbillon d’effluves capiteux, tout en sourire, tout en dents parfaites, blanches et impeccablement alignées, tout en exubérance soulignée à grand renfort de gestes.

– Je suis Sonia Delahouse, s’est-elle présentée. L’attachée de communication qui va vous expliquer comment va se dérouler l’émission.

La jeune fille au dossier devait être son assistante et sa réserve devait s’expliquer comme un souci de préserver un équilibre entre ces deux personnalités : l’une discrète et introvertie, l’autre bruyante et gesticulante au point de vous donner le tournis.

– Mais appelez-moi Sonia, a repris la femme avant de se lancer dans un exposé retraçant l’histoire de la chaîne de télévision.

Il s’est passé alors une chose étrange. Je me suis complètement déconnecté des propos de cette femme.

Il s'agissait indéniablement d'une fuite, une volonté inconsciente d'échapper à toute manifestation capable de provoquer un semblant de stress. La bouche de Sonia s'ouvrait, ses lèvres se pinçaient, mais aucun mot n'était identifiable. Je me retrouvais dans un cocon ouaté, observant tour à tour mes compagnons (d'infortune ?). Autant suivre le mouvement (le troupeau ?) et se laisser guider sans chercher à comprendre. Nous n'étions pas les premiers à participer à cette émission, le personnel de la chaîne devait être compétent et surtout avoir l'habitude de s'occuper de pauvres brebis égarées telles que nous. Je captais de temps en temps quelques phrases de Sonia qui me confortaient dans mon choix : "Il ne faut pas vous en faire", "Tout va bien se passer", "Nous avons l'habitude de gérer toutes sortes de problèmes". Et lorsque nous avons quitté la salle de réunion, j'ai emboîté le pas à la petite troupe, comme un mouton docile. J'ai été tout de même troublé en pénétrant sur le plateau de l'émission. Les lumières y étaient éteintes, j'ai deviné pourtant l'ampleur de la salle. Notre petite troupe a contourné la scène, je fermais la marche en faisant mine de m'intéresser à chaque détail. Ma main a frôlé un élément du décor. Comme je l'avais supposé, il était en plastique et l'intérieur était creux.

(Depuis le début de mon récit, je m'évertue à disséminer quelques métaphores au gré de mes péripéties.

Mais là, j'avoue être moi-même surpris par la pertinence de ce vide qui constitue la matière première de ce lieu.)

– Impressionnant, n'est-ce pas ? nous a lancé Sonia.

Noc noc, a fait mon doigt sur le tronc d'un palmier aux couleurs criardes.

Une des candidates s'est tournée vers moi, un mince sourire aux lèvres.

Sonia a consulté sa montre.

– Il va être temps de rejoindre les loges.

Elle a affiché un air peiné en nous annonçant :

– Je sais que certains d'entre vous voulaient rencontrer les membres du jury. C'est malheureusement impossible. Nous évitons tout contact avant l'émission. Mais vous aurez largement le temps de discuter avec eux après votre passage à l'antenne. Un cocktail sera organisé et vous pourrez les voir en chair et en os.

Quelques murmures d'approbation ont parcouru l'assemblée. Je suis resté silencieux, avant la semaine dernière j'ignorais tout des quatre personnalités composant le jury.

(Et pour être parfaitement honnête, je restais très partagé sur l'envie de les rencontrer *en chair et en os*. Trois d'entre eux étaient des chanteurs. Le premier dans un registre plutôt populaire. Ses chansons semblaient avoir été écrites par un adolescent en mal d'affection et ses interprétations étaient d'une grandiloquence assumée. Le second portait toujours un blouson en cuir, ce qui résumait parfaitement son style : rock, détendu et flegmatique. Sa présence ne devait se justifier que par un cachet important versé par la chaîne. La troisième était jeune, elle semblait déterminée à trouver sa place dans le groupe en manifestant une agressivité amère. Quant au dernier, c'était une femme d'un certain âge qui œuvrait dans le domaine de l'art. Elle devait être la caution culturelle du groupe.)

Avant de rejoindre les loges, Sonia nous a conduits dans le bureau du directeur de la chaîne (ou du président, ou du vice-président, mais peu importe, lorsque notre guide prononçait son titre, une lueur d'admiration sans borne traversait ses yeux). L'homme était occupé à consulter une pile de papiers lorsqu'il nous a accueillis (ou peut-être faisait-il semblant pour se donner une contenance). Son regard était fuyant et son sourire bien trop prononcé pour être honnête. Il nous a gratifiés chacun d'une poignée de mains vigoureuse et nous a encouragés pour notre future prestation. Lorsque nous avons quitté son bureau, Sonia donnait l'impression de marcher sur la pointe des pieds.

– Nous ne vous dérangeons pas plus longtemps, a-t-elle soufflé à son supérieur. Je vais conduire tous ces jeunes gens dans leur loge pour qu'ils puissent se préparer.

Ma rencontre avec la maquilleuse a alors été la première note réjouissante de cette expérience télévisuelle. Son naturel avait quelque chose de rassurant dans ce monde factice. Sa façon de murmurer “Je t'amène un jour, si tu veux” n'a pas manqué de me faire rougir violemment.

Aussi, j'ai senti un petit pincement au niveau de mon cœur quand elle m'a annoncé :

– Ça va être l'heure.

(On appelle ça un “cœur d'artichaut”, je crois. Cette propension à ressentir de douces émotions lorsque le sexe opposé se manifeste avec bienveillance.)

Le réalisateur de l'émission m'avait attribué la place 4. Je l'avais surpris en train de murmurer à son assistant :

– Compte tenu de la numéro 3, il vaut mieux qu'on ait un petit pic d'émotion après. C'est le garçon avec la Tourette, non ?

L'assistant avait opiné du chef et le réalisateur m'avait adressé un sourire empreint de commisération. Quant à moi, j'avais observé en catimini la numéro 3. C'était une fille blonde, avec d'épaisses lunettes aux verres mi-fumés. Elle était maquillée outrageusement et s'était rendue à la préparation de l'émission en compagnie de sa mère. La dernière réflexion du réalisateur achevait de rendre cette expérience détestable. J'avais hâte d'en finir et de ne plus jamais frayer avec ces personnes surfaites qui pouvaient juger un individu uniquement sur son apparence. Je m'étais promis d'aller jusqu'au bout, et c'est bien ce que je comptais faire.

Une autre jeune femme (brune, cette fois) succède à la maquilleuse. Elle m'engage à la suivre à travers les dédales de couloirs qui conduisent jusqu'au plateau de l'émission. La tension dans les équipes est palpable. L'émission est en direct. C'est plutôt rare pour une heure de si forte audience. Mais la chaîne a tenu à imposer ce choix, prétextant un rapport plus intime entre le public et les concurrents, "une plongée en apnée au cœur des émotions", pour reprendre les termes de Sonia. Une prise de risque considérable pour les producteurs. La moindre erreur, le moindre écart peut se payer au prix fort.

La brune et moi patientons derrière un rideau noir. La candidate numéro 3 vient juste d'achever son interprétation. Le peu que j'en ai entendu me conforte dans ma perception de la personnalité détestable du réalisateur. La voix de la jeune fille est magnifique, tout en souplesse, contenant les émotions à fleur de peau. L'enthousiasme du public explose à travers une salve d'applaudissements tonitruante. Puis c'est l'échange avec le jury. Ses membres s'y expriment dans un professionnalisme glacé. Ils posent quelques questions, devant traduire à peu près leur estime pour le candidat. Avec la numéro 3, ils se montrent peu courtois. C'est regrettable. Moi qui avais réussi à conserver mon calme durant le temps de préparation, me voilà tout à coup aux prises avec un sentiment que j'aurais préféré ne pas voir se manifester : la colère.

(Note pour les personnes qui sentent que la tension monte peu à peu et qui ont du mal à le supporter : attention, quand je parle de colère, il ne s'agit en aucun cas d'une crise violente. Juste un petit agacement. Enfin, pour l'instant.)

Je remarque alors la présence de la maman de la candidate un peu plus loin, observant la scène à travers l'entrebâillement du rideau, sa bouche s'entrouvre comme si elle cherchait à dicter les réponses que son enfant adresserait aux membres du jury. Un vigile se tient derrière elle, probablement pour l'empêcher de se jeter au secours de sa fille si l'envie lui en prenait. Le jury semble en avoir terminé avec sa victime. La candidate numéro 3 les salue, adresse un signe de la main au public qui applaudit de nouveau.

Cette fois, ça y est, ça va être à moi.

La brune me pose une main sur l'épaule. Et me pousse légèrement vers l'avant, dans un geste conjuguant la douceur et l'autorité. Je fais quelques pas, ébloui par la lumière des projecteurs. Comme il est convenu, les fauteuils des membres du jury ont pivoté vers les rangées des spectateurs. Ils me tournent le dos à présent. Et dans un premier temps, ils n'auront de moi que ma voix.

Je m'avance sur la scène sous la musique d'un jingle entraînant. Ma démarche est à mi-chemin entre la course et la déambulation décontractée.

– Et voici notre candidat numéro 4 ! tonne un présentateur dans son micro. Maxence !

Le membre rockeur du jury prend rapidement le relais :

– Mais tout le monde t'appelle Max, n'est-ce pas ?

– Oui.

(Dans mon souvenir, je n'ai jamais prononcé un "oui" aussi franc. Il claque dans les haut-parleurs comme la promesse d'une forte détermination – je crois même percevoir un léger sursaut des épaules de la femme caution culturelle.)

– Quel âge as-tu, Max ? demande le chanteur au répertoire populaire.

– Quinze ans.

Nouveau sursaut de la caution culturelle.

– Tu es donc en seconde ?

– Oui.

Le laconisme et la rapidité de mes réponses arrachent quelques rires dans le public.

– On m'a dit que tu souffrais d'une maladie.

– Oui.

Le silence se fait. Peut-être veulent-ils que je développe ?

– Le... le syndrome de la Tourette, dis-je. C'est un problème nerveux.

– Que tu arrives à atténuer quand tu chantes, intervient la chanteuse à l'agressivité amère.

– Oui.

Les applaudissements montent progressivement du public jusqu'à exploser dans un tonnerre assourdissant (et je n'ai même pas encore chanté). Je sens une irrépressible rougeur me monter aux joues.

– C'est une bonne chose que tu sois parmi nous, admet le chanteur au répertoire populaire.

Je cherche l'espace de quelques secondes mon oncle dans le public. Je l'aperçois au troisième rang. Il me fait un petit signe de la main. Son sourire est comme un réconfort. À sa droite est assise Pénélope. Ils ont fini par faire connaissance à force de se croiser lors des tremplins musicaux. Et sur sa gauche, Doreen.

– Que vas-tu nous chanter ? demande la caution culturelle.

– *You Oughta Know*, d'Alanis Morissette.

(Autant prévenir tout de suite, cette chanson est un hymne à la vengeance. Elle a été écrite suite à une rupture douloureuse. La chanteuse s'étant fait plaquer par son copain d'une façon peu élégante, elle lui relate ses griefs à travers le texte. L'histoire était connue des médias et la chanson rencontra un succès phénoménal. Et le garçon passa pour un misérable.)

Sans plus de cérémonie, les lumières se tamisent. Seule une poursuite éclaire à présent ma silhouette d'un cercle lumineux. Les caméras sont braquées sur moi. Un homme se tient en retrait de la scène, caméra à l'épaule, il a la responsabilité des plans plus serrés.

Un technicien du son me fait un signe de la main, il est temps de me lancer. Je reste pourtant silencieux, à scruter l'obscurité qui règne maintenant dans le public. Je ne suis pas pressé.

Et je n'ai pas peur du silence.

(C'était peut-être le cours le plus important que m'avait dispensé Claudia Wilmer. "Lorsque tu viens me rendre visite, m'avait-elle dit, tu te dépêches de me donner un *fa*. C'est une bonne chose, mais peut-être pourrais-tu mesurer ton empressement ?" Elle s'était alors tue et m'avait observé d'une drôle de façon. "Le silence", avait-elle fini par déclarer au bout d'interminables secondes. Puis, devant ma mine circonspecte, elle m'avait expliqué : "Le silence fait partie intégrante de la musique. Il génère une attente et devient, par ce fait, une source de désir. Sans silence, la nuance n'existe pas. Alors apprends à ménager tes silences. Et ne te précipite pas sur ton *fa* dès que tu as franchi le seuil de cet appartement.")

Un homme tousse dans le public. Un murmure s'élève sur ma droite. Je laisse le silence se développer chez l'ensemble des spectateurs. Ils me connaissent tous, ils m'ont déjà entendu chanter. Leur impatience fait vibrer les gradins. Ils sont là pour écouter ma prestation, moi l'enfant malade, la *curiosité*, celui qui a réussi à dompter son trouble nerveux grâce à la magnificence de la musique. Ils pourront se targuer demain de m'avoir vu en chair et en os. Affirmer que ma voix est bien plus pure en direct que par écran interposé.

Je vais leur en donner pour leur argent, ils ne vont pas être déçus. Je cligne des yeux à trois reprises. Volontairement. Afin qu'ils réalisent que la maladie est bien présente, tapie dans un recoin de mon cerveau, prête à jaillir à tout instant. Et qu'elle est peut-être la cause de ce silence qui s'étend maintenant depuis plus d'une minute.

Je leur donne un *fa*, dans un souffle. Un murmure traverse le public, comme une vague de frissons parcourant les rangs.

Et puis je me mets à chanter.

Le caméraman décolle son œil de son objectif. Les épaules de la caution culturelle s'affaissent d'un coup. La nuque du chanteur au répertoire populaire se raidit. La chanteuse à l'agressivité amère a un sursaut.

Je les tiens.

Maîtrise.

La Tourette s'est effacée, tel un mauvais souvenir. Même si je sais qu'elle n'est pas loin. Qu'elle reviendra sitôt que j'en aurai terminé avec les projecteurs braqués sur moi.

Je me concentre sur les notes, les différents accents qui les libèrent dans les airs. Elles sont semblables à de minuscules particules qui s'élèvent et couvrent l'espace qui me sépare du public. Elles m'enveloppent, jusqu'à ce que je sois saisi d'une impression intense : je suis composé de musique. Je fais corps avec la mélodie. La Tourette n'est plus, je ne suis plus qu'harmonie. Sur les gradins, les regards sont posés sur moi dans une constellation de petits points brillants, une voûte profonde et accueillante. Mais bientôt, ma voix se fait plus sourde. Le morceau original dure un peu plus de quatre minutes. Je l'étire jusqu'à cinq.

"Prends ton temps", me souffle Claudia dans la tête.

Survient la dernière note. Puis le silence. Le silence que j'attendais. Celui que j'ai offert au public au début de ma prestation, et qu'il me rend en retour. Un silence qui aspire au calme, au repos, au relâchement de toutes les tensions. Lorsque les applaudissements finissent par monter, je ne les perçois même pas. Je fixe le public, ma poitrine se soulevant au rythme d'une respiration profonde. Un petit clignement des yeux, juste pour leur faire comprendre que mon émotion a été intense. Volontairement une fois de plus, la Tourette est toujours absente. Une rangée de lumières illumine les quatre membres du jury. Leurs fauteuils se tournent dans ma direction. La chanteuse à l'agressivité amère s'essuie discrètement la paupière. La caution culturelle prend la parole.

– Bravo, Maxence, souffle-t-elle d'une voix rauque.

Le rockeur tape dans ses mains, trois fois, avec force et conviction. Le chanteur au registre populaire porte sa main sur son menton, dans une mimique d'intense réflexion, annonçant par cette attitude le moment des questions.

– Maxence... commence-t-il.

Sa voix témoigne d'une bienveillance sincère, comme s'il s'adressait à un enfant en bas âge. Mon cœur bat avec régularité, aucun signe de la Tourette ne se manifeste, je suis toujours dans le contrôle.

– Maxence, où as-tu appris à chanter comme ça ? demande-t-il.

Je lui adresse un sourire avant de répondre (et deux clignements d'œil pour assouvir l'appétit pour le sensationnel du public) :

– Avec une professeure de chant qui se nomme Claudia Wilmer.

La caution culturelle fronce les sourcils.

– Et elle est dans le public ? demande le rockeur.

– Elle n'a pas pu venir.

Un frisson monte de ma nuque. Je le réfrène en serrant ma mâchoire.

– Tu chantes depuis longtemps ? me demande la caution culturelle.

Un voile de suspicion nuance le timbre de sa voix.

– Un an et demi, je lui réponds du tac au tac.

Je sens la nervosité monter d'un cran. Je dois tenir, tenir.

Puissances célestes, faites que je tienne encore un peu.

– Tu as du talent, dit la chanteuse à l'agressivité amère dans un murmure.

Les autres membres du jury opinent du chef. La caution culturelle y met cependant moins de cœur. Une salve éparse d'applaudissements monte du public, interrompue par une autre question :

– Comptes-tu persévérer dans le chant ? demande le rockeur dans un demi-sourire (une façon évidente de montrer qu'il connaît la réponse).

– Oui.

– Avec la même professeure ? demande la caution.

Son attitude me déplaît soudain, ses interventions ressemblent plutôt à un interrogatoire. Un doute envahit lentement mes pensées.

Elle sait.

(Patrick prend soudain la parole dans ma tête, sans que je l'y aie invité.

“Souviens-toi, la promesse que tu as faite à ton père, prévient-il sans aucune autre forme de préambule.

– Je ne suis pas près de l'oublier…”

Lutte intérieure.

“Une promesse faite sur un lit de mort se doit d'être considérée avec le plus grand des sérieux, insiste Patrick.

– Je sais !”

(Hurler dans sa tête fait immanquablement se contracter les muscles du cou, qu'on ait la Tourette ou non.))

Le public réagit à ma nervosité montante en se murant dans un silence inquiet.

Je réponds à mi-voix à la caution culturelle :

– Oui.

– Tu chantes dans un groupe ? demande le répertoire populaire.

– Oui, avec un ami qui fait de la guitare, il est là au fond de la salle sur le téléphone de mon oncle.

Ce dernier brandit son appareil d'un air détaché. Bien que je sois trop loin, je devine la face débonnaire d'Olive, son mauvais œil rivé sur le coin droit de l'écran.

– Il habite à New York, expliqué-je pour justifier son absence physique de la salle.

– Bonsoir New York, dit le rockeur d'une voix grave.

La caution ne s'est pas détournée de moi durant ce bref intermède.

("Elle sait, murmure Patrick.
– Mais comment pourrait-elle savoir ?
– Tu as dû commettre une erreur à un moment", lance Patrick.

Je ne commets jamais d'erreur.

"Tu aurais dû respecter la promesse de ton père dès le début."

Non.

Et je sais que mon père aurait approuvé ma décision. J'avais besoin de cette émission, besoin de ce direct, besoin de me produire en public et d'offrir aux téléspectateurs ma plus belle performance. Besoin de continuer à être le garçon que j'avais choisi d'être. Au moins jusqu'à la fin de cet entretien. Et après, oui, je respecterai la promesse faite à mon père.)

– Je te remercie, Maxence, annonce le répertoire populaire. Tu t'es largement montré à la hauteur de la qualité que nous cherchons à promouvoir dans notre émission. Nous te donnons rendez-vous à la fin de l'émission pour dévoiler qui est l'heureux vainqueur de cette dix-septième édition.

Puis il se tourne vers le reste du jury en leur demandant :

– Vous n'avez pas d'autres questions ?

Les yeux de la caution culturelle sont comme deux petites fentes noires. Elle marque une hésitation, elle n'en a pas fini avec moi. Indubitablement, elle a deviné quelque chose et cherche à prolonger cet *interrogatoire*. Et contre toute attente, le miracle a lieu. Celui que j'attendais, que j'espérais en me présentant en fin d'après-midi devant la porte des studios de cette chaîne de télévision.

Mon cœur bat lentement. La Tourette ne se manifeste toujours pas. Je suis maître de mon corps, des paroles que je m'apprête à prononcer.

– Où habites-tu ? me demande-t-elle.

Le public se fige dans l'attente de ma réaction. Je cligne trois fois des yeux avant de lui répondre :

– Dans ton cul.

***

Le jour où je suis devenu une star.

Un jour à marquer d'une pierre blanche.

Ça n'a pas duré très longtemps, deux mois tout au plus, mais ça a été suffisant pour me donner l'impression d'être quelqu'un de particulier. Dès la fin de l'émission, mon téléphone s'est mis à vibrer, comme pris d'épilepsie. J'ai dû l'éteindre pour parvenir à reprendre mes esprits. Pénélope m'observait, les yeux ronds. Doreen riait sous cape. Quant à mon oncle, il avait sa tête des beaux jours. Il donnait l'impression d'avoir assisté à un défilé de culs magnifiques.

J'ai entendu le réalisateur maugréer : "Maudit direct." Son regard s'est détourné de moi avec un mépris affiché. Mais le mal était fait, il allait de toute évidence se faire taper sur les doigts.

Sur le chemin du retour, dans le métro, mon oncle me demande :

– Ce n'était pas la Tourette, n'est-ce pas ?

Je mime l'incompréhension.

– Ta dernière intervention, elle n'était pas due à la Tourette.

– Si, je lui réponds en haussant les épaules.

Il se marre et m'étreint l'épaule dans un geste empli d'affection. Je ris à mon tour, dans la complicité de cet échange. Je frissonne au plaisir de partager ce mensonge avec lui.

Mon dernier mensonge.

Le soir venu, dans ma chambre, seul, je me résous à une conclusion que je repoussais depuis longtemps. Je compose *le* numéro sur mon téléphone et, avant même que la voix ne s'élève dans le combiné, je prends la parole :

– Maman…

Ma gorge se serre. Je parviens pourtant à continuer :

– J'ai une chose importante à te dire. C'est peut-être la dernière fois que je t'appelle. C'est mieux ainsi.

Dans la rue, une voiture passe en trombe. J'attends le retour du calme pour poursuivre :

– C'est à cause d'une promesse que j'ai faite à papa. Sur son lit de mort. Et comme le dit si bien Patrick, mon alter ego qui vit désormais dans mon cahier mauve, "c'est le genre de promesse qu'il convient de tenir".

Je reprends mon souffle.

– Maman, je pense à toi tous les jours. Tu me manques terriblement. Et ce sera dur pour moi d'arrêter de t'appeler. Mais je vais m'y tenir. Car j'ai fait cette promesse à papa.

Dans le combiné, la voix n'a pas cessé de parler. Je l'écoute encore quelques secondes :

– Au quatrième top, il sera exactement vingt-trois heures et vingt-trois minutes...

Je raccroche au deuxième top.

***

La tête de mon père reposait sur un oreiller aussi blanc qu'un champ couvert de neige. Son visage paraissait minuscule, perdu dans cette étendue immaculée. Sa respiration était régulière, cela faisait trois jours qu'il était tombé dans le coma. Dans le service des soins palliatifs, le silence régnait. Le genre de silence qui doit s'apparenter au recueillement précédant le jour du grand départ.

En ce qui concernait mon père, ce jour-là approchait inexorablement. Je me tenais assis à son chevet, guettant sur ses traits le moindre signe de conscience. J'avais ouvert la fenêtre, malgré les recommandations de l'infirmière. Les produits pharmaceutiques me donnaient la nausée.

Dehors, la vie poursuivait son cours.

Des cris d'enfants me parvenaient par intermittence, mêlés au brouhaha de la circulation. Il y avait un grand parc derrière l'hôpital. Avec des arbres. Dans mon souvenir, je n'en avais jamais vu de si beaux. Mon père poussa un faible gémissement. Ses orbites bougèrent derrière ses paupières closes. Le rideau de la chambre se souleva sous le frémissement d'un courant d'air. Je me levai pour fermer la fenêtre. Lorsque je me réinstallai au chevet du lit, mon père avait les yeux grands ouverts et il me fixait.

– Ça va ? je lui demandai dans un bredouillement.

– Hmmpf… me répondit-il.

(Peut-être est-ce cela la fin de la vie : on termine tous par se transformer en Olive.)

Dans un effort considérable, il tenta de redresser sa tête.

– Reste tranquille, je lui dis.

Je n'avais aucune idée de l'attitude à observer. Devais-je appeler une infirmière ? Au risque de troubler ce qui pouvait s'avérer être notre ultime échange. La respiration de mon père était saccadée, il semblait fournir un effort considérable pour rester conscient.

Je lui pris la main dans la mienne. Ses doigts étaient secs et rugueux, froids. Il eut un mouvement imperceptible de la tête, m'invitant à m'approcher de lui. Mon oreille n'était plus qu'à quelques centimètres de sa bouche. Son souffle était également froid, glacé. Il se racla la gorge et sa voix s'éleva dans un murmure rauque :

– Et toi… commença-t-il.

Une minute – peut-être deux – s'écoula avant qu'il ne réussisse à formuler la fin de sa question :

– Ça va ?

– Ça fait aller.

– T… t… t'as la patate ?

Une étincelle de malice traversa son regard, comme s'il cherchait dans cet inespéré regain d'énergie la force de dire une dernière blague. L'ultime astuce qui le conforterait dans son idée que la vie n'est en fin de compte qu'une vaste plaisanterie. Mais l'expression de son visage se fit plus dure, il avait de toute évidence des choses plus graves à me confier. Je dus pencher ma tête davantage pour saisir les mots qu'il m'adressait :

– J'ai quelque chose à te demander, commença-t-il.

Je hochai la tête.

– Quelque chose d'important.

Un nœud se forma dans mon ventre. Sa déclaration avait la teneur d'une promesse que l'on fait à une personne sur son lit de mort. Je me reculai pour détailler chaque trait de son visage. Il me lança alors un sourire désarmant, avant de me murmurer :

– Arrête de mentir.

Puis il ferma les yeux. Je restai là un moment, perdu dans mes pensées. Lorsque j'émergeai de ma rêverie, les doigts de mon père avaient perdu toute leur souplesse dans ma main. Il était parti.

19

La vérité

Ça ne s'est pas vraiment passé comme ça.

Mais l'essentiel est relaté.

Les émotions surtout.

Et si les émotions sont respectées, peut-on réellement qualifier mon récit de véritable tissu de mensonges ?

Prenez, par exemple, les profiteroles que j'avais préparées pour mon père avec mon copain Olive.

(Olive est vrai, Olive ne fait pas partie de mon monde imaginaire, Olive a réellement déménagé, mais pas à New York. Il habite en fait à Oklahoma City. D'autre part, Olive a réellement été malade, Olive a vraiment failli perdre la vue et ce n'est pas une chose que je prends à la légère. Quant à ses talents de musicien… mais j'y reviendrai plus tard.)

Lorsque nous avons ouvert le four, un souffle tiède a caressé notre visage.

– Le thermostat est cassé, ai-je dit.

– On dirait des couilles de macaques, a murmuré mon ami.

Je n'avais jamais eu l'occasion d'observer des couilles de macaque, l'image me semblait pourtant bien appropriée à ces petits tas informes, disposés avec régularité sur la plaque.

– Elles sont fatiguées, ces profiteroles, a décrété Olive.

Elles avaient l'air épuisées.

Nous les avons sorties du four, en prenant soin de ne pas faire de gestes brusques qui auraient pu les accabler davantage.

– Qu'est-ce qu'on fait ? m'a demandé Olive.

– Bah, je vais quand même les offrir à mon père.

– T'as qu'à pas lui dire que tu cherchais à faire des profiteroles.

– Et lui dire qu'on a inventé un nouveau dessert ?

– Qu'on pourrait d'ailleurs appeler "couilles de macaque".

En définitive, mon père a été content, sincèrement touché. Et n'est-ce pas là l'essentiel ?

Et si j'ai choisi de ne pas évoquer le thermostat cassé et les couilles de macaque, cela n'a pas grande importance. L'essentiel de mon récit s'est plutôt concentré sur le résultat.

– C'est pas mauvais, a dit mon père en mâchouillant du bout des dents une couille de macaque.

Plus tard, Olive et moi avons récidivé l'expérience des profiteroles (ne jamais, je dis bien jamais, rester sur un échec. La persévérance est mère de sûreté, comme le dit si bien mon oncle (dont la science des expressions appartient bel et bien à la réalité)). Et lorsque mon ami s'est envolé vers les États-Unis, nous étions parvenus à obtenir une fournée dorée et rebondie, développant la générosité de ses arômes dans la cuisine. Un de nos derniers échanges concerna d'ailleurs nos prouesses culinaires.

– On est devenus les rois de la profiterole, m'a soufflé Olive dans le bus qui conduisait à l'aéroport.

– Yep, ai-je fait.

– *Masters of profiteroles*, a-t-il grondé en brandissant son poing fermé devant lui.

– Yep, ai-je refait.

– Ça pourrait être le nom de notre groupe ?

– Ça sonne pas mal.

– En tout cas plus que… comment c'est déjà ?

– D-Team.

– Oui, ça claque plus, Masters of Profiteroles. On est dans le raffiné, dans l'élégance de la cuisine à la française, dans la revendication d'une culture.

– On est dans le… dans le…

– Gourmand ?

Ses yeux ont brillé d'un éclat vif. Au moins, nous étions sur la même longueur d'onde. Masters of Profiteroles était né.

Et Masters of Profiteroles existe encore. Au rythme de deux répétitions par semaine, notre répertoire s'est même enrichi de compositions personnelles *(Patrick's Alive, Mermaids' Tales, Storm of Fate…)*. Nous nous sommes néanmoins interrompus quinze jours quand le portable d'Olive est malencontreusement tombé dans les toilettes.

(L'Amérique telle que me la relate Olive est un endroit plein de dangers et de mystères. Il aurait tout aussi bien pu se le faire voler dans un parc par un punk appartenant à une guilde secrète de pickpockets vivant dans les égouts. Dans le cas de ce mensonge-là, j'estime être resté dans le domaine du plausible.)

Nos rendez-vous sont une bulle d'oxygène.

Je laisse toujours Olive jouer un peu avant que l'on commence vraiment. Chaque note produite par son instrument relève d'une magie immuable. Il est des vérités qui ne souffrent pas d'être travesties. Et je m'abandonne à la beauté de la musique.

Une des dernières fois où j'ai vu Olive, il m'a lancé un "hmmpf". Un bon vieux "hmmpf" des familles. Il l'a ponctué d'un sourire. Un sourire qui signifiait beaucoup : "Finalement la vie à Oklahoma City c'est pas si mal, peut-être un peu moins romanesque qu'à New York ; et puis j'ai ma guitare avec moi, et dès que je sens que le moral amorce la chute libre, j'en pince une corde et soudain tout va mieux ; et puis si ça marche pas, j'ai toujours cette connexion avec l'autre côté du globe, le pays des bouffeurs de grenouilles, comme le disent les *rednecks* du coin, ce numéro que je connais par cœur : celui de mon vieux poteau Max. Le seul type, il me semble, sur lequel je puisse vraiment compter."

Il y a tout ça dans le sourire d'Olive, et même plus encore. Mais les mots sont superflus ici. Ils n'ont même pas besoin d'être prononcés. Et que répondre d'autre à mon ami que par un autre sourire ? Un sourire qui déborde, qui scintille et fait des bulles. Et qui ne contient qu'une seule chose : que c'est bon d'avoir un ami.

Le lendemain de ma prestation en direct à la télévision, je lui passe un coup de fil. Il répond presque aussitôt, la face hilare. Je le soupçonne d'être resté à côté de son téléphone, à guetter mon appel. Il rit tellement qu'il se trouve incapable d'articuler le moindre mot.

– 'Tain... finit-il par soupirer. Tu l'as fait. Tu l'as fait, mon pote. T'as réussi à atteindre le firmament de la célébrité.

– Bah...

(Que répondre d'autre. "Bah" passe partout, surtout lorsqu'il est souligné par un haussement d'épaules.)

– T'es le meilleur, avoue-t-il.

Il marque une hésitation avant de me confier :

– Ton père aurait été fier de toi.

Je n'en ai pas le moindre doute.

On joue pendant près d'une heure ce jour-là. J'y mets du cœur, lui aussi. De temps à autre, nos regards se croisent, dans la plus parfaite complicité. Nous reprenons certains passages, plus difficiles, avec un acharnement désormais impossible à remettre en question. Notre musique est devenue comme un défi, la fine équipe apprend au fil du temps à redresser la tête.

– Comment ça se passe avec Brad Pitt ? me demande-t-il à la fin de la session.

(Brad Pitt.)

– Je dois la voir tout à l'heure.

– Tu lui passes le bonjour de ma part.

– Tu l'as jamais rencontrée.

– Tu m'en parles tellement, j'ai l'impression de la connaître par cœur.

Nous nous donnons rendez-vous pour notre prochaine répétition. Je coupe la communication.

***

Mme Avdeïev m'accueille de son large sourire affable.

(J'ai fini par m'habituer à ce sourire, comme on peut s'accommoder de matinées pluvieuses ou d'une carie un peu douloureuse, avec une résignation qui devient si familière qu'elle en est presque agréable.)

– Entre, mon garçon, dit-elle de sa voix profonde.

Lorsque je pénètre dans la salle de séjour, une voix me lance :

– T'as une sale gueule, mon pote.

– Salut Émile, je réponds.

Le mainate n'est pas puni aujourd'hui. Le tissu noir a été plié à côté de sa cage. Le volatile fait quelques bonds sur son perchoir avant de se lancer dans un trille endiablé.

– La ferme, grogne Mme Avdeïev en se dirigeant vers la cuisine.

Elle en ressort avec un verre et une carafe emplie d'un liquide opaque. (Tout comme son sourire, j'ai réussi également à apprécier le thé glacé qu'elle me prépare systématiquement à chacun de nos cours.)

– Alors ? demande-t-elle en s'asseyant lourdement sur son fauteuil.

Les ressorts grincent dans une protestation aiguë.

– Alors quoi ?

Son visage se plisse sous la contrariété.

– Ne fais pas l'insolent avec moi, marmonne-t-elle. Tu sais très bien à quoi je fais allusion. Tu as fait des tiennes hier à la télé.

– Bah…

Un éclat lumineux illumine soudain ses traits.

– Et c'était parfait, déclare-t-elle en riant et en se tapant sur la cuisse.

– Parfait, parfait, parfait, lance Émile d'une voix stridente.

– Faut leur faire comprendre à tous ces freluquets qu'ils ne sont pas les rois du monde, poursuit-elle. Et qu'un projecteur braqué sur toi n'apporte rien d'autre qu'un sentiment de chaleur artificielle. Rien ne brille plus que le soleil.

(J'ai noté dans un petit carnet le nombre de fois qu'elle a pu répéter cette sentence. Je ne suis pas loin du nombre de cours que j'ai pris avec elle. Émile le mainate l'utilise également beaucoup, il lui arrive de m'accueillir avec – lorsqu'il ne se permet aucun commentaire sur ma mine.)

– La télé, bougonne Mme Avdeïev, tu parles d'une affaire. Ils sont tous là avec leurs cheveux bien coiffés. Et leurs chemises bien repassées. Et leur sourire parfait, plein de dents et d'affectation mielleuse.

Elle secoue la tête en feignant une peine immense.

– Rien ne brille plus que le soleil, répète-t-elle.

Les perruches de la grande cage pépient dans un bruissement d'ailes et de coton plumeux. Un rayon frappe la grande fenêtre, comme si l'astre solaire lui-même saluait avec bienveillance cette affirmation.

– Et la seule chose capable de rivaliser avec une telle évidence, c'était toi, hier à la télé, déclare Mme Avdeïev en me fixant droit dans les yeux.

– Bah…

Mme Avdeïev est plutôt avare en compliments. Une telle attitude me met mal à l'aise.

– Je reconnais avoir essayé de te dissuader d'aller à cette émission, dit-elle. Et je reconnais avoir eu tort. Il faut dire que le programme était loin d'être alléchant.

Elle désigne d'un geste du menton un magazine posé sur la table basse. Sur la couverture s'étale en lettres dorées *La Grande Finale de la Voix des talents – Alternance* (le dernier mot désignant avec une hypocrisie à peine dissimulée le groupe de handicapés dont je faisais partie (alternance, du latin *alter* : les autres. Ceux qui sont différents, quoi)).

(D'aucuns soutiendront qu'il s'agit là d'un mensonge. Je préfère prétendre avoir commis une omission. Et pour une raison bien précise : je n'aime pas flatter les instincts de voyeurisme. Le terme "alternance" ne méritait pas à mon sens d'être mentionné. Dès que j'ai pénétré sur le plateau de l'émission, j'ai senti ces milliers de regards se braquer sur moi dans les rangs du public. Cette commisération détestable qui flottait telle une aura de bienveillance factice. Le fauteuil roulant de la jeune fille qui passait avant moi avait laissé deux traces à peine visibles. Deux rigoles de gomme, un peu plus épaisses que du papier à cigarette, et qui se devinaient juste parce qu'elles ne reflétaient plus la lumière. La jeune fille – Clara, si mes souvenirs sont exacts – s'était avancée seule sur scène, en poussant les roues de son fauteuil de ses bras malingres. Elle avait chanté et les gens l'avaient applaudie à tout rompre. “La pauvre”, avaient dû dire certains. “Elle a bien du courage”, avaient sûrement murmuré d'autres. Quand ce fut mon tour, j'ai adressé un regard plein de défiance au public. Je n'avais pas envie de leur apitoiement. Et je n'en ai jamais eu besoin.)

– Tu mérites bien mieux que ça, dit Mme Avdeïev. Ces gens s'imaginent que la lumière des projecteurs révèle le talent, mais leur éclat n'a rien à voir avec la musique.

– Rien ne brille plus que le soleil, murmuré-je.

– J'allais le dire. Mais reprenons où nous en étions restés la semaine dernière, veux-tu ?

J'opine du chef.

– Donne-moi un *la*, demande-t-elle.

Je chante la note, ou plutôt je la lui donne, comme on peut offrir un bouquet de fleurs. Elle se cale contre le dossier de son fauteuil.

– Mouais, lance Émile en penchant sa tête sur le côté.

C'est sa façon à lui de dire qu'il apprécie. Ma voix file dans sa direction, en suivant un tracé rectiligne parfait. Ma voix est une flèche et, comme elle me l'a enseigné et répété maintes fois, je l'ai décochée avec la virtuosité d'un archer. Je ferme les yeux, goûtant à l'instant.

– Ton regard, gronde Mme Avdeïev.

Elle me fixe d'un air sévère. Lors d'une première leçon, elle m'avait ordonné de garder les yeux grands ouverts lorsque je chantais.

– Tu ne dois pas t'enfermer dans un monde intérieur, m'avait-elle sermonné. Tu dois faire face à la réalité et la défier, même si elle paraît te faire bien des misères. Car c'est à elle que ton chant s'adressera.

"Faire face à la réalité." Il m'aura fallu un petit moment avant de saisir toute la quintessence de ce conseil.

***

Lorsque je regagne ma chambre le soir après le dîner, je suis exténué. Il me faut pourtant puiser dans mes dernières forces pour effectuer quelques rangements. Mon regard se pose sur mon cahier mauve dans ma bibliothèque. Puis sur les photos punaisées à la tête de mon lit. J'en détache une avant de m'asseoir sur la couette.

Le portrait est en noir et blanc, de belle facture. La jeune femme fixe l'objectif, la mine lumineuse. Son nom est inscrit en bas à droite, en lettres blanches cursives : Claudia Wilmer. Je tiens la photographie serrée entre le pouce et l'index.

– Bah, murmuré-je entre mes dents.

Une fois de plus, je n'imagine pas dire autre chose. Maintenant que je chante les yeux ouverts, impossible de laisser mes pensées vagabonder au gré de mes humeurs. J'aurais pourtant adoré prendre des cours de chant avec Claudia Wilmer. Malheureusement, ça aurait été difficile.

Claudia Wilmer est morte il y a plus de vingt ans, d'une overdose d'héroïne dans une chambre d'hôtel à Rome, alors qu'elle venait de terminer le tournage de son soixante-troisième film.

Mais je ne suis pas sûr d'avoir envie d'évoquer cette histoire.

Peu de gens la connaissent, Claudia a toujours été considérée comme une actrice de second plan. La caution culturelle de *La Voix des talents* devait être au courant de cette affaire, d'où son acharnement à me pousser dans mes retranchements. Peut-être avait-elle oublié qu'il s'agissait d'une émission "Alternance" et que ce n'est pas ainsi que l'on nous traite. Sur la photo, le regard de Claudia se perd dans le vide. Je n'avais jamais remarqué jusqu'alors la profonde mélancolie qui en émanait.

J'attrape le cahier mauve dans la bibliothèque. Un stylo en main, j'inspire une grande goulée d'air. Claudia. Je te dois bien ça. Pour toutes ces heures où j'imaginais passer du temps en ta compagnie. J'ignore si je suis doué pour les lettres d'adieu, je ne me suis jamais prêté à l'exercice. La pointe du stylo se pose sur le papier – crissement infime.

***

Timur le chat se lèche la patte. Sa gueule darde une petite langue rose entre ses deux canines, blanches et pointues. Il s'interrompt et lève ses yeux sur moi lorsque je pénètre dans la pièce.

– Je t'attendais, dit Claudia en guise d'accueil.

Elle se tient comme à son habitude près de la cheminée. Je marque un temps d'arrêt avant de m'asseoir sur le fauteuil pour retirer mes chaussures. Claudia a l'air épuisée.

En chaussettes dépareillées, je prends place en face de ma professeure. Mes orteils foulent le tapis épais à la recherche d'un point d'ancrage qui conférera à ma position un équilibre irréprochable. Claudia approuve d'un geste de la tête, souligné d'un discret sourire. Le discret sourire de Claudia. Semblable à une ligne tracée d'un seul mouvement, vif et précis. Sa peau blanche reflète la lumière diaphane de cette journée grise. Dans mon souvenir, je ne l'avais jamais vue aussi pâle.

– Tout va bien ? lui demandé-je d'une voix hésitante.

Elle hoche la tête. Son maintien se trouble d'un léger déséquilibre, elle reprend vite contenance et se passe le plat de la main sur les cheveux.

– Reprenons où nous en étions, veux-tu ? dit-elle.

Sans plus attendre, je lui donne un *fa*. La note s'élève, tourbillonne, décrit une large arabesque dans l'espace de la pièce. Un vibrato se révèle, régulier. La fréquence de son amplitude gagne en souplesse. Le son est parfait. Je suis en nage. J'y ai mis plus que du cœur. Claudia est sensible à cette attention.

– Chante, me demande-t-elle.

Il y avait cette comptine qu'il lui arrivait de fredonner : *Jahreszeiten*. Une chanson dans sa langue natale qui devait lui évoquer l'époque de son enfance. Si j'en crois la traduction que j'ai pu trouver sur internet, cette comptine raconte l'histoire d'une mère et de ses quatre enfants : les saisons. Chacun lui apporte un cadeau, le printemps des fleurs, l'été du trèfle, l'automne du raisin et l'hiver de la neige. Je l'ai entendue la chanter si souvent que j'en connais les paroles par cœur. Sitôt que je commence, le sourire de Claudia s'élargit. Elle ferme les yeux et goûte l'instant comme s'il s'agissait d'un fruit aux parfums succulents. Peut-être a-t-elle été propulsée dans sa ville de Dresde, avant que le désastre n'éclate ? Peut-être est-elle avec ses parents et ses frères ? À marcher gaiement dans les rues en se dirigeant vers le parc où le père leur a promis une friandise. Claudia se laisse bercer par ma voix, déjà sa silhouette s'estompe. Timur pousse un miaulement plaintif. Le décor disparaît peu à peu, comme si d'invisibles techniciens se pressaient à le démonter pièce par pièce.

– Merci Claudia, je murmure, une fois ma chanson terminée.

– C'est moi qui te remercie, dit-elle avant de disparaître.

***

Il y a une photo que je n'ai pas punaisée à la tête de mon lit. Elle se trouve dissimulée sous le matelas. C'est une photo que j'ai trouvée par hasard dans la rue, une photo d'identité.

(Je sais qu'il me sera difficile de retrouver une crédibilité après les aveux que je viens de faire, mais c'est la vérité… Bon, OK, ce n'était pas dans la rue mais dans la cour du lycée.)

J'imagine qu'elle a dû glisser du manteau blanc de Pénélope pendant la récréation. Les couleurs sont passées, la teinte de ses cheveux blonds s'est presque effacée. Seul son sourire subsiste, telle une virgule délicate ménageant une parenthèse de soleil sur ma morne existence. La photo était maculée d'éclaboussures, j'ai dû la nettoyer avec soin pour qu'elle retrouve un semblant d'éclat. Son nom était noté au dos, ainsi que sa classe. Il devait s'agir d'une photo destinée à une quelconque inscription. Je l'ai gardée comme on peut garder le plus précieux des talismans. Pénélope est une fille populaire dans mon lycée. À dire vrai, elle est la fille la plus populaire. Sa beauté fait tourner plus d'une tête, au sens propre comme au figuré. Les garçons chavirent sur son passage, quelques filles aussi. Pénélope est brillante. Intelligente et belle, elle possède également un caractère liant et aimable. (J'ignore quelles fées se sont penchées sur son berceau. Certainement pas Terribla ou Sagessa.) Et Pénélope est humble. Comme si elle cherchait à chaque instant à se faire pardonner sa perfection. Elle s'investit beaucoup dans le milieu associatif. Je crois même qu'elle est allée creuser un puits au Mali l'été dernier. Pénélope s'intéresse aux plus démunis d'une façon naturelle et parfaitement désarmante.

Et c'est ainsi que, une fois, elle m'a adressé la parole. Juste pour s'enquérir si tout allait bien et si je me plaisais dans notre lycée. Ça a été largement suffisant pour moi : je suis tombé raide amoureux. C'était la première fois qu'une personne étrangère s'adressait à moi sans que ce soit pour se moquer ou m'insulter. Lors de notre échange, je suis resté les bras ballants, incapable d'articuler le moindre son (même un balbutiement aurait été le bienvenu). Je me suis contenté de hocher la tête et de sourire en prenant l'air le plus sympathique possible.

– Si tu as des problèmes, Marc, tu peux en parler à la psychologue du lycée, m'a-t-elle dit en guise de conclusion.

Je l'ai alors regardée s'éloigner, sans prendre le courage de lui expliquer que mon prénom était Max et en me disant que sa silhouette aussi était parfaite.

Et puis j'ai construit un monde où elle serait reine et où je serais roi. Un monde de rires, de souffles courts, de stupeur face à la magnificence de notre amour. Un monde où je devrais remporter le plus grand des défis pour réussir à conquérir son cœur de façon absolue et définitive.

Malheureusement, même les rêves finissent un jour par se lézarder. Lorsque les mensonges deviennent trop lourds à porter, quand ils prennent le pas sur la réalité et donnent l'impression d'évoluer dans un décor factice. Et dans mon rêve, elle a fini aussi par me quitter. Les mensonges concernant Pénélope ne sont pas si graves. Et si l'on s'accommode du plus important – il n'y a rien eu entre Pénélope et moi –, le reste s'est déroulé d'une façon étonnamment proche de la réalité (la représentation de la chorale a été une catastrophe pour moi, c'était la première fois que je la voyais avec un garçon).

Comme j'ai pu le dire de nombreuses fois : les émotions ont été relatées avec une minutie et une précision d'orfèvre. Et je peux vous garantir que j'ai été malheureux à cause de Pénélope. Comme une pierre. Et j'ai tenté tant bien que mal dans ma chute de me raccrocher à la moindre branche.

La beauté de Doreen n'est pas aussi spectaculaire que celle de Pénélope. Moins de garçons se retournent sur son passage, quelques-uns tout de même. Dont moi.

Si je devais dresser une liste des choses que j'adore chez Doreen, je rencontrerais la plus grande difficulté à établir ma préférée. Sa démarche, peut-être ? Ou son appétit ? Doreen adore manger. La gourmandise pétille à travers son regard lorsque ses yeux se posent sur un plat qu'elle affectionne particulièrement. C'est dans ces instants qu'elle semble la plus heureuse. Et même si ce trait de son caractère se paye par quelques kilos en trop, son épanouissement fait plaisir à voir.

L'enthousiasme de Doreen figurerait en bonne place dans ma liste. Cette façon bien à elle de taper dans ses mains quand quelque chose lui plaît. Comme si ce geste relevait de la pure perte de contrôle. Parfois, je la regarde attentivement, droit dans les yeux, pour essayer de discerner ce qui se cache derrière sa pupille, dans l'enceinte de son crâne. J'y trouverai incontestablement un enfant. Un gamin qui s'exprimerait dans la simplicité de ses sentiments, sans aucune forme de malice. Quand Doreen est gaie, elle rit, et quand elle est triste, elle pleure.

– Qu'as-tu ? je lui demande.

– Ma mélancolie, me répond-elle.

Ses paupières sont pourtant sèches.

– Ma mélancolie n'est pas une tristesse de larmes, explique-t-elle. C'est une tristesse douce et immobile.

Elle pose sa tête sur mon épaule. Nous nous trouvons assis sur mon lit dans ma chambre. Je crois l'entendre renifler. Sa respiration est juste un peu plus profonde.

– J'ai cette mélancolie depuis que je suis toute petite, poursuit-elle. J'identifie maintenant ce qui peut la provoquer. Il y a des choses qui sont capables de m'émouvoir plus que d'autres.

Son souffle caresse la base de mon cou.

– Toi, par exemple.

Elle baisse la tête pour plaquer son oreille sur ma poitrine au niveau de mon cœur. Son index tape sur ma cuisse au rythme des battements.

Tout n'est que musique.

S'il y a bien un principe que Doreen m'a appris, ce doit être celui-là.

Elle se redresse brutalement. Sa mélancolie a subitement disparu.

– On va se promener ? propose-t-elle.

– Yep.

Nous marchons, main dans la main. Certains se retournent sur notre passage, le garçon qui clignote et son amie coréenne. Peu m'importe, dans cet instant, plus rien n'existe d'autre que la voix de Doreen. Ma sirène. Je la regarde, elle me sourit. Elle est de loin la plus jolie.

***

En considérant mes mensonges et la réalité, je mesure que la frontière qui sépare ces deux univers est bien mince. S'agit-il seulement d'une frontière ?

Deux photos restent punaisées à la tête de mon lit : celles de mes parents. Et je n'ai nulle intention de les enlever. Mon père est jeune sur la sienne, il a le regard franc, le mince sourire qui tend ses lèvres lui donne un air canaille. Ma mère devait avoir un penchant pour les vauriens. Une idée me traverse alors l'esprit. Dans un des tiroirs de mon bureau, je trouve l'enveloppe à la place où je l'avais laissée. Son contenu m'est familier : une lettre écrite par mon père sur du papier bible et une dizaine de photos. Sur l'une d'entre elles, mes parents posent, ensemble. Je l'accroche à la tête de mon lit, avec les deux autres. Ils se tiennent bras dessus bras dessous et fixent l'objectif, un sourire éclatant aux lèvres. Mes parents… ensemble. Quel sentiment étrange me procure cette vision. Mais je n'ai plus aucune raison de l'occulter, puisque j'ai choisi de dire à présent la vérité, toute la vérité.

Ma mère est morte lorsque j'avais quatre ans, d'une crise cardiaque. Ce qui peut paraître étrange pour une femme, cette maladie étant plutôt associée aux hommes. Mais ma mère n'était pas une personne comme les autres.

Des images me reviennent régulièrement à la mémoire, même si d'aucuns prétendent que quatre ans est trop jeune pour avoir de véritables souvenirs. Je revois son visage, dans la délicatesse de sa perfection. Je visualise ces moments intimes de joie partagée, de tendresse infinie, de lien invisible qui n'aurait pas besoin d'être nommé pour exister.

J'entends surtout sa voix.

Car ma mère, c'était avant toute chose une voix.

Elle chantait comme nulle autre, se produisant dans différents groupes. Mais la musique n'était pas une activité qui lui permettait de gagner sa vie. Aussi en pratiquait-elle d'autres. Le doublage des films en faisait partie.

Une fois, nous étions allés, mon père et moi, la chercher aux studios d'enregistrement. Les techniciens, qui connaissaient mon père, nous avaient autorisés à nous installer dans la régie, non sans nous avoir demandé de ne toucher à rien.

Ma mère se tenait debout devant un micro, un casque sur les oreilles, son regard bleu fixé sur un écran de projection. Les personnages d'un film s'y agitaient, couraient, tombaient avant de se relever, se battaient, riaient à gorge déployée et fondaient en larmes dans une frénésie vertigineuse. Ma mère suivait chacun de leurs mouvements avec une concentration telle qu'elle n'avait pas encore remarqué notre présence. Ses lèvres s'entrouvraient, elle récitait ses lignes de texte en synchronisant sa voix sur celle de la jeune actrice qu'elle doublait.

Le spectacle était saisissant. Sur l'écran, une jeune femme dansait au milieu des cerisiers en fleurs. Des pétales blancs enveloppaient sa silhouette. Mon père était silencieux, hypnotisé par cette vision. Il devait avoir un penchant pour les femmes magnifiques.

Et puis ma mère s'est mise à chanter. J'ai tendu la main. En cet instant précis, je voulais qu'elle me prenne dans ses bras. J'ai pourtant ravalé ma frustration. Ma mère, dans un moment du film un peu plus calme, a fini par remarquer notre présence. Elle a manifesté une légère contrariété – à peine un froncement de sourcils –, comme si nous venions de la surprendre dans un moment d'intimité très fort. Puis elle a posé son regard doux sur moi, et nous a souri.

Le soir, j'ai souvenir qu'elle m'a chanté une chanson particulièrement belle. J'avais l'impression de voir flotter les notes tout autour de mon lit. Elles dansaient telles les particules d'un monde incroyable et mystérieux dont ma mère détenait le secret. Je rêvais qu'un jour elle m'y invite. Elle n'en a pas eu le temps.

Un matin, mon père me réveilla. Malgré mes yeux encore embrumés de sommeil, je remarquai que quelque chose n'allait pas. Les lumières de la maison étaient toutes allumées, il paraissait pourtant faire sombre.

– Où est maman ? demandai-je.

– Elle est partie, me répondit-il la gorge serrée.

Peut-être avait-il prévu de me raconter ce qu'il s'était passé ? Qu'ils avaient passé la soirée de la veille au restaurant, et qu'elle avait fait un malaise au moment du dessert. Que mon oncle m'avait veillé toute la nuit alors qu'il était resté à son chevet à l'hôpital, jusqu'à la fin. Peut-être n'avait-il pas eu le courage d'affronter mon chagrin, le sien étant déjà trop lourd à porter.

“Elle est partie.”

J'ai dû affronter l'hostilité du monde avec cette phrase pour seul bagage.

Même après que mon père m'eut raconté la vérité. Et lorsqu'une nouvelle connaissance me demandait où était ma mère, c'est tout naturellement que je leur fournissais la même réponse. Alors bien sûr, j'ai dû broder, et composer un mensonge qui avait le mérite de tempérer mon chagrin. De m'éloigner de cette réalité à laquelle je ne pouvais me résoudre à faire face.

“Elle est partie.”

Et il ne me reste plus grand-chose d'elle, à part ces quelques photos. Et sa voix.

Un an avant sa mort, elle a enregistré la voix de l'horloge parlante. (Qui connaît encore ce vestige, à l'heure des téléphones portables et de la connexion permanente ? Pourtant, en composant le 3699, vous pourrez avoir la surprise d'entendre une personne vous donner l'heure, à la seconde près.)

À force d'appeler ce numéro, j'ai fini par comprendre une chose cruciale : l'heure que m'indiquait ma mère était celle du temps présent. Le passé, lui, était définitivement révolu et aucun retour en arrière n'était désormais possible.

***

Les esprits chagrins m'en voudront, il n'y a pas l'ombre d'un doute. Ils auraient de toute évidence voulu se passer de piocher dans mon récit ce qui semble vrai et ce qui le paraît moins. Mais si j'ai menti (comme on respire, pourrais-je ajouter), je n'ai pas triché. Je suis peut-être un menteur mais sûrement pas un tricheur.

Et tout ce que j'ai pu dire ou écrire, je l'ai fait de bonne foi.

Les sentiments ont été respectés et celui qui me submerge à présent ressemble à une sensation de plénitude. Comme si j'avais choisi d'emprunter un chemin dans ma vie et que je m'y étais tenu.

Patrick poussa sur le battant de la porte d'une main hésitante. Les gonds grincèrent dans une protestation déchirante. Une ombre se faufila par l'ouverture. Il se pencha pour prendre le chat dans ses bras. L'animal ronronna avant de se débattre pour échapper à l'étreinte de son maître.

– Saleté, maugréa Patrick.

Le chat fila dans le jardin et disparut dans un bruissement d'herbes hautes. Patrick pénétra dans la maison vide.

Les volets avaient été fermés, dispensant à la grande pièce principale une lumière tamisée et orangée. Patrick passa son doigt sur le buffet dans l'entrée, dessinant un tracé net sur l'épaisse couche de poussière. Ses pieds glissaient sur le parquet en bois. Sa démarche avait quelque chose d'aérien. Un mince sourire tendit ses lèvres, il s'affala d'un bloc dans le fauteuil en cuir qui trônait au centre de la pièce. Le siège l'accueillit d'un soupir profond, accord parfait entre le cuir usé qui se tend et les ressorts qui chuintent.

Un mille-pattes se faufila entre deux lattes du parquet.

La pièce était chichement meublée. Une table basse avec un verre sale et un cahier posé dessus, un grand miroir ébréché contre un des murs. En penchant sa tête vers l'arrière, Patrick croisa son reflet.

– On dirait bien que nous avons atteint le bout de la route, s'adressa-t-il à lui-même d'un ton moqueur.

Le visage de son reflet se tordit dans une moue approbatrice.

– Mais nous allons repartir, s'écria Patrick d'une voix forte. Dès que l'appel de l'aventure se fera pressant, dès que mes hommes auront pris suffisamment de repos pour affronter de nouvelles péripéties.

Son reflet partit d'un rire éclatant.

– Mais avant toute chose, reprit Patrick, il est temps de parer au plus urgent.

Il se pencha pour attraper le cahier et sortit un stylo de la poche de son veston.

– Il me faut consigner tout ce qui nous est déjà arrivé, murmura-t-il.

Et, avec l'application d'un écolier le jour de la rentrée, il inscrivit sur la première page : chapitre I.

"Pourquoi écris-tu ? lui avait demandé un jour Armaggedon, son fidèle lieutenant.

– Je ne sais pas, lui avait répondu Patrick. Peut-être pour échapper à la fatalité du quotidien ?"

Je referme mon cahier mauve. Mon stylo n'a presque plus d'encre. J'achèterai des cartouches demain. Et un nouveau cahier. Jaune, peut-être, celui-ci ?

Je chantonne une mélodie entre mes lèvres à moitié closes.

La Tourette s'estompe l'espace d'un instant, parfait et unique. Un instant auquel j'aspire depuis longtemps.

Ma voix s'élève avec plus de force.

Demain, j'écrirai une autre histoire.

Ouvrage réalisé
par l'atelier graphique Actes Sud.
Achevé d'imprimer
sur Roto-Page
en janvier 2023
par l'Imprimerie Floch
à Mayenne
pour le compte
des éditions Actes Sud,
Le Méjan place Nina-Berberova
13200 Arles.

Dépôt légal 1re édition : mars 2023
N° impr. : 101867
(Imprimé en France)

DR. OETKER

PARTY SNACKS

KÄSE-WRAPS, SCHNITZELROLLEN,
KALTE MAKKARONIWÜRFEL...

DR. OETKER

PARTY SNACKS

KÄSE-WRAPS, SCHNITZELROLLEN,
KALTE MAKKARONIWÜRFEL...

Dr. Oetker Verlag

Vorwort

Snacks, die kleinen oder manchmal auch größeren Häppchen, sind genau richtig, wenn der kleine Hunger kommt und machen Appetit auf mehr. Verwöhnen Sie Ihre Partygäste mit den kleinen, aber feinen Köstlichkeiten, die vor allem in Kombination miteinander ganz groß rauskommen.

Ob trendige Wraps, die neuen und beliebten Teigfladen mit leckeren Füllungen, Sandwiches, Röllchen oder Spieße – diese schmackhaften Kleinigkeiten werden garantiert blitzschnell von Teller oder Hand im Mund verschwinden.

Abkürzungen

EL	= Esslöffel
TL	= Teelöffel
Msp.	= Messerspitze
Pck.	= Packung/Päckchen
g	= Gramm
kg	= Kilogramm
ml	= Milliliter
l	= Liter
Min.	= Minuten
Std.	= Stunden
evtl.	= eventuell
geh.	= gehäuft
gestr.	= gestrichen
TK	= Tiefkühlprodukt
°C	= Grad Celsius
Ø	= Durchmesser
E	= Eiweiß
F	= Fett
Kh	= Kohlenhydrate
kcal	= Kilokalorien
kJ	= Kilojoule

Hinweise zu den Rezepten

Die Rezepte sind – wenn nicht anders angegeben – pro Stück berechnet und reichen für 8–10 Personen. Bitte beachten Sie, dass ein einzelnes Rezept nicht zum Sattessen ausreicht.

Lesen Sie vor der Zubereitung das Rezept einmal vollständig durch. Oft werden Arbeitsabläufe oder -zusammenhänge dann klarer.

Zubereitungszeiten

Die Zubereitungszeit ist ein Anhaltswert für die Zeit für Vorbereitung und die eigentliche Zubereitung (inklusive Gar- und Backzeiten). Längere Wartezeiten wie z. B. Kühl- und Auftauzeiten sind nicht einbezogen.

Käse-Wraps

12 Stück
Zubereitungszeit: 90 Min., ohne Abkühlzeit

Pro Stück:
E: 8 g, F: 13 g, Kh: 8 g, kJ: 767, kcal: 184

Für den Teig:
- **80 g Butter oder Margarine**
- **1 TL Fenchelsamen**
- **80 g Weizenmehl**
- **2 Eier (Größe M)**
- **½ TL Salz**
- **100 g geriebener Parmesan-Käse**
- **100 g geriebener Raclette-Käse**
- **1–2 TL getrockneter Thymian**
- **125 ml (⅛ l) Milch**

Für den Salat:
- **80 g Rauke (Rucola)**
- **250 g Möhren**
- **2 EL Balsamico-Essig**
- **Salz**
- **frisch gemahlener Pfeffer**
- **1 TL mittelscharfer Senf**
- **2 EL Olivenöl**
- **30 g gehackte Haselnusskerne**

(Rezept Zucchini-Wraps Seite 8)

1 Für den Teig Butter oder Margarine zerlassen. Fenchelsamen im Mörser zerstoßen. Mehl, Eier, Salz, beide Käsesorten, Fenchel, Thymian, Butter oder Margarine und Milch in eine Rührschüssel geben und mit Handrührgerät mit Rührbesen verrühren.

2 Den Teig esslöffelweise in großen Abständen voneinander auf mit Backpapier belegte Backbleche geben und zu runden Fladen (Ø etwa 14 cm) verstreichen. Die Backbleche nacheinander (bei Heißluft zusammen) in den Backofen schieben.

Ober-/Unterhitze:
etwa 200 °C (vorgeheizt)
Heißluft: etwa 180 °C (vorgeheizt)
Gas: Stufe 3–4 (vorgeheizt)
Backzeit: etwa 12 Min. je Blech.

3 Die fertigen Fladen noch heiß vom Backpapier nehmen. Jeden Fladen bis zur Mitte einmal einschneiden und zu einer Tüte formen. Die Tüten in Gläser oder Tassen setzen und erkalten lassen.

4 Für den Salat Rauke putzen, waschen und abtropfen lassen oder trockenschleudern. Möhren putzen, schälen, waschen und grob raspeln.

5 Essig mit Salz, Pfeffer und Senf verrühren. Öl unterschlagen. Die Sauce evtl. nochmals mit den Gewürzen abschmecken und mit Rauke, Möhren und Haselnusskernen vermischen.

6 Den Salat in die Tüten füllen. Diese nach Belieben mit kleinen Holzstäbchen feststecken oder in Pergamentpapiertüten wickeln.

■ Tipp:
Wraps sind gefüllte und aufgewickelte Teigfladen. Wer die Fladen nicht selbst machen möchte, kann sie auch fertig kaufen. Es gibt sie in unterschiedlichen Größen z. B. unter den Namen „Soft Tacos", „Spinach Wraps" oder „Wrap Tortillas" im Handel. Die Teigfladen vor dem Füllen nach Packungsanleitung erwärmen, damit sie geschmeidiger sind und beim Aufrollen nicht brechen.

Schnitzelrollen

Foto – 12 Stück
Zubereitungszeit: 50 Min., ohne Abkühlzeit

Pro Stück:
E: 14 g, F: 12 g, Kh: 11 g, kJ: 934, kcal: 223

- **150 g alter Gouda-Käse**
- **100 g Semmelbrösel**
- **12 hauchdünne Schweineschnitzel (je etwa 40 g)**
- **Salz**
- **frisch gemahlener Pfeffer**
- **etwas Weizenmehl**
- **2 Eier (Größe M)**
- **8 EL Speiseöl**
- **gewaschene Salatblätter**
- **12 getrocknete Pflaumen (ohne Stein)**

1 Gouda fein raspeln und mit Semmelbröseln mischen.

2 Schnitzel unter fließendem kalten Wasser abspülen, trockentupfen und mit Salz und Pfeffer würzen. Die Schnitzel nacheinander in Mehl, verquirlten Eiern und der Gouda-Semmelbrösel-Mischung wenden und die Panade etwas andrücken.

3 Öl portionsweise in einer Pfanne erhitzen. Die Schnitzel darin nach und nach etwa 2 Minuten von jeder Seite braten, herausnehmen und erkalten lassen.

4 Die kalten Schnitzel mit Salatblättern belegen. Auf die untere Hälfte eine Pflaume geben. Die Schnitzel aufrollen und mit Holzspießen feststecken.

Zucchini-Wraps

Foto S. 7 – 30–36 Stück
Zubereitungszeit: 90 Min., ohne Kühlzeit

Pro Stück:
E: 3 g, F: 8 g, Kh: 3 g, kJ: 434, kcal: 104

Für den Teig:

- **30 g Butter**
- **100 g Weizenmehl (Type 1050)**
- **2 Eier (Größe M)**
- **200 ml Milch**
- **Salz**
- **100 g Zwiebeln**
- **200 g Zucchini**

- **4 EL Speiseöl**

Für die Füllung:

- **1 Dose Thunfisch naturell (Abtropfgewicht 150 g)**
- **400 g Doppelrahm-Frischkäse**
- **100 g Ajvar (Paprikazubereitung, aus dem Glas)**
- **Salz, Pfeffer**
- **Cayennepfeffer**
- **2 Töpfe Basilikum**

1 Für den Teig Butter zerlassen. Mehl mit Eiern, Milch, Salz und Butter mit Handrührgerät mit Rührbesen verrühren. Den Teig etwa 15 Minuten stehen lassen.

2 In der Zwischenzeit Zwiebeln abziehen und fein würfeln. Zucchini waschen, putzen und auf dem Gemüsehobel in feine Stifte schneiden. Zwiebeln und Zucchini unter den Teig rühren.

3 Einen Esslöffel Öl in einer beschichteten Pfanne (Ø etwa

(Fortsetzung Seite 10)

24 cm) erhitzen. 1/4 des Teiges hineingeben und von beiden Seiten goldbraun backen. Auf diese Weise weitere 3 Pfannkuchen backen.

4 Für die Füllung Thunfisch abtropfen lassen. Thunfisch, Frischkäse und Ajvar pürieren. Mit Salz, Pfeffer und Cayennepfeffer würzen. Basilikum kalt abspülen, trockentupfen und die Blättchen von den Stängeln zupfen.

5 Die Pfannkuchen mit der Füllung bestreichen. Basilikumblätter darauf verteilen. Pfannkuchen aufrollen und zugedeckt mindestens 3 Stunden kalt stellen.

6 Vor dem Servieren jede Rolle in 10–12 Stücke schneiden.

Gefüllte Minicrêpes

24 Stück
Zubereitungszeit: 90 Min.

Pro Stück:
E: 11 g, F: 8 g, Kh: 19 g,
kJ: 823, kcal: 197

Für den Teig:
- **75 g Butter**
- **180 g Weizenmehl**
- **4 Eier (Größe M)**
- **1/2 TL Salz**
- **375 ml (3/8 l) Milch**

Für den Salat:
- **2 Dosen Kidneybohnen (Abtropfgewicht je 250 g)**
- **2 Dosen weiße Riesenbohnen (Abtropfgewicht je 250 g)**
- **1 Zwiebel**
- **200 g geräucherter Putenbrustaufschnitt**
- **1 Bund Estragon**
- **4 EL weißer Balsamico-Essig**
- **2 TL körniger Senf**
- **Salz**
- **frisch gemahlener Pfeffer**
- **Cayennepfeffer**
- **5 EL Olivenöl**

Zum Backen:
- **5 EL Speiseöl**

1 Für den Teig Butter zerlassen. Mehl, Eier, Salz und Milch mit Handrührgerät mit Rührbesen zu einem glatten Teig verrühren. Butter unterrühren und den Teig bis zur weiteren Verwendung stehen lassen.

2 Für den Salat beide Bohnensorten in ein Sieb geben, kalt abspülen und abtropfen lassen. Zwiebel abziehen und fein würfeln. Putenbrustaufschnitt in kleine Würfel schneiden. Estragon kalt abspülen, trockentupfen, die Blättchen von den Stängeln zupfen, einige zum Garnieren zurücklassen und die restlichen klein schneiden.

3 Essig und Senf verrühren und mit Salz, Pfeffer und Cayennepfeffer würzen. Öl unterschlagen. Mit Bohnen, gehacktem Estragon, Zwiebel- und Putenbrustwürfeln mischen.

4 In einer beschichteten Pfanne (Ø etwa 15 cm) portionsweise etwas von dem Öl erhitzen und aus dem Teig nacheinander 24 dünne Crêpes backen.

5 Den Salat nochmals abschmecken. Die Crêpes zu Tüten formen und mit dem Salat füllen. Mit den zurückgelassenen Estragonblättchen garnieren.

Tipp:
Die Crêpes in Pergamentpapiertüten gewickelt anrichten.
Anstelle des weißen Balsamico-Essigs können Sie auch milden Weißweinessig verwenden.

Gefüllte Weinblätter

36 Stück
Zubereitungszeit: 75 Min.

Pro Stück:
E: 3 g, F: 6 g, Kh: 2 g,
kJ: 296, kcal: 71

Für die Füllung:
- **50 g Fadennudeln**
- **Salzwasser**
- **1 EL Speiseöl**
- **350 g Thüringer Mett (gewürztes Schweinegehacktes)**
- **1 Glas eingelegter Kürbis (Abtropfgewicht 200 g)**
- **50 g Sonnenblumenkerne**
- **gemahlener Zimt**
- **gemahlener Kreuzkümmel (Cumin)**
- **Salz**

- **36 eingelegte Weinblätter**

Für den Dip:
- **250 g Schmand**
- **2 EL Grenadinesirup (Granatapfelsirup)**
- **1 EL Limettensaft**
- **Salz**
- **frisch gemahlener Pfeffer**

1 Für die Füllung Fadennudeln in kochendem Salzwasser etwa 3 Minuten kochen. Die Nudeln anschließend abgießen, mit kaltem Wasser übergießen und abtropfen lassen.

2 Öl in einer Pfanne erhitzen. Thüringer Mett hinzufügen, anbraten, dabei die Fleischklümpchen mit einer Gabel zerdrücken. Kürbis in einem Sieb abtropfen lassen und fein würfeln. Sonnenblumenkerne in einer Pfanne ohne Fett goldbraun rösten.

3 Nudeln, Mett, Kürbiswürfel und Sonnenblumenkerne in einer Schüssel mischen. Mit Zimt, Kreuzkümmel und Salz würzen. Die Weinblätter evtl. kurz wässern, abtropfen lassen und mit Küchenpapier trockentupfen.

4 Je 1 Esslöffel Füllung auf ein Weinblatt geben und einrollen, die Blattseiten zur Mitte hin einschlagen, dann fest aufrollen und mit der Nahtseite nach unten auf eine Platte legen.

5 Für den Dip Schmand mit Grenadinesirup und Limettensaft verrühren und mit Salz und Pfeffer würzen.

Vorbereitungstipp:
Die Röllchen können gut bereits am Vortag zubereitet werden.

Kohlrabiwickel

36 Stück
Zubereitungszeit: 60 Min., ohne Abkühlzeit

Pro Stück:
E: 4 g, F: 1 g, Kh: 3 g,
kJ: 148, kcal: 35

- **1 Kohlrabi (etwa 500 g)**
- **Salz**
- **500 g Hähnchenbrustfilets**
- **3 EL Speiseöl**
- **frisch gemahlener Pfeffer**
- **1 Glas Mungobohnenkeime (Abtropfgewicht 180 g)**
- **250 g Staudensellerie**
- **1 Flasche (200 ml) süß-scharfe Sauce**

(Zubereitung Fortsetzung Seite 14)

1 Kohlrabi schälen und waschen. Rundherum etwa 1/4 des Kohlrabis abschneiden, so dass ein großer Würfel entsteht. Von dem Kohlrabiwürfel auf einem Gemüsehobel oder einer Aufschnittmaschine 36 dünne Scheiben abschneiden. Die Kohlrabischeiben salzen und bis zur weiteren Verwendung Saft ziehen lassen.

2 Hähnchenbrustfilets unter fließendem kalten Wasser abspülen, trockentupfen und in möglichst dünne Streifen schneiden. Öl in einer Pfanne erhitzen. Hähnchenstreifen darin goldbraun braten. Mit Salz und Pfeffer würzen und erkalten lassen.

3 Mungobohnenkeime in einem Sieb abtropfen lassen. Staudensellerie putzen, waschen, die harten Außenfäden abziehen und Staudensellerie in dünne Scheiben schneiden.

4 Die Kohlrabischeiben trockentupfen und mit Selleriescheiben, Mungobohnenkeimen und Hähnchenstreifen belegen. Die Scheiben aufrollen und mit Holzspießchen feststecken. Die Sauce dazu servieren.

Spargel-Schinken-Röllchen

24 Stück
Zubereitungszeit: 45 Min.

Pro Stück:
E: 2 g, F: 4 g, Kh: 3 g,
kJ: 272, kcal: 65

- **12 Stangen grüner Spargel**
- **Salzwasser**
- **1 Prise Zucker**
- **70 g alter Gouda-Käse**
- **50 g Butter**
- **12 Scheiben Parmaschinken**
- **6 Scheiben dreieckiger Yufkateig (türkischer Laden)**
- **Salz**
- **frisch gemahlener Pfeffer**

1 Spargel waschen. Das untere Drittel der Stangen schälen, die Enden abschneiden. Spargel in etwas kochendem Salzwasser mit Zucker etwa 10 Minuten garen. Anschließend mit einer Schaumkelle herausheben, mit kaltem Wasser abschrecken und abtropfen lassen.

2 Käse fein raspeln. Butter zerlassen. Parmaschinken diagonal halbieren. Die Spargelstangen quer halbieren.

3 Jedes Yufka-Teigblatt in 4 Dreiecke (Tortenstücke) schneiden und mit der Butter bestreichen. Je 1/2 Scheibe Parmaschinken darauf legen und mit Käse und Pfeffer bestreuen. Je 1 Spargelstange auf das breite Teigende legen und den Teig von der breiten Seite her locker aufrollen. Die Röllchen auf ein mit Backpapier belegtes Backblech legen. Das Backblech in den Backofen schieben.

Ober-/Unterhitze
etwa 200 °C (vorgeheizt)
Heißluft: etwa 180 °C (vorgeheizt)
Gas: Stufe 3–4 (vorgeheizt)
Backzeit: 10–15 Min.

4 Die Spargel-Schinken-Röllchen möglichst heiß servieren.

Tipp:
Dazu passt eine mit etwas abgeriebener Zitronenschale (unbehandelt) und steif geschlagener Sahne verrührte Mayonnaise.

Oliven im Speck-Käse-Mantel

24 Stück
Zubereitungszeit: 35 Min.

Pro Stück:
E: 5 g, F: 18 g, Kh: 1 g,
kJ: 827, kcal: 198

- **24 große, grüne Oliven**
- **24 geschälte, ganze Mandeln**
- **12 dünne Scheiben milder Schinkenspeck oder Bacon (Frühstücksspeck)**
- **8 dünne Scheiben holländischer Edamer**
- **1 TL getrockneter Thymian**

1 Oliven abspülen, abtropfen lassen und mit einem Kirschentkerner entsteinen. Jede Olive mit einer Mandel füllen.

2 Speckscheiben längs halbieren und nebeneinander auf die Arbeitsfläche legen. Die Käsescheiben längs in Drittel schneiden und auf den Speck legen. Den Käse mit etwas Thymian bestreuen. Die Oliven darin einwickeln, mit einem Holzstäbchen feststecken und auf einen mit Alufolie belegten Backofenrost legen. Den Rost in den Backofen schieben.

Ober-/Unterhitze:
etwa 250 °C (vorgeheizt)
Heißluft: etwa 230 °C (vorgeheizt)
Gas: Stufe 5–6 (vorgeheizt)
Bratzeit: etwa 6 Min.

3 Die Oliven auf einer Platte anrichten und heiß oder kalt servieren.

Tipp:
Die Oliven können auch etwa 6 Minuten unter dem Grill knusprig gebraten werden.
Noch schneller geht´s, wenn Sie mit Mandeln gefüllte Oliven verwenden.

Frischkäse-Oliven-Canapés

24 Stück
Zubereitungszeit: 30 Min.

Pro Stück:
E: 3 g, F: 7 g, Kh: 8 g,
kJ: 451, kcal: 108

- **300 g Doppelrahm-Frischkäse**
- **4 EL Schlagsahne**
- **30 g weiche Butter**
- **1 TL Paprikapulver edelsüß**
- **Salz, Pfeffer**
- **12 Kräcker**
- **12 Pumpernickeltaler**
- **je 6 mit Mandeln und Paprika gefüllte Oliven**
- **1 EL Schnittlauchröllchen**
- **etwas Kresse**

1 Frischkäse mit Sahne und Butter zu einer cremigen Masse verrühren und mit Paprikapulver, Salz und Pfeffer würzen.

2 Die Käsecreme in einen Spritzbeutel mit Sterntülle füllen und daraus Rosetten auf die Kräcker und die Pumpernickeltaler spritzen.

3 Oliven abtropfen lassen, halbieren, die Canapés damit garnieren und auf Platten anrichten. Mit Schnittlauchröllchen und Kresse bestreuen.

Minigemüse mit Käsecreme

8 Portionen
Zubereitungszeit: 40 Min.

Pro Portion:
E: 8 g, F: 17 g, Kh: 6 g,
kJ: 905, kcal: 217

- **16 Cocktailtomaten**
- **4 Mini-Zucchini**
- **2 Avocados**
- **Saft von 1/2 Zitrone**
- **1 kleine Staude Staudensellerie**
- **1 Bund Petersilie**
- **1 Bund Dill**
- **400 g Doppelrahm-Frischkäse**
- **Salz**
- **frisch gemahlener Pfeffer**
- **Paprikapulver edelsüß**
- **Kerbel- oder Petersilienblättchen**

1 Cocktailtomaten waschen, abtrocknen, einen Deckel abschneiden und die Tomaten mit Hilfe eines kleinen Löffels aushöhlen.

2 Zucchini waschen, längs halbieren, evtl. etwas aushöhlen und etwa 1 Minute in kochendem Wasser blanchieren. Anschließend in Eiswasser abschrecken.

3 Avocados halbieren, den Stein entfernen. Avocados schälen und in Spalten schneiden. Die Spalten mit Zitronensaft beträufeln, damit sie nicht braun werden.

4 Staudensellerie in Stangen zerteilen, putzen, waschen, die harten Außenfäden abziehen und die Stangen in mundgerechte Stücke schneiden.

5 Petersilie kalt abspülen, trockentupfen, die Blättchen von den Stängeln zupfen und fein hacken. Dill kalt abspülen, trockentupfen, die Spitzen abzupfen und fein schneiden.

6 Die Hälfte des Frischkäses mit Salz, Pfeffer und Paprikapulver, die andere Hälfte mit Kräutern, Salz und Pfeffer verrühren. Beide Käsemassen getrennt in Spritzbeutel geben und in bzw. auf das vorbereitete Gemüse spritzen.

7 Die mit der Paprika-Frischkäse-Masse gefüllten Gemüse mit grob gemahlenem Pfeffer bestreuen, die übrigen mit Kerbel- oder Petersilienblättchen garnieren.

Tipp:
Wenn keine Minigemüse vorrätig sind, können Sie auf normale Größen zurückgreifen und die Gemüse in passende Stücke zerteilen.

Kleine Spinattaler

Foto – 12 Stück
Zubereitungszeit: 60 Min., ohne Auftau- und Abkühlzeit

Pro Stück:
E: 7 g, F: 8 g, Kh: 4 g, kJ: 509, kcal: 122

- **½ Pck. (225 g) TK-Blattspinat**
- **150 g Magerquark**
- **2 Eier (Größe M)**
- **50 g Hartweizengrieß**
- **Salz, Pfeffer**
- **geriebene Muskatnuss**
- **5 EL Speiseöl**
- **2–3 Tomaten**
- **150 g Mozzarella-Käse**
- **Basilikumblättchen**

1 Spinat auftauen lassen. Ihn dann ausdrücken und hacken. Spinat mit Quark, Eiern und Grieß verrühren. Mit Salz, Pfeffer und Muskatnuss würzen.

2 Öl portionsweise in einer Pfanne erhitzen. Einige Portionen Teig hineingeben, zu Talern formen und von beiden Seiten goldbraun backen. Die Taler aus der Pfanne nehmen und erkalten lassen. Die restlichen Taler ebenso backen.

3 Tomaten waschen, abtrocknen, die Stängelansätze keilförmig herausschneiden und die Tomaten in Scheiben schneiden. Mozzarella ebenfalls in Scheiben schneiden.

4 Die Spinattaler mit je 1 Scheibe Tomate und Mozzarella belegen und mit Holzspießchen feststecken. Die Taler mit Basilikumblättchen garnieren.

Rote-Bete-Spiesse

24 Stück
Zubereitungszeit: 35 Min.

Pro Stück:
E: 4 g, F: 3 g, Kh: 1 g, kJ: 189, kcal: 45

- **2 Gläser eingelegte Rote-Bete-Kugeln (Abtropfgewicht je 220 g)**
- **etwa 300 g Schillerlocken**
- **½ Bund glatte Petersilie**
- **80 g Dijon-Senfcreme**

1 Rote-Bete-Kugeln in einem Sieb abtropfen lassen und halbieren. Schillerlocken in 24 Stücke von etwa 3 cm Länge schneiden. Petersilie kalt abspülen, trockentupfen und die Blättchen von den Stängeln zupfen.

2 Für einen Spieß je eine halbe Rote-Bete-Kugel mit der glatten Seite nach unten auf ein Schneidbrett legen und nacheinander ein Blatt Petersilie, ein Stück Schillerlocke und etwas Senfcreme darauf geben. Die zweite Kugel-Hälfte mit einem Holzstäbchen darauf feststecken. Aus den restlichen Zutaten auf dieselbe Weise Spieße zubereiten.

3 Die Rote-Bete-Spieße auf einer Platte anrichten und mit der restlichen Petersilie garnieren.

Tipp:
Wenn Sie keine fertige Dijon-Senfcreme bekommen, können Sie ersatzweise 50 g Mayonnaise mit etwa 30 g körnigem Senf verrühren.

Scharfe Pumpernickeltaler

24 Stück
Zubereitungszeit: 35 Min.

Pro Stück:
E: 6 g, F: 2 g, Kh: 15 g,
kJ: 459, kcal: 110

- **½ Rettich (etwa 200 g)**
- **Salz**
- **4–5 rote Chilischoten**
- **2 Dosen (je 400 g) Chili-Bohnen**
- **1 EL gemahlener Koriander**
- **2 EL Tomatenmark**
- **2–3 EL Olivenöl**
- **24 Pumpernickeltaler**
- **Korianderblättchen**

1 Rettich putzen, waschen, schälen und in Scheiben schneiden. Rettichscheiben mit Salz bestreuen und bis zur weiteren Verwendung Saft ziehen lassen.

2 Zwei Chilischoten längs aufschneiden, entkernen, waschen und in kleine Würfel schneiden. Bohnen in ein Sieb geben, kalt abspülen und abtropfen lassen.

3 Bohnen und Chiliwürfel in einen hohen Rührbecher geben und pürieren. Koriander, Tomatenmark und Öl unterrühren. Die Masse mit Salz würzen.

4 Pumpernickeltaler auf einer Platte anrichten. Rettichscheiben abtropfen lassen und jeweils 1 Scheibe auf jede Pumpernickelscheibe legen. Das Bohnenpüree in einen Spritzbeutel mit Lochtülle (Ø 10 mm) füllen und auf die Rettichscheiben spritzen.

5 Übrige Chilies putzen, waschen und in Ringe schneiden. Die Pumpernickeltaler mit Chiliringen und Korianderblättern garnieren.

Pumpernickeltaler mit Käse

24 Stück
Zubereitungszeit: 25 Min.

Pro Stück:
E: 2 g, F: 3 g, Kh: 4 g,
kJ: 223, kcal: 53

- **150 g Camembert-Käse**
- **100 g Doppelrahm-Frischkäse**
- **1 TL Senf**
- **Salz, Pfeffer**
- **Paprikapulver edelsüß**
- **etwas Balsamico-Essig**
- **Worcestersauce**
- **1 Bund Schnittlauch**
- **24 Pumpernickeltaler**

1 Camembert mit Hilfe einer Gabel zerdrücken und mit Frischkäse und Senf verrühren. Die Masse mit Salz, Pfeffer, Paprikapulver, Balsamico-Essig und Worcestersauce pikant würzen.

2 Schnittlauch kalt abspülen, trockentupfen, in Röllchen schneiden und unterrühren. Die Masse evtl. nochmals mit den Gewürzen abschmecken.

3 Jeweils 1 gut gehäuften Teelöffel der Masse bergartig auf jeden Pumpernickeltaler geben und mit Paprikapulver bestreuen. Die Pumpernickeltaler auf einer Platte anrichten.

Mohnrollen mit Ingwer-Curry-Dip

8–10 Portionen
Zubereitungszeit: 90 Min., ohne Abkühlzeit

Pro Portion:
E: 12 g, F: 19 g, Kh: 25 g, kJ: 1379, kcal: 329

Für den Teig:

- **2 TL rosa Pfefferbeeren**
- **1 gestr. TL Salz**
- **140 g Weizenmehl**
- **60 g gemahlener Mohn (Reformhaus)**
- **100 g Butter oder Margarine**
- **2 EL heller Speisesirup**
- **1 Becher (150 g) Crème fraîche**
- **4 Eiweiß (Größe M)**

Für den Ingwer-Curry-Dip:

- **375 g Magerquark**
- **300 g Naturjoghurt**
- **30 g frischer Ingwer**
- **2 TL Currypulver**
- **1 TL gemahlener Koriander**
- **3–4 TL Honig**
- **2 TL mittelscharfer Senf**
- **2 geh. EL Ingwerkonfitüre**
- **Salz**
- **gemahlener Zimt**

1 Für den Teig Pfefferbeeren mit Salz in einem Mörser sehr fein zerstoßen und mit Mehl und Mohn mischen.

2 Butter oder Margarine und Sirup in eine Rührschüssel geben. Die Zutaten mit Handrührgerät mit Rührbesen auf höchster Stufe geschmeidig rühren. Mohnmischung und Crème fraîche unterrühren. Eiweiß steif schlagen und unterheben.

3 Jeweils etwa 4 Teelöffel Teig in breiten Abständen voneinander auf Backbleche (gefettet, mit Backpapier belegt) setzen. Die Teighäufchen mit einer Backpalette oder einem Messer zu dünnen Platten (Ø etwa 10 cm) verstreichen. Die Backbleche nacheinander (bei Heißluft zusammen) in den Backofen schieben.

Ober-/Unterhitze:
etwa 200 °C (vorgeheizt)
Heißluft: etwa 180 °C (vorgeheizt)
Gas: Stufe 3–4 (vorgeheizt)
Backzeit: 4–5 Min. je Blech.

4 Die Gebäckplatten sofort nach dem Backen mit einem Messer an einer Seite vom Backblech lösen und mit Hilfe eines Kochlöffelstiels aufrollen. Die Rollen auf einen Kuchenrost legen und erkalten lassen. Die erkalteten Rollen bis zum Verzehr in einer gut schließenden Dose aufbewahren.

5 Für den Dip Quark und Joghurt in eine Schüssel geben. Ingwer schälen, reiben und mit Currypulver, Koriander, Honig, Senf und Ingwerkonfitüre gut verrühren. Den Dip mit Salz und Zimt abschmecken und zu den Mohnrollen servieren.

■ **Tipp:**
Wenn die Gebäckplatten zu stark abgekühlt sind, lassen sie sich nicht mehr rollen. Dann das Backlech nochmals kurz in den Backofen schieben, bis die Gebäckplatten wieder warm sind.
Falls Sie keine Ingwerkonfitüre verwenden möchten, können Sie stattdessen zusätzlich 2 Teelöffel Honig unter den Dip rühren.

Pizzastreifen

54 Stück
Zubereitungszeit: 45 Min., ohne Auftau- und Abkühlzeit

Pro Stück:
E: 1 g, F: 5 g, Kh: 4 g, kJ: 275, kcal: 66

Für den Teig:
- **450 g (6 Scheiben) TK-Pizzateig**

Für den Belag:
- **1 Rolle (125 g) Knoblauchbutter**
- **2 Bund Schnittlauch**
- **54 (200 g) hauchdünne Scheiben geräucherter Kernschinken, z. B. Aoste**

1 Für den Teig TK-Pizzateig-Scheiben nach Packungsanleitung nebeneinander zugedeckt auftauen lassen.

2 Jede Teigscheibe quer in 9 Streifen schneiden und mit einer Gabel mehrmals einstechen. Knoblauchbutter in kleinen Stücken darauf verteilen.

3 Die Teigstreifen auf 2 Backbleche (mit Backpapier belegt) verteilen. Die Backbleche nacheinander (bei Heißluft zusammen) in den Backofen schieben.

Ober-/Unterhitze: etwa 200 °C (vorgeheizt)
Heißluft: etwa 180 °C (vorgeheizt)
Gas: Stufe 3–4 (vorgeheizt)
Backzeit: etwa 15 Min. je Blech.

4 Die Pizzastreifen vom Backpapier lösen und auf einen Kuchenrost legen.

5 Schnittlauch kalt abspülen und trockentupfen. Die Pizzastreifen mit einigen Schnittlauchhalmen belegen und mit je 1 Schinkenscheibe umwickeln.

Tipp:
Anstelle von TK-Pizzateig können Sie auch eine Packung (2 Beutel) Grundmischung Pizzateig verwenden. Den Teig nach Packungsanleitung zubereiten, zu einem Rechteck von 30 x 40 cm ausrollen und in 10 x 20 cm große Stücke schneiden. Dann weiterarbeiten wie in Punkt 2 angegeben.

Ein Geschenk für Sie ...
Dieses hübsche Buch gehört vielleicht bald Ihnen, denn es ist unser Willkommensgruß an alle neuen Mitglieder im Dr. Oetker Back-Club. Es enthält Rezepte von vielen beliebten Torten.
Dr. Oetker
Das kleine Buch der großen Torten
Back-Club

Sauerkrautschiffchen

etwa 32 Stück
Zubereitungszeit: 60 Min, ohne Teiggehzeit

Pro Stück:
E: 2 g, F: 3 g, Kh: 10 g, kJ: 354, kcal: 85

Für den Hefeteig:
- **200 g dunkles Roggenmehl**
- **200 g Weizenvollkornmehl**
- **½ Pck. (21 g) frische Hefe**
- **3–4 EL lauwarmes Wasser**
- **1 TL Honig**
- **200–250 ml lauwarmes Wasser**
- **½ Pck. (75 g) Natursauerteig (Reformhaus)**
- **1 TL Salz**

Für den Belag:
- **4 Zwiebeln**
- **2 EL Maiskeimöl**
- **2 Dosen Sauerkraut (Abtropfgewicht je 285 g)**
- **2 säuerliche Äpfel (325 g)**
- **100 g Walnusskerne**
- **Salz**
- **frisch gemahlener Pfeffer**
- **etwas Honig**

Zum Bestreichen und Beträufeln:
- **2–3 EL Schmand oder Crème fraîche**
- **4–5 EL Nussöl**

1 Für den Teig beide Mehlsorten in einer Schüssel mischen und in die Mitte eine Mulde drücken. Hefe in dem Wasser auflösen, mit Honig verrühren, in die Mulde gießen, mit etwas Mehl verrühren und zugedeckt an einem warmen Ort etwa 15 Minuten gehen lassen.

2 Das Mehl-Hefe-Honig-Gemisch mit Wasser, Natursauerteig und Salz vermengen, mit Handrührgerät mit Knethaken 3 Minuten durchkneten und nochmals zugedeckt an einem warmen Ort stehen lassen, bis der Teig sich sichtbar vergrößert hat (etwa 30 Minuten).

3 Für den Belag Zwiebeln abziehen und in Würfel schneiden. Öl erhitzen. Zwiebeln darin 2–3 Minuten andünsten. Das Sauerkraut mit der Flüssigkeit hinzufügen und verrühren.

4 Äpfel schälen, vierteln, entkernen und in kleine Stückchen schneiden. Walnusskerne grob hacken und mit den Apfelstückchen zu dem Sauerkraut geben. Mit Salz, Pfeffer und Honig würzen.

5 Den Teig aus der Schüssel nehmen, nochmals kurz durchkneten, auf der leicht bemehlten Arbeitsfläche dünn ausrollen und gefettete Schiffchenformen damit auslegen. Den Teig mit Schmand oder Crème fraîche bestreichen und mit einer Gabel mehrmals einstechen. Die Sauerkrautmischung hineinfüllen. Die Schiffchen auf ein Backblech stellen und den Teig nochmals etwa 10 Minuten gehen lassen.

6 Das Backblech auf dem Rost in den Backofen schieben.

Ober-/Unterhitze:
etwa 180 °C (vorgeheizt, mittlere Einschubleiste)
Heißluft: etwa 160 °C (vorgeheizt)
Gas: Stufe 2–3 (vorgeheizt)
Backzeit: 20–25 Min.

7 Sollte die Füllung zu stark bräunen, die Schiffchen mit Alufolie zudecken. Die fertigen Schiffchen aus dem Backofen nehmen und noch heiß mit Nussöl beträufeln.

Tipp:
Falls Sie nicht genügend Schiffchenformen haben, können Sie ersatzweise auch Tartelettförmchen (Ø 8–9 cm) verwenden oder das Gebäck in mehreren Portionen backen.

Frühlingsbrötchen

8 Stück
Zubereitungszeit: 60 Min., ohne Teiggeh- und Abkühlzeit

Pro Stück:
E: 15 g, F: 1 g, Kh: 39 g, kJ: 1027, kcal: 245

Für den Hefeteig:
- **375 g Weizenmehl**
- **1 Pck. Trockenhefe**
- **1–2 TL Salz**
- **1 TL Zucker**
- **150 g Magerjoghurt**
- **125 ml (1/8 l) lauwarme Milch**

Zum Bestreichen:
- **Kondensmilch**

Für den Frühlingsquark:
- **500 g Magerquark**
- **etwas Milch**
- **1 Zwiebel**
- **2 EL fein gehackte Kräuter, z. B. Petersilie, Schnittlauch**
- **Salz**
- **frisch gemahlener Pfeffer**
- **Paprikapulver edelsüß**

- **evtl. rote und gelbe Paprikawürfel**

1 Für den Teig Mehl in eine Rührschüssel sieben und mit Hefe sorgfältig vermischen. Salz, Zucker, Joghurt und Milch hinzufügen.

2 Die Zutaten mit Handrührgerät mit Knethaken zunächst auf niedrigster, dann auf höchster Stufe in etwa 5 Minuten zu einem Teig verarbeiten. Den Teig zugedeckt so lange an einem warmen Ort stehen lassen, bis er sich sichtbar vergrößert hat.

3 Den Teig leicht mit Mehl bestäuben, aus der Schüssel nehmen und auf der Arbeitsfläche nochmals kurz durchkneten. Aus dem Teig 4 längliche, flache Brötchen formen, auf ein Backblech (mit Backpapier belegt) legen und mehrmals schräg oder längs etwa 1 cm tief einschneiden. Die Brötchen nochmals zugedeckt an einem warmen Ort so lange gehen lassen, bis sie sich sichtbar vergrößert haben.

4 Die Brötchen mit Kondensmilch bestreichen. Das Backblech in den Backofen schieben.

Ober-/Unterhitze: etwa 200 °C (vorgeheizt)
Heißluft: etwa 180 °C (vorgeheizt)
Gas: Stufe 3–4 (vorgeheizt)
Backzeit: etwa 15 Min.

5 Die Brötchen auf einem Kuchenrost erkalten lassen. Die erkalteten Brötchen senkrecht halbieren und an der Rundung gerade schneiden, damit sie eine Standfläche haben. Die Gebäckhälften innen etwas aushöhlen.

6 Für den Frühlingsquark Quark mit Milch glatt rühren. Zwiebel abziehen, fein würfeln und mit den Kräutern unter den Quark rühren. Mit Salz, Pfeffer und Paprikapulver würzen.

7 Die Brötchenhälften mit dem Frühlingsquark füllen und auf einer Platte anrichten. Nach Belieben mit Paprikawürfeln bestreuen.

■ **Tipp:**
Schneller geht´s, wenn Sie fertig gekaufte Baguettebrötchen verwenden. Die Brötchen senkrecht und waagerecht halbieren, die entstandenen Brötchenviertel innen etwas aushöhlen und mit dem Frühlingsquark füllen.

Heisse Partyscheiben

Foto – 24 Stück
Zubereitungszeit: 25 Min.

Pro Stück:
E: 5 g, F: 5 g, Kh: 8 g,
kJ: 419, kcal: 100

- **12 Scheiben Vollkorntoastbrot**
- **50 g Butter**
- **4 Ananasscheiben (aus der Dose)**
- **4 Scheiben Schnittkäse, z. B. mittelalter Gouda-Käse**
- **4 Scheiben gekochter Schinken**
- **4 Pfirsichhälften (aus der Dose)**
- **1 Dose Thunfisch naturell (Abtropfgewicht 150 g)**
- **1 Zwiebel**

1 Die Brotscheiben toasten und dünn mit Butter bestreichen.

2 Auf 4 Toastscheiben je 1 Ananasscheibe und darauf je 1 Scheibe Käse legen. Die 4 Toastscheiben auf dem mit Backpapier belegten Backblech in den Backofen schieben.

Ober-/Unterhitze:
etwa 200 °C (vorgeheizt)
Heißluft: etwa 180 °C (vorgeheizt)
Gas: Stufe 3–4 (vorgeheizt)
Überbackzeit: etwa 10 Min.

3 Auf 4 weitere Toastscheiben je 1 Scheibe Schinken und darauf je 1 abgetropfte Pfirsichhälfte legen.

4 Thunfisch abtropfen lassen und auf den letzten 4 Toastscheiben verteilen. Zwiebel abziehen, in Ringe schneiden und auf den Thunfisch legen.

5 Alle Toastscheiben einmal diagonal durchschneiden und auf einer Platte anrichten.

Tipp:
Auch die Toasts mit Schinken und Thunfisch können Sie nach Belieben bei der oben angegebenen Backofeneinstellung überbacken.

Schweineöhrchen mit Parmaschinken

etwa 45 Stück
Zubereitungszeit: 25 Min., ohne Auftau- und Kühlzeit

Pro Stück:
E: 1 g, F: 4 g, Kh: 3 g,
kJ: 229, kcal: 55

- **1 Pck. (450 g; 10 Scheiben) TK-Blätterteig**
- **3 TL Basilikum-Pesto**
- **etwa 8 Scheiben Parmaschinken (etwa 80 g)**
- **50 g geriebener Parmesan-Käse**

1 Blätterteigscheiben nach Packungsanleitung nebeneinander zugedeckt auftauen lassen. Die Platten aufeinander legen und auf der leicht bemehlten Arbeitsfläche zu einem Rechteck von etwa 55 x 22 cm ausrollen.

(Fortsetzung Seite 34)

2 Das Pesto auf dem Blätterteig verstreichen, dabei am Rand jeweils etwa 1 cm frei lassen. Die Schinkenscheiben nebeneinander auf das Rechteck legen und mit Parmesan bestreuen.

3 Die Teigplatte von beiden Längsseiten her jeweils bis zur Mitte einschlagen und etwas andrücken, dann die eine Teighälfte auf die andere legen. Den Teig so lange kalt legen, bis er sich gut schneiden lässt.

4 Von dem Teig mit einem scharfen Messer etwa 1 cm dicke Scheiben abschneiden und auf ein mit Backpapier belegtes Backblech legen. Die einzelnen „Öhrchen" oben etwas auseinander ziehen. Das Backblech in den Backofen schieben.

Ober-/Unterhitze:
200–220 °C (vorgeheizt)
Heißluft: 180–200 °C (vorgeheizt)
Gas: etwa Stufe 4 (vorgeheizt)
Backzeit: 10–15 Min.

Paprika-Käse-Spiesse

9 Stück
Zubereitungszeit: 60 Min., ohne Abkühlzeit

Pro Stück:
E: 22 g, F: 27 g, Kh: 7 g, kJ: 1572, kcal: 375

- **je 3 gelbe, rote und grüne Paprikaschoten**
- **3 EL Sonnenblumenöl**
- **Salz, Pfeffer**
- **300 g Schafkäse**
- **300 g Gorgonzola (Blauschimmelkäse)**
- **300 g Romadur (Weichkäse mit Rotschmiere)**

1 Paprikaschoten vierteln, entstielen, entkernen, die weißen Scheidewände entfernen und die Schoten waschen. Die Paprikaviertel mit Öl bestreichen und mit der Hautseite nach oben auf ein gefettetes Backblech legen. Das Backblech in den Backofen schieben.

Ober-/Unterhitze:
etwa 220 °C (vorgeheizt)
Heißluft: etwa 200 °C (vorgeheizt)
Gas: Stufe 4–5 (vorgeheizt)
Backzeit: 10–15 Min.

2 Die Paprika backen, bis die Haut dunkel wird und Blasen wirft. Das Backblech dann aus dem Backofen nehmen, die Schoten mit einem feuchten Tuch zudecken und etwas abkühlen lassen.

3 Die Haut abziehen, große Paprikaviertel nochmals halbieren. Die Paprikaviertel mit Salz und Pfeffer würzen.

4 Die 3 Käsesorten in jeweils 12 Stücke schneiden. Schafkäse auf die gelben, Gorgonzola auf die grünen und Romadur auf die roten Paprikastreifen legen. Die Paprikastreifen zusammenrollen, je 4 Paprika-Käse-Päckchen auf einen Holzspieß stecken und auf einer großen Platte anrichten.

Tipp:
Sie können natürlich auch andere Käsesorten verwenden, z. B. Brie oder mittelalten Gouda.
Sie können die Paprika-Käse-Päckchen auch einzeln auf einer Platte anrichten. Jedes Päckchen dann mit einem kleinen Holzspieß zusammenstecken und nach Belieben mit getrocknetem Oregano, Kräutern der Provence, Paprikapulver edelsüß oder Schnittlauchröllchen bestreuen oder mit Basilikumblättchen belegen.

Paprika mit Frischkäsefüllung

Foto – 8–10 Portionen
Zubereitungszeit: 50 Min., ohne Kühlzeit

Pro Portion:
E: 10 g, F: 36 g, Kh: 4 g, kJ: 1636, kcal: 391

- **etwa 800 g gemischte Paprikaschoten**

Für die Füllung:

- **5 hart gekochte Eier**
- **150 g weiche Butter**
- **300 g Doppelrahm-Frischkäse**
- **$1\frac{1}{2}$ Becher (225 g) Crème fraîche**
- **Salz**
- **frisch gemahler Pfeffer**
- **Paprikapulver edelsüß**
- **Senf**

- **Salatblätter**

1 Paprikaschoten waschen, abtrocknen, am Stielende einen Deckel abschneiden und mit Hilfe eines Löffels die Kerne und die weißen Scheidewände entfernen.

2 Für die Füllung Eier pellen. Eigelb durch ein Sieb streichen und Eiweiß sehr fein hacken. Butter geschmeidig rühren und mit dem Frischkäse verrühren.

3 Eigelb und Crème fraîche unterrühren. Die Masse mit Salz, Pfeffer, Paprikapulver und Senf würzen und die Eiweißwürfel unterheben. Die Masse so in die Paprikaschoten geben, dass sie ganz gefüllt sind. Die Schoten einige Stunden kalt stellen (am besten über Nacht).

4 Die Paprikaschoten kurz vor dem Verzehr in etwa 1 cm dicke Scheiben schneiden und auf gewaschenen, gut abgetropften Salatblättern anrichten.

Fleischbällchen mit Gemüse

Foto S. 47 links – 16 Stück
Zubereitungszeit: 50 Min., ohne Abkühlzeit

Pro Stück:
E: 5 g, F: 11 g, Kh: 1 g, kJ: 534, kcal: 128

Für die Fleischbällchen:

- **1 Knoblauchzehe**
- **400 g Gehacktes (halb Rind-, halb Schweinefleisch)**
- **25 g fein gehackte Pistazienkerne**
- **1 EL abgezogene, gemahlene Mandeln**
- **Salz, Pfeffer**

- **3 EL Speiseöl**

- **eingelegtes Gemüse, z. B. Tomaten, Artischockenherzen, Paprikastreifen, gefüllte Oliven, Rotweinzwiebeln**
- **2 EL Olivenöl**
- **gehackte Pistazienkerne**
- **gehackte Kräuter**

1 Für die Fleischbällchen Knoblauch abziehen und durch die Knoblauchpresse geben. Gehacktes mit Knoblauch, Pistazien, Mandeln, Salz und Pfeffer vermengen und 16 kleine Bällchen daraus formen.

(Fortsetzung Seite 38)

2 Öl in einer Pfanne erhitzen. Die Fleischbällchen darin rundherum etwa 6 Minuten braten, herausnehmen und erkalten lassen.

3 Die Fleischbällchen mit dem abgetropften Gemüse zusammen auf Holzspießchen stecken und auf einer Platte anrichten.

4 Öl mit Pistazien und Kräutern verrühren und über die Spießchen geben.

Liptauer Brotaufstrich

8–10 Portionen
Zubereitungszeit: 40 Min.

Pro Portion:
E: 11 g, F: 11 g, Kh: 6 g, kJ: 745, kcal: 178

- **100 g weiche Butter**
- **650 g Magerquark**
- **5 EL saure Sahne**
- **2 EL Crème fraîche oder Crème double**
- **150 g gewürfelte Schalotten**
- **2½ EL gewürfelte Salatgurke**
- **2½ EL gewürfelte Essiggurke**
- **3 TL fein gehackte Kapern**
- **2½ TL fein gehackte Sardellen**
- **2½ TL Kräutersenf**
- **2½ TL Paprikapulver edelsüß**
- **gemahlener Kümmel**
- **Salz**
- **frisch gemahlener Pfeffer**
- **5 TL gehackte Petersilie**
- **4 EL Schnittlauchröllchen**

1 Die Butter gut verrühren. Quark, saure Sahne und Crème fraîche oder Crème double hinzugeben und gut verrühren.

2 Schalotten-, Salatgurken- und Essiggurkenwürfel, Kapern und Sardellenwürfel untermengen. Mit Kräutersenf, Paprikapulver, Kümmel, Salz und Pfeffer pikant würzen. Petersilie unterrühren.

3 Die Masse in einer Schüssel anrichten oder auf einer Platte zu einer Kuppel aufschichten und mit dem Schnittlauch bestreuen.

Vorbereitungstipp:
Sie können den Liptauer Brotaufstrich bereits einige Stunden vor dem Verzehr zubereiten und kalt stellen.

Zwiebelkuchen-Häppchen

16–18 Stück
Zubereitungszeit: 30 Min.

Pro Stück:
E: 3 g, F: 4 g, Kh: 7 g,
kJ: 340, kcal: 81

- **1 Pck. (230 g; Ø etwa 32 cm) Pizza-Fertigteig (aus dem Kühlregal)**
- **1 Beutel Zwiebelsuppe**
- **250 g Schmand**
- **100 g Schafkäse**

1 Den Pizzateig aus der Packung nehmen, auf die Arbeitsfläche legen und mit einem Glas (Ø etwa 7 cm) Platten daraus ausstechen. Die Teigreste nochmals ausrollen und ebenfalls ausstechen. Die Teigplatten auf Backbleche (mit Backpapier belegt) legen.

2 Zwiebelsuppenpulver und Schmand verrühren und auf die Teigplatten streichen.

3 Schafkäse in Würfel schneiden oder mit einer Gabel zerdrücken und auf der Schmandmasse verteilen. Die Backbleche nacheinander (bei Heißluft zusammen) in den Backofen schieben.

Ober-/Unterhitze:
etwa 250 °C (vorgeheizt)
Heißluft: etwa 230 °C (vorgeheizt)
Gas: Stufe 4–5 (vorgeheizt)
Backzeit: etwa 10 Min. je Blech.

4 Die Zwiebelkuchen-Häppchen heiß oder kalt servieren.

Abwandlung:

Sie können den Belag auch ohne Zwiebelsuppe zubereiten.
Dazu 200–250 g mittelgroße Zwiebeln abziehen, in Scheiben schneiden und in Ringe teilen. Die Zwiebelringe in 2 Esslöffeln Speiseöl etwa 5 Minuten zugedeckt dünsten (die Zwiebelringe sollen nicht braun werden) und abkühlen lassen. Die Zwiebelringe mit 2 gehäuften Esslöffeln Schmand verrühren und mit Salz, Pfeffer und Paprikapulver edelsüß würzen. Die Masse auf den Teigplatten verteilen und mit dem Schafkäse bestreuen.

Tipp:

Anstelle von Pizza-Fertigteig können Sie auch 1 Beutel aus einer Packung Grundmischung Pizzateig verwenden. Den Teig nach Packungsanleitung zubereiten, dünn ausrollen und wie oben angegeben Platten daraus ausstechen.

Paprika-Schinken-Croissants

12 Stück
Zubereitungszeit: 40 Min.

Pro Stück:
E: 4 g, F: 11 g, Kh: 20 g,
kJ: 833, kcal: 200

Für die Füllung:

- **1 Beutel gemischte Paprikaschoten (500 g)**
- **1 große Zwiebel**
- **2 Knoblauchzehen**
- **60 g getrocknete Tomaten in Öl (aus dem Glas)**
- **2 EL Weizenkeimöl**
- **40 g Schinkenwürfel**
- **2 EL gehackte, glatte Petersilie**
- **Salz**
- **frisch gemahlener Pfeffer**
- **2 EL Semmelbrösel**

- **2 Rollen (für je 6 Stück) Croissant-Teig (aus dem Kühlregal)**
- **2 EL Milch**

1 Für die Füllung Paprikaschoten halbieren, entstielen, entkernen, die weißen Scheidewände entfernen, die Schoten waschen und in feine Würfel schneiden. Zwiebel und Knoblauch abziehen und fein würfeln. Tomaten abtropfen lassen und ebenfalls in feine Würfel schneiden.

2 Öl erhitzen. Zwiebel-, Knoblauch-, Paprika- und Schinkenwürfel darin andünsten und etwa 5 Minuten dünsten lassen, bis alle Flüssigkeit verdampft ist.

3 Tomatenwürfel und Petersilie unterrühren, die Masse mit Salz und Pfeffer würzen und etwas abkühlen lassen. Mit Semmelbröseln verrühren, damit die Masse etwas Bindung bekommt.

4 Den Croissantteig aus der Packung nehmen, je 1 Esslöffel der Füllung auf die breite Seite jedes Teigdreiecks geben, die Dreiecke zur Spitze hin aufrollen und zu Hörnchen formen.

5 Die Croissants auf ein Backblech (mit Backpapier belegt) legen und mit Milch bepinseln. Das Backblech in den Backofen schieben.

Ober-/Unterhitze: etwa 200 °C (vorgeheizt, unteres Drittel)
Heißluft: etwa 180 °C (vorgeheizt)
Gas: Stufe 3–4 (vorgeheizt)
Backzeit: 12–15 Min.

6 Die Croissants heiß oder kalt servieren.

Tipp:
Dazu passt ein gemischter Blattsalat.

Curry-Fisch-Bällchen

Foto – 24 Stück
Zubereitungszeit: 45 Min., ohne Durchziehzeit

Pro Stück:
E: 6 g, F: 5 g, Kh: 8 g, kJ: 431, kcal: 103

Für die Fischbällchen:
- **1 1/2 Pck. TK-Rotbarschfilet (600 g)**
- **6 Scheiben Weizen-Toastbrot (150 g)**
- **1 Bund Schnittlauch**
- **2–3 TL Currypulver**
- **Salz**
- **3 Eiweiß (Größe M)**

Zum Ausbacken:
- **etwa 250 ml (1/4 l) Sonnenblumenöl**

Für die Sauce:
- **1 Dose Ananasstücke (Abtropfgewicht 260 g)**
- **1 Glas (225 g) Mango-Chutney**
- **4 EL (etwa 50 g) Tomatenketchup**

1 Für die Fischbällchen Rotbarschfilet etwas antauen lassen. Toastbrot entrinden und in sehr kleine Würfel schneiden. Schnittlauch kalt abspülen, trockentupfen und in Röllchen schneiden.

2 Rotbarschfilet unter fließendem kalten Wasser abspülen, trockentupfen und in sehr kleine Würfel schneiden. Mit Toastbrotwürfeln, Schnittlauchröllchen, Currypulver, Salz und Eiweiß in einer Schüssel mischen und etwa 15 Minuten durchziehen lassen.

3 Öl in einer tiefen Pfanne erhitzen. Aus dem Fischteig mit angefeuchteten Händen 24 Bällchen formen und im Öl 6–8 Minuten goldbraun backen, dabei gelegentlich wenden. Die Fischbällchen mit einer Schaumkelle herausnehmen und auf Küchenpapier abtropfen lassen.

4 Für die Sauce Ananasstücke abtropfen lassen, in kleinere Stücke schneiden, mit Mango-Chutney und Ketchup verrühren und zu den Fischbällchen servieren.

Tipp:
Die Zutaten für die Fischbällchen unbedingt in sehr kleine Würfel schneiden, damit sich die Masse gut zu Bällchen formen lässt und diese beim Ausbacken nicht auseinander fallen.

Fleischspiesse mit Käsecreme

Foto S. 47 Mitte links – 16 Stück
Zubereitungszeit: 40 Min., ohne Kühlzeit

Pro Stück:
E: 8 g, F: 11 g, Kh: 1 g, kJ: 583, kcal: 139

- **400 g Thüringer Mett (gewürztes Schweinegehacktes) oder frische Kohlwurstmasse**
- **3 EL Speiseöl**
- **200 g Feta-Käse**
- **50 g Ajvar (Paprikazubereitung; aus dem Glas)**
- **1 EL Semmelbrösel**
- **16 Basilikumblättchen**

1 Die Fleischmasse zu 16 Bällchen von je 25 g formen.

(Fortsetzung Seite 46)

2 Öl in einer Pfanne erhitzen. Die Fleischbällchen darin von allen Seiten 5–6 Minuten braten, herausnehmen und erkalten lassen.

3 Feta-Käse mit Ajvar und Semmelbröseln pürieren. Die Masse mit nassen Händen zu 16 Bällchen formen und im Kühlschrank wieder etwas fest werden lassen.

4 Basilikumblättchen kalt abspülen und trockentupfen. Je ein Fleischbällchen mit einem Basilikumblättchen und einer Käsekugel zusammenstecken.

Fleischplätzchen auf syrische Art

Foto Mitte rechts – 16 Stück
Zubereitungszeit: 45 Min., ohne Abkühlzeit

Pro Stück:
E: 5 g, F: 13 g, Kh: 2 g, kJ: 677, kcal: 162

Für die Fleischplätzchen:

- **300 g Lammhackfleisch**
- **1 EL Olivenöl**
- **1 EL Speiseöl**
- **2 EL geraspelte Möhren (60 g)**
- **1 Ei (Größe M)**
- **2 EL gekochter Reis (60 g)**
- **gemahlener Kreuzkümmel (Cumin)**
- **Salz**
- **frisch gemahlener Pfeffer**
- **Currypulver**
- **80 g Sesamsamen**

- **4 EL Speiseöl**

Für das Gurkenmus:

- **200 g Salatgurke**
- **100 g Doppelrahm-Frischkäse**
- **1 Knoblauchzehe**
- **Zitronensaft**

- **250 g Salatgurke**

1 Für die Fleischplätzchen Hackfleisch mit beiden Ölsorten, Möhren, Ei, Reis, Kreuzkümmel, Salz, Pfeffer und Currypulver vermengen und etwa 1 cm dick auf eine geölte Platte streichen. Aus der Masse mit einer runden Form (Ø 3–4 cm) Plätzchen ausstechen und diese in Sesam wälzen.

2 Öl in einer Pfanne erhitzen. Die Fleischplätzchen darin von beiden Seiten etwa 6 Minuten bei schwacher Hitze braten, herausnehmen und erkalten lassen.

3 In der Zwischenzeit für das Gurkenmus Gurke schälen, halbieren und die Kerne mit Hilfe eines Löffels entfernen. Die Gurke grob zerkleinern, mit Salz bestreuen und etwa 15 Minuten stehen lassen. Die Gurkenstücke in einem Sieb gut abtropfen lassen, pürieren und mit Frischkäse verrühren.

4 Knoblauch abziehen, durch die Knoblauchpresse geben und mit dem Gurkenpüree vermengen. Mit Salz, Pfeffer und Zitronensaft würzen.

5 Gurke waschen, abtrocknen, die Enden abschneiden, die Gurke in 16 etwa 1/2 cm dicke Scheiben schneiden und aus der Mitte Taler ausstechen, so dass Ringe entstehen. Die Ringe auf die Fleischplätzchen legen, das Gurkenmus hineinfüllen und mit den ausgestochenen Gurkentalern garnieren.

(Rezept Fleischspieße mit Käsecreme Seite 44, Rezept Fleischpäckchen Seite 48, Rezept Fleischbällchen mit Gemüse Seite 36)

Mettbällchen mit Senfsauce

Foto – 36 Stück
Zubereitungszeit: 60 Min., ohne Abkühlzeit

Pro Stück:
E: 3 g, F: 11 g, Kh: 3 g, kJ: 526, kcal: 126

- **3 Scheiben Toastbrot**
- **1 Bund Frühlingszwiebeln**
- **1 Bund Dill**
- **500 g Thüringer Mett (gewürztes Schweinegehacktes)**
- **3 TL mittelscharfer Senf**
- **1 Ei (Größe M)**
- **Salz**
- **frisch gemahlener Pfeffer**
- **250 ml (1/4 l) Speiseöl**
- **1 geh. TL körniger Senf**
- **50 g Honig**
- **100 g Vollmilchjoghurt**

1 Toastbrot entrinden und in kaltem Wasser einweichen. Frühlingszwiebeln putzen, waschen und fein hacken. Dill kalt abspülen, trockentupfen und einige Zweige zum Garnieren zurücklassen. Die restlichen Spitzen von den Stängeln zupfen und hacken.

2 Toastbrot ausdrücken und mit Frühlingszwiebeln, der Hälfte des gehackten Dills, Thüringer Mett, 1 gehäuften Teelöffel mittelscharfen Senf und Ei verkneten. Die Masse mit Salz und Pfeffer abschmecken. Mit angefeuchteten Händen etwa 36 Bällchen daraus formen.

3 Fünf Esslöffel Öl in einer Pfanne erhitzen. Die Mettbällchen portionsweise darin rundherum etwa 15 Minuten braten. Bällchen dann aus der Pfanne nehmen und erkalten lassen.

4 Den restlichen mittelscharfen Senf mit körnigem Senf und Honig verrühren. Das restliche Öl erst tropfenweise, dann in dünnem Strahl unterschlagen. Joghurt und übrigen gehackten Dill unterrühren und die Sauce mit Salz und Pfeffer würzen.

5 Die Mettbällchen mit der Sauce anrichten und mit Dillzweigen garnieren.

Fleischpäckchen

Foto S. 47 rechts – 16 Stück
Zubereitungszeit: 50 Min., ohne Abkühlzeit

Pro Stück:
E: 5 g, F: 8 g, Kh: 1 g, kJ: 421, kcal: 101

- **300 g Rindergehacktes**
- **je 2 EL rote und gelbe Paprikawürfel (je 50 g)**
- **2 EL Zucchiniwürfel (50 g)**
- **1 EL rote Zwiebelwürfel**
- **1 EL gehackte Petersilie**
- **Salz**
- **frisch gemahlener Pfeffer**
- **1 TL Tomatenmark**
- **2 EL Speiseöl**
- **75 g magerer Schinkenspeck in Scheiben**
- **2 EL Speiseöl**
- **Feldsalatblätter**

1 Rindergehacktes mit Paprika-, Zucchini- und Zwiebelwürfeln, Petersilie, Salz, Pfeffer, Tomatenmark und Öl gut vermengen. Die Fleischmasse in Form eines Quadrates auf ein mit Öl bestrichenes Brett streichen und mit einem Messer kleine Quadrate von je etwa 30 g ausschneiden.

(Fortsetzung Seite 50)

2 Schinkenspeck in dünne Streifen schneiden und die Fleischquadrate damit umwickeln. Öl in einer Pfanne erhitzen. Die Fleischpäckchen darin bei schwacher Hitze 6–8 Minuten braten, herausnehmen und erkalten lassen.

3 Feldsalat putzen, sorgfältig waschen und gründlich abtropfen lassen oder trockenschleudern. Die Fleischpäckchen mit den Feldsalatblättern garnieren.

■ **Tipp:**
Die Fleischquadrate nach Belieben zusätzlich mit Schafkäse und Paprika- oder Zucchinistücken belegen.

Erdnussmuffins

12 Stück
Zubereitungszeit: 40 Min.

Pro Stück:
E: 9 g, F: 17 g, Kh: 14 g, kJ: 1098, kcal: 262

Für den Rührteig:
- **150 g gesalzene Erdnusskerne**
- **100 g Butter oder Margarine**
- **1 TL Zucker**
- **1 Msp. Salz**
- **4 Eier (Größe M)**
- **200 g Weizenmehl (Type 550)**
- **1 gestr. TL Backpulver**
- **6 EL Wasser**
- **1–2 EL Sojasauce**

Zum Bestreuen:
- **50 g gesalzene Erdnusskerne**

1 Für den Teig Erdnusskerne fein hacken. Butter oder Margarine mit Handrührgerät mit Rührbesen auf höchster Stufe geschmeidig rühren. Zucker und Salz unterrühren. Eier nach und nach unterrühren (jedes Ei etwa 1/2 Minute).

2 Mehl mit Backpulver mischen, sieben und abwechselnd portionsweise mit Wasser und Sojasauce auf mittlerer Stufe unterrühren. Erdnusskerne zum Schluss unterrühren.

3 Den Teig in eine Muffinform (für 12 Muffins, gefettet, gemehlt) füllen und mit den Erdnusskernen bestreuen. Die Form auf dem Rost in den Backofen schieben.

Ober-/Unterhitze:
etwa 180 °C (vorgeheizt)
Heißluft: etwa 160 °C (vorgeheizt)
Gas: Stufe 2–3 (vorgeheizt)
Backzeit: etwa 25 Min.

4 Die Muffins 10 Minuten in der Form stehen lassen, dann aus der Form lösen und auf einem Kuchenrost erkalten lassen.

■ **Tipp:**
Zu den Muffins einen gemischten Salat reichen.

Schnelle Flammküchle

Foto – 18 Stück
Zubereitungszeit: 20 Min., ohne Auftauzeit

Pro Stück:
E: 2 g, F: 13 g, Kh: 10 g, kJ: 699, kcal: 167

- **1 Pck. (450 g) TK-Blätterteig (6 rechteckige Scheiben)**

Für den Belag:

- **1 Becher (150 g) Crème fraîche**
- **1 Beutel Pfeffersauce**
- **100 g geräucherter, durchwachsener Speck**

1 Blätterteigscheiben nach Packungsanleitung nebeneinander zugedeckt auftauen lassen. Dann jede Scheibe in 3 Stücke schneiden und auf ein Backblech (mit Backpapier belegt) legen.

2 Für den Belag Crème fraîche mit dem Pfeffersaucenpulver glatt rühren und auf die Teigstreifen streichen.

3 Speck in feine Streifen schneiden und darüber streuen. Das Backblech in den Backofen schieben.

Ober-/Unterhitze:
180–200 °C (vorgeheizt)
Heißluft: 160–180 °C (vorgeheizt)
Gas: etwa Stufe 3 (vorgeheizt)
Backzeit: 10–15 Min.

Tipp:
Die Flammküchle schmecken kalt und warm. Dazu einen gut gekühlten Weißwein servieren.

Partybrötchen-Kranz

10 Stück
Zubereitungszeit: 45 Min, ohne Teiggehzeit

Pro Stück:
E: 8 g, F: 3 g, Kh: 40 g, kJ: 912, kcal: 218

Für den Hefeteig:

- **500 g Weizenmehl**
- **1 Pck. (42 g) frische Hefe**
- **½ gestr. TL Zucker**
- **125 ml (⅛ l) lauwarmes Wasser**
- **1 gestr. TL Salz**
- **125 ml (⅛ l) lauwarme Milch**
- **1 Becher (150 g) Frischkäse mit Kräutern der Provence**

Zum Bestreichen:

- **Milch**

1 Für den Teig Mehl in eine Schüssel sieben. In die Mitte eine Vertiefung drücken. Hefe hineinbröckeln, Zucker und etwas von dem Wasser hinzufügen. Mit einer Gabel vorsichtig verrühren und etwa 10 Minuten gehen lassen.

2 Salz, Milch, Frischkäse und restliches Wasser hinzufügen. Die Zutaten mit Handrührgerät mit Knethaken zunächst auf niedrigster, dann auf höchster Stufe in etwa 5 Minuten zu einem Teig verarbeiten. Den Teig zugedeckt so lange an einem warmen Ort stehen lassen, bis er sich sichtbar vergrößert hat.

(Fortsetzung Seite 54)

3 Den Teig aus der Schüssel nehmen, auf der bemehlten Arbeitsfläche nochmals kurz durchkneten und zu einer Rolle formen. Diese in 10 gleich große Portionen teilen, zu Brötchen formen und zu einem Kranz zusammenlegen. Den Teigkranz auf ein Backblech (gefettet, mit Backpapier belegt) legen und nochmals so lange an einem warmen Ort gehen lassen, bis er sich sichtbar vergrößert hat.

4 Den Teigkranz mit Milch bestreichen. Das Backblech in den Backofen schieben.

Ober-/Unterhitze:
180–200 °C (vorgeheizt)
Heißluft: 160–180 °C (vorgeheizt)
Gas: etwa Stufe 3 (vorgeheizt)
Backzeit: 30–35 Min.

5 Den Partybrötchen-Kranz vom Backpapier lösen und auf einem Kuchenrost erkalten lassen.

Kleine Aufläufe im Glas

12 Stück
Zubereitungszeit: 55 Min., ohne Auftauzeit

Pro Stück:
E: 12 g, F: 13 g, Kh: 10 g, kJ: 869, kcal: 207

Für die Aufläufe:
- **300 g TK-Erbsen**
- **300 g geräucherter Putenbrustaufschnitt**
- **1 Glas Sojabohnen-Keimlinge (Abtropfgewicht 160 g)**
- **½ TL Sambal Oelek**
- **1 TL dunkles Sesamöl**
- **2 TL schwarze Sesamsamen**
- **250 ml (¼ l) Milch**
- **4 Eier (Größe M)**
- **Salz**
- **frisch gemahlener Pfeffer**

Für die Sauce:
- **300 g Salatmayonnaise**
- **100 g Curryketchup**

1 Für die Aufläufe Erbsen auftauen lassen. Putenbrustaufschnitt in kleine Würfel schneiden. Sojabohnen-Keimlinge in einem Sieb abtropfen lassen.

2 Erbsen, Putenbrustaufschnitt und Sojabohnen-Keimlinge mit Sambal Oelek, Sesamöl und Sesamsamen in einer Schüssel mischen. Die Mischung in 12 gefettete, ofenfeste Glasförmchen (je etwa 150 ml Inhalt) verteilen.

3 Milch und Eier verquirlen. Mit Salz und Pfeffer würzen und in die Förmchen gießen. Die Förmchen mit Glasdeckeln oder Alufolie verschließen.

4 Die Förmchen in eine Fettfangschale stellen, die Fettfangschale in den Backofen schieben und etwa 2 cm hoch mit heißem Wasser füllen.

Ober-/Unterhitze:
etwa 200 °C (vorgeheizt)
Heißluft: etwa 180 °C (nicht vorgeheizt)
Gas: Stufe 3 (nicht vorgeheizt)
Garzeit: etwa 35 Min.

5 In der Zwischenzeit für die Sauce Mayonnaise und Ketchup verrühren. Die Aufläufe heiß oder kalt in den Förmchen servieren. Die Sauce dazu reichen.

Tipp:
Sie können die Aufläufe natürlich auch in Keramik-Auflaufförmchen zubereiten.

Kalte Makkaroniwürfel

24 Stück
Zubereitungszeit: 90 Min., ohne Kühlzeit

Pro Stück:
E: 5 g, F: 6 g, Kh: 9 g, kJ: 480, kcal: 114

- **120 g Sonnenblumenkerne**
- **250 g Makkaroni**
- **Salzwasser**
- **1 EL Speiseöl**
- **1 Bund Suppengrün (etwa 550 g)**
- **20 g Butter**
- **2 EL Wasser**
- **Salz**
- **frisch gemahlener Pfeffer**
- **4 Eier (Größe M)**
- **500 ml (1/2 l) Milch**
- **geriebene Muskatnuss**

1 Sonnenblumenkerne in einer Pfanne ohne Fett goldbraun rösten, herausnehmen und erkalten lassen.

2 Makkaroni in reichlich kochendem Salzwasser mit Öl nach Packungsanleitung bissfest kochen. Anschließend in ein Sieb geben, mit kaltem Wasser übergießen und abtropfen lassen.

3 Suppengrün putzen, waschen und in feine Würfel schneiden. Butter in einem Topf erhitzen. Die Gemüsewürfel darin kurz andünsten. Wasser zugeben und zugedeckt alles etwa 10 Minuten dünsten. Dann mit Salz und Pfeffer würzen.

4 Die Makkaroni auf etwa 24 cm Länge schneiden. Nacheinander jeweils 1/3 der Makkaroni, des Gemüses und der Sonnenblumenkerne in eine gefettete, rechteckige Auflaufform (etwa 24 x 16 cm) füllen. Den Vorgang noch zweimal wiederholen.

5 Eier und Milch verschlagen, mit Salz, Pfeffer und Muskatnuss würzen und über die Zutaten gießen. Die Auflaufform auf dem Rost in den Backofen schieben und den Auflauf garen, bis die Eiermilch gestockt ist.

Ober-/Unterhitze:
etwa 180 °C (vorgeheizt)
Heißluft: etwa 160 °C (nicht vorgeheizt)
Gas: Stufe 2–3 (nicht vorgeheizt)
Garzeit: etwa 60 Min.

6 Den Auflauf in der Form erkalten lassen. Ihn dann stürzen, in 24 Würfel schneiden und die Würfel auf einer Platte anrichten.

■ Tipp:
Die Makkaroniwürfel mit Tomaten-Mayonnaise servieren. Dazu Mayonnaise mit Tomatenketchup verrühren.

■ Vorbereitungstipp:
Sie können das Gericht bereits am Vortag zubereiten und zugedeckt kalt stellen. Die Masse aber erst kurz vor dem Verzehr in Würfel schneiden.

Käse-Gurken-Sandwiches

16 Stück
Zubereitungszeit: 30 Min.

Pro Stück:
E: 9 g, F: 16 g, Kh: 14 g,
kJ: 1042, kcal: 249

Für die Walnussbutter:
- **150 g weiche Butter**
- **100 g Walnusskerne**
- **4–5 TL Birnendicksaft oder Honig**
- **Salz**
- **frisch gemahlener Pfeffer**

Für die Sandwiches:
- **16 Scheiben Toastbrot**
- **8 Salatblätter**
- **400 g Weichkäse mit Edelpilz**
- **400 g Salatgurke**
- **32 Walnusskernhälften**

1 Für die Walnussbutter Butter geschmeidig rühren. Walnusskerne fein mahlen und unterrühren. Mit Birnendicksaft oder Honig, Salz und Pfeffer würzen.

2 Für die Sandwiches die Weißbrotscheiben toasten, abkühlen lassen und von einer Seite mit Walnussbutter bestreichen. Salatblätter waschen und trockentupfen. 8 Toastscheiben mit je 1 Salatblatt belegen.

3 Weichkäse in Scheiben schneiden. Gurke waschen, trockentupfen, die Enden abschneiden und Gurke ebenfalls in Scheiben schneiden.

4 Die mit Salatblättern belegten Brotscheiben mit Gurkenscheiben, Käsescheiben und Walnusskernhälften belegen. Mit den übrigen Brotscheiben bedecken, leicht andrücken und diagonal halbieren.

Tipp:
Sie können die Sandwiches bereits einige Stunden vorher zubereiten und einzeln in Frischhaltefolie wickeln oder in einer verschließbaren Dose aufbewahren.
Sie können die Walnussbutter nach Belieben mit etwas Williamsgeist verfeinern.

Tomatensandwiches

10 Stück
Zubereitungszeit: 50 Min.

Pro Stück:
E: 17 g, F: 23 g, Kh: 39 g,
kJ: 1909, kcal: 456

- **30 quadratische Scheiben Schwarzbrot oder Vollkornbrot**
- **125 g weiche Butter**
- **4–5 TL Tomatenmark**
- **600 g Salatgurke**
- **frische Kräuter, z. B. Petersilie, Dill, Schnittlauch**
- **250 g Doppelrahm-Frischkäse**
- **Salz**
- **frisch gemahlener Pfeffer**
- **5 Tomaten**
- **5 große Scheiben gekochter Schinken**

1 Aus den Brotscheiben mit Hilfe eines Ausstechförmchens (Glas oder Tasse) je 1 möglichst große Platte ausstechen. Butter mit Tomatenmark verrühren und alle Brotplatten dünn damit bestreichen.

2 Gurke waschen, abtrocknen, die Enden abschneiden, Gurke hal-

(Fortsetzung Seite 60)

bieren und mit Hilfe eines Löffels entkernen. Fruchtfleisch fein würfeln.

3 Kräuter kalt abspülen, trockentupfen und fein hacken. Kräuter und Gurkenwürfel unter den Frischkäse rühren, salzen und pfeffern.

4 Tomaten waschen, abtrocknen, Stängelansätze herausschneiden und Tomaten in Scheiben schneiden.

5 Schinkenscheiben halbieren und 10 Brotplatten damit belegen. 10 weitere Scheiben mit der Frischkäsemasse bestreichen, mit den Tomatenscheiben belegen, mit Pfeffer würzen und auf die mit Schinken belegten Brotscheiben legen. Jeweils eine nur mit Tomatenmark-Butter bestrichene Brotscheibe mit der bestrichenen Seite nach unten darauf legen.

■ **Tipp:**
Nach Belieben zusätzlich einige gewaschene Salatblätter mit einschichten und die Tomatensandwiches mit Kresse garnieren.
Zur Verwertung der Brotreste diese zerkrümeln, in einer Pfanne mit etwas Butter und Zucker rösten und erkalten lassen. Die Krümel auf Quark- oder Joghurtspeisen streuen.

Smörrebröd mit Bauernbrot

16 Stück
Zubereitungszeit: 40 Min.

Pro Stück:
E: 13 g, F: 28 g, Kh: 18 g, kJ: 1639, kcal: 390

- **16 kleine Scheiben rustikales Bauernbrot**
- **125 g weiche Butter**
- **etwa 16 Salatblätter**
- **1 Zwiebel**
- **8 Scheiben magerer durchwachsener Speck**
- **1 EL Speiseöl**
- **8 Scheiben Leberpastete**
- **8 Cornichons (aus dem Glas)**
- **16 Scheiben Roastbeef**
- **2 Tomaten**
- **½ Kästchen Kresse**
- **2 EL Sahnemeerrettich (aus dem Glas)**
- **frisch gemahlener Pfeffer**

1 Brotscheiben mit Butter bestreichen. Salatblätter waschen, trockentupfen oder -schleudern und auf die Brotscheiben legen. Zwiebel abziehen, in Scheiben schneiden und in Ringe teilen.

2 Speck in einer Pfanne ohne Fett kross braten, herausnehmen und auf Küchenpapier abtropfen lassen. Öl in dem Speckfett erhitzen und die Zwiebelringe darin hellbraun braten.

3 Acht Brotscheiben mit Leberpastete belegen und mit Speck, Zwiebelringen und Cornichons garnieren.

4 Die restlichen Brotscheiben mit je 2 Scheiben Roastbeef belegen. Tomaten waschen, trockentupfen, die Stängelansätze herausschneiden und Tomaten in Scheiben schneiden. Kresse kalt abspülen, trockenschütteln und abschneiden.

5 Sahnemeerrettich auf das Roastbeef geben und Tomatenscheiben darauf legen. Die Brote mit Kresse garnieren und mit Pfeffer bestreuen.

Sandwiches mit Selleriecreme

16 Stück
Zubereitungszeit: 45 Min., ohne Kühl- und Durchziehzeit

Pro Stück:
E: 2 g, F: 3 g, Kh: 6 g, kJ: 264, kcal: 63

- **125 ml (1/8 l) Gemüsebrühe**
- **500 g Knollensellerie**
- **3 mittelgroße Tomaten**
- **1 Bund Rauke (Rucola)**
- **1 Bund Schnittlauch**
- **8 Scheiben Kastenweißbrot oder Sandwichbrot**
- **100 g Mascarpone**
- **Salz**
- **frisch gemahlener Pfeffer**

1 Gemüsebrühe in einem Topf zum Kochen bringen. Sellerie putzen, schälen, waschen und in grobe Würfel schneiden. Die Selleriewürfel in der Brühe zugedeckt bei schwacher Hitze etwa 15 Minuten garen. Sellerie mit der Brühe noch heiß pürieren und die Masse erkalten lassen.

2 Tomaten waschen, abtrocknen, die Stängelansätze herausschneiden und Tomaten in Scheiben schneiden. Rauke putzen, waschen und gut abtropfen lassen oder trockenschleudern. Schnittlauch kalt abspülen, trockentupfen und in Röllchen schneiden. Von den Brotscheiben die Rinde abschneiden. Die Rinde von 4 Scheiben fein würfeln.

3 Mascarpone unter das kalte Selleriepüree rühren. Schnittlauchröllchen und Brotwürfel unterheben und die Masse salzen und pfeffern.

4 Die Hälfte der Brotscheiben dünn mit der Selleriecreme bestreichen und als „Deckel“ beiseite legen. Die andere Hälfte der Brotscheiben mit Rauke belegen und mit Selleriecreme bestreichen. Tomatenscheiben darauf verteilen und mit Salz und Pfeffer bestreuen.

5 Die zurückgestellten Brotscheiben mit der bestrichenen Seite darauf legen und andrücken. Die Brotscheiben diagonal halbieren, fest in Klarsichtfolie einwickeln und etwas durchziehen lassen.

Tramezzini mit Eiercreme

20 Stück
Zubereitungszeit: 35 Min., ohne Durchziehzeit

Pro Stück:
E: 5 g, F: 14 g, Kh: 6 g, kJ: 748, kcal: 179

- **8 hart gekochte Eier**
- **1 Becher (150 g) Crème fraîche**
- **2 EL Salatmayonnaise**
- **2 TL körniger Senf**
- **Salz**
- **frisch gemahlener Pfeffer**
- **4 Frühlingszwiebeln**
- **etwa 100 g marinierte, rote Paprikaschoten (aus dem Glas)**
- **10 Scheiben Mehrkorn-Toastbrot**
- **10 Scheiben Bacon (Frühstücksspeck)**
- **einge Salatblätter, z. B. Lollo Bionda**

1 Eier pellen, in Stücke schneiden, grob pürieren und mit Crème fraîche, Mayonnaise und Senf verrühren. Mit Salz und Pfeffer würzen.

(Fortsetzung Seite 64)

2 Frühlingszwiebeln putzen, waschen, gut abtropfen lassen und in feine Ringe schneiden. Paprikaschoten trockentupfen und fein würfeln.

3 Von dem Toastbrot die Rinde abschneiden. Die Rinde von 4 Scheiben in kleine Würfel schneiden und unter die Eiermasse rühren. Paprikawürfel und Frühlingszwiebelringe unterheben.

4 Baconscheiben in je 3 Stücke schneiden und in einer Pfanne kross ausbraten. Salatblätter abspülen und trockentupfen.

5 Die Hälfte der Toastbrotscheiben mit den Salatblättern belegen, die Eiermasse darauf streichen und die Speckscheiben darauf verteilen. Mit den restlichen Brotscheiben bedecken und etwas andrücken. Die Brotscheiben diagonal halbieren, fest in Klarsichtfolie einwickeln und etwas durchziehen lassen.

Krapfen mit Quarkfüllung

etwa 30 Stück
Zubereitungszeit: 80 Min., ohne Abkühlzeit

Pro Stück:
E: 3 g, F: 13 g, Kh: 6 g, kJ: 665, kcal: 159

Für den Brandteig:
- **250 ml (1/4 l) Wasser**
- **70 g Butter oder Margarine**
- **1 gestr. TL Salz**
- **150 g Weizenmehl**
- **etwa 4 Eier (Größe M)**

Zum Frittieren:
- **etwa 1 l Speiseöl**

Für die Füllung:
- **250 ml (1/4 l) Schlagsahne**
- **2 Pck. (je 200 g) Meerrettichquark**

1 Für den Teig Wasser mit Butter oder Margarine und Salz am besten in einem Stieltopf zum Kochen bringen. Mehl sieben, auf einmal in die von der Kochstelle genommene Flüssigkeit schütten, zu einem Kloß rühren und unter Rühren etwa 1 Minute erhitzen. Den heißen Kloß sofort in eine Schüssel geben.

2 Nach und nach Eier mit Handrührgerät mit Knethaken auf höchster Stufe unterarbeiten, die Eiermenge hängt von der Beschaffenheit des Teiges ab, er muss stark glänzen und so von einem Löffel abreißen, dass lange Spitzen hängen bleiben. Den Teig erkalten lassen.

3 Öl in einer Fritteuse oder einem hohen Topf auf 170–180 °C erhitzen. Mit Hilfe von 2 Esslöffeln mehrere walnussgroße Teighäufchen abstechen, sofort in das Öl geben und etwa 5 Minuten ausbacken. Die Krapfen dann mit der Schaumkelle herausheben, auf einem Kuchengitter abtropfen und erkalten lassen. So weiter verfahren, bis der Teig aufgebraucht ist.

4 Für die Füllung Sahne steif schlagen. Quark verrühren, Sahne unterheben und die Masse in einen Spritzbeutel mit kleiner Lochtülle geben. Die erkalteten Krapfen mit der Quarkmasse füllen (die Krapfen evtl. vorher etwas einschneiden).

Tipp:
Nicht zu viele Teighäufchen auf einmal in das Ausbackfett geben, denn das Volumen der Krapfen vergrößert sich beim Backen etwa um ein Drittel.

Blätterteigtaschen provenzalische Art

10 Stück
Zubereitungszeit: 65 Min., ohne Auftau- und Abkühlzeit

Pro Stück:
E: 3 g, F: 16 g, Kh: 18 g, kJ: 953, kcal: 228

Für den Teig:
- **1 Pck. (450 g; 10 quadratische Scheiben) TK-Blätterteig**

Für die Füllung:
- **150 g Zucchini**
- **150 g Aubergine**
- **1 gelbe Paprikaschote (150 g)**
- **100 g Cocktailtomaten**
- **100 g Rettichsprossen**
- **3 EL Olivenöl**
- **15 g Speisestärke**
- **½ Pck. TK-Kräuter der Provence**
- **Salz**
- **frisch gemahlener Pfeffer**

Zum Bestreuen:
- **1 Kästchen Kresse**

1 Für den Teig Blätterteigscheiben nach Packungsanleitung nebeneinander zugedeckt auftauen lassen.

2 Für die Füllung Zucchini und Aubergine waschen, abtrocknen, die Enden abschneiden, Zucchini und Aubergine halbieren und in dünne Scheiben schneiden. Paprikaschote halbieren, entstielen, entkernen, die weißen Scheidewände entfernen, die Schote waschen und würfeln. Cocktailtomaten waschen, abtrocknen und vierteln. Rettichsprossen verlesen, in ein Sieb geben, kalt abspülen und gut abtropfen lassen.

3 Öl in einem Topf oder in einer Pfanne erhitzen. Zucchini- und Auberginenscheiben und Paprikawürfel darin andünsten und mit Speisestärke bestäuben. Kräuter der Provence, Salz, Pfeffer, Tomatenviertel und Sprossen hinzufügen und unterrühren. Die Füllung lauwarm abkühlen lassen.

4 Die Füllung auf den Blätterteigscheiben verteilen, dabei die Masse jeweils nur auf eine Hälfte der Teigscheiben geben, die Teigränder mit Wasser bestreichen und die unbelegte Teighälfte diagonal über die belegte Teighälfte schlagen. Die Teigränder fest mit einer Gabel andrücken.

5 Die Blätterteigtaschen auf ein Backblech (mit Backpapier belegt) legen. Das Backblech in den Backofen schieben.

Ober-/Unterhitze: etwa 200 °C (vorgeheizt)
Heißluft: etwa 180 °C (vorgeheizt)
Gas: Stufe 3–4 (vorgeheizt)
Backzeit: etwa 20 Min.

6 In der Zwischenzeit Kresse kalt abspülen, abtropfen lassen und mit einer Schere abschneiden. Die Taschen ofenfrisch mit Kresse bestreut servieren.

- **Vorbereitungstipp:**

Sie können die Taschen bereits am Vortag zubereiten. Sie dann kurz vor dem Verzehr nochmals kurz aufbacken.

Schinken-Wraps mit Spinat

Foto – 12 Stück
Zubereitungszeit: 40 Min., ohne Auftauzeit

Pro Stück:
E: 9 g, F: 7 g, Kh: 2 g, kJ: 471, kcal: 112

- **1 Pck. (450 g) TK-Blattspinat**
- **2 Eier**
- **1 gelbe und 2 rote Paprikaschoten (je 150 g)**
- **2–3 Knoblauchzehen**
- **3 EL Olivenöl**
- **Salz, Pfeffer**
- **6 große Scheiben gekochter Schinken (etwa 300 g)**

1 Blattspinat auftauen lassen. Eier in kochendes Wasser geben und in etwa 9 Minuten hart kochen. Die Eier dann in kaltem Wasser abschrecken und erkalten lassen.

2 Paprikaschoten halbieren, entstielen, entkernen, die weißen Scheidewände entfernen, die Schoten waschen und fein würfeln. Knoblauch abziehen und hacken.

3 Öl in einem Topf erhitzen. Knoblauch und Paprikawürfel darin andünsten. Spinat ausdrücken, dazugeben und im geschlossenen Topf etwa 5 Minuten dünsten. Dann im offenen Topf weitergaren, bis die Flüssigkeit verdampft ist. Mit Salz und Pfeffer würzen.

4 Eier pellen und würfeln. Schinkenscheiben halbieren, zu spitzen Tüten aufrollen und mit der Spinat-Paprika-Mischung füllen. Die Tüten in Gläser stellen und mit den Eierwürfeln bestreuen.

Bohnenomelett

8–12 Stück
Zubereitungszeit: 45 Min.

Pro Stück:
E: 8 g, F: 10 g, Kh: 4 g, kJ: 596, kcal: 142

- **300 g grüne Bohnen**
- **250 g rote Zwiebeln**
- **2–3 Knoblauchzehen**
- **3 EL Olivenöl**
- **Salz**
- **frisch gemahlener Pfeffer**
- **6 Eier (Größe M)**
- **150 ml Milch**
- **100 g Schafkäse**
- **einige Stängel Basilikum**

1 Von den Bohnen die Enden abschneiden, Bohnen evtl. abfädeln, waschen, in Stücke schneiden oder brechen und in kochendem Salzwasser etwa 10 Minuten garen. Bohnen dann mit kaltem Wasser abschrecken und in einem Sieb abtropfen lassen.

2 Zwiebeln und Knoblauch abziehen. Zwiebeln in schmale Spalten und Knoblauch in dünne Scheiben schneiden.

3 Öl in einer beschichteten Pfanne (Ø etwa 24 cm) erhitzen. Zwiebelspalten und Knoblauchscheiben darin glasig dünsten. Bohnen hinzufügen, alles vermischen und mit Salz und Pfeffer würzen.

(Fortsetzung Seite 70)

4 Eier und Milch verquirlen. Mit Salz und Pfeffer würzen und in die Pfanne gießen. Zugedeckt etwa 15 Minuten bei mittlerer Hitze backen, bis die Eimasse beinahe fest ist. Das Omelett vorsichtig auf eine Platte gleiten lassen, wieder in die Pfanne stürzen und weitere 5 Minuten backen. Das Omelett etwas abkühlen lassen.

5 In der Zwischenzeit Schafkäse in kleine Stücke brechen oder in kleine Würfel schneiden. Basilikum kalt abspülen, trockentupfen und die Blättchen von den Stängeln zupfen.

6 Das Bohnenomelett in 8–12 Stücke schneiden, mit Schafkäse und Basilikumblättchen garnieren und lauwarm oder kalt servieren.

Gebratene Kürbisspalten

16 Stück
Zubereitungszeit. 70 Min., ohne Saftziehzeit

Pro Stück:
E: 4 g, F: 18 g, Kh: 3 g, kJ: 840, kcal: 200

- **etwa 2 1/2 kg Kürbis**
- **4 gestr. TL Salz**
- **3–4 Bund Rauke (Rucola; je 100 g)**
- **etwa 200 ml Speiseöl**
- **8 TL Balsamico-Essig**
- **16 sehr dünne Scheiben Katenschinken**
- **8 TL frisch geriebener Meerrettich**
- **frisch gemahlener Pfeffer**

1 Kürbis putzen, Kerne und Fasern entfernen und den Kürbis in 16 Spalten (je etwa 150 g) schneiden. Die Kürbisspalten mit Salz bestreuen und etwa 30 Minuten Saft ziehen lassen.

2 Rauke putzen, waschen, abtropfen lassen und gut trockentupfen oder -schleudern. Die Kürbisspalten trockentupfen.

3 Portionsweise 8 Esslöffel von dem Öl in einer Pfanne erhitzen. Die Kürbisspalten darin portionsweise je 4–5 Minuten bei mittlerer Hitze von beiden Seiten braten und aus der Pfanne nehmen.

4 Das restliche Öl in der Pfanne erhitzen. Die Rauke portionsweise darin knusprig braten (vorsichtig, spritzt evtl.). Die Rauke mit der Schaumkelle herausnehmen und auf Küchenpapier abtropfen lassen.

5 Die Rauke auf Tellern anrichten und die Kürbisspalten darauf legen. Rauke und Kürbisspalten mit Essig beträufeln.

6 Schinkenscheiben auf den Kürbisspalten verteilen und mit Meerrettich und Pfeffer bestreuen. Möglichst sofort servieren.

Vorbereitungstipp:
Sie können die Kürbisspalten bereits einige Stunden vor dem Verzehr braten. Nur die Rauke sollte frisch zubereitet werden.

Heilbutt-Auberginen-Röllchen

16 Stück
Zubereitungszeit: 70 Min., ohne Marinierzeit

Pro Stück:
E: 15 g, F: 6 g, Kh: 6 g, kJ: 669, kcal: 160

Für die Marinade:

- **6 EL Wermut (Noilly Prat)**
- **4 EL Sojasauce**
- **2 EL Anislikör**
- **abgeriebene Schale von 1 Limette (unbehandelt)**
- **8 EL Sesamöl**
- **Salz**
- **frisch gemahlener Pfeffer**

- **8 Heilbuttkoteletts (je etwa 150 g)**
- **2–3 Auberginen**
- **Limetten- oder Zitronensaft**
- **4 EL Weizenmehl**
- **etwas Speiseöl**

1 Für die Marinade Wermut mit Sojasauce, Anislikör, Limettenschale und Sesamöl verrühren und mit Salz und Pfeffer würzen.

2 Heilbuttkoteletts unter fließendem kalten Wasser abspülen und trockentupfen. Haut und Mittelgräten entfernen, so dass 16 Stücke entstehen. Die Heilbuttstücke in die Marinade legen und einige Stunden marinieren, dabei gelegentlich zwischendurch wenden.

3 Auberginen waschen, abtrocknen, die Enden abschneiden und die Auberginen längs in 16 dünne Scheiben schneiden. Die Scheiben mit Salz bestreuen und etwa 10 Minuten ziehen lassen. Sie dann abtupfen und mit Limetten- oder Zitronensaft beträufeln.

4 Die Heilbuttstücke aus der Marinade nehmen, abtupfen und mit je 1 Auberginenscheibe umwickeln. Die Auberginenscheiben mit Holzstäbchen befestigen und die Röllchen mit Mehl bestäuben.

5 Die Röllchen in einer gut mit Öl ausgestrichenen Grillpfanne von jeder Seite etwa 6 Minuten braten oder auf einen mit geölter Alufolie belegten Grillrost legen und unter dem vorgeheizten Grill etwa 12 Minuten grillen. Die Röllchen dabei zwischendurch wenden und mehrmals mit der Marinade bestreichen.

Tipp:
Anstelle der Heilbuttkoteletts können Sie auch Viktoria- oder Rotbarschfilet (möglichst etwas dickeres Filet) verwenden und in etwa 3 cm dicke Streifen schneiden.

Mariniertes Gemüse

8–10 Portionen
Zubereitungszeit: 100 Min., ohne Marinierzeit

Pro Portion:
E: 4 g, F: 19 g, Kh: 10 g, kJ: 1026, kcal: 245

- **je 2 rote, gelbe und grüne Paprikaschoten**
- **2 EL Speiseöl**
- **3 dünne Zucchini**
- **2 kleine Auberginen**
- **2 Köpfe Radicchio**
- **4 Kolben Chicorée**
- **200 g Champignons**
- **etwa 125 ml (1/8 l) Olivenöl**

Für die Marinade:

- **4 Schalotten**
- **100 ml Weißwein**
- **100 ml Olivenöl**
- **8 EL Rotweinessig**
- **2 EL Balsamico-Essig**
- **4 Lorbeerblätter**
- **2 TL Salz**
- **2 TL Zucker**
- **frisch gemahlener Pfeffer**

1 Paprikaschoten vierteln, entstielen, entkernen, die weißen Scheidewände entfernen und die Schoten waschen. Die Paprikaviertel mit Öl bestreichen und mit der Hautseite nach oben auf ein gefettetes Backblech legen. Das Backblech in den Backofen schieben.

Ober-/Unterhitze:
etwa 220 °C (vorgeheizt)
Heißluft: etwa 200 °C (vorgeheizt)
Gas: Stufe 4–5 (vorgeheizt)
Backzeit: 10–15 Min.

2 Die Paprikaschoten backen, bis die Haut dunkel wird und Blasen wirft. Das Backblech dann aus dem Backofen nehmen, die Schoten mit einem feuchten Tuch zudecken und etwas abkühlen lassen. Dann die Haut abziehen.

3 Zucchini und Auberginen waschen, abtrocknen, die Enden abschneiden und beide Zutaten in 1 cm dicke Scheiben schneiden. Die Scheiben mit Salz bestreuen und etwa 30 Minuten stehen lassen. Sie dann mit Küchenpapier trockentupfen.

4 In der Zwischenzeit Radicchio und Chicorée von schlechten Blättern befreien, vierteln und die Strünke herausschneiden.

5 Champignons putzen, mit Küchenpapier abreiben, evtl. abspülen und abtropfen lassen. Größere Pilze in Scheiben schneiden.

6 Öl portionsweise in einer Pfanne erhitzen. Die Zucchini- und Auberginenscheiben darin nach und nach von beiden Seiten anbraten, herausnehmen und auf Küchenpapier abtropfen lassen.

7 Nacheinander ebenfalls Radicchio, Chicorée und Pilze anbraten. Die Zutaten dann in eine flache Form schichten.

8 Für die Marinade Schalotten abziehen, in feine Ringe schneiden und mit Wein, Öl, beiden Essigsorten, Lorbeerblättern, Salz, Zucker und Pfeffer in einem Topf mischen. Alles zum Kochen bringen und einmal aufkochen lassen.

9 Die Marinade über das Gemüse gießen und mindestens 2–3 Stunden darin marinieren.

Tipp:
Das eingelegte Gemüse nach Belieben mit einigen Basilikumblättchen garnieren.

Wurstkörbchen mit bunten Bohnen

24 Stück
Zubereitungszeit: 40 Min., ohne Abkühlzeit

Pro Stück:
E: 11 g, F: 5 g, Kh: 9 g, kJ: 556, kcal: 133

- **1 Dose Kidneybohnen (Abtropfgewicht 250 g)**
- **1 Dose weiße Riesenbohnen (Abtropfgewicht 250 g)**
- **1 Dose grüne Bohnenkerne (Flageolets; Abtropfgewicht 255 g)**
- **4 EL Speiseöl**
- **2–3 EL Essig**
- **Salz**
- **frisch gemahlener Pfeffer**
- **24 Scheiben Katenwurst mit Pelle**
- **1 Bund Petersilie**
- **evtl. einige Salatblätter**

1 Alle Bohnensorten in ein Sieb geben und abtropfen lassen, dabei die Flüssigkeit auffangen und 6–8 Esslöffel davon abmessen. Die abgemessene Flüssigkeit mit Öl und Essig verrühren und mit Salz und Pfeffer pikant würzen. Die abgetropften Bohnenkerne untermischen.

2 Eine Pfanne ohne Fett erhitzen. Die Wurstscheiben portionsweise darin ganz kurz braten. Durch die Hitze zieht sich die Pelle zusammen und es entstehen kleine Körbchen. Die Wurstkörbchen aus der Pfanne nehmen und erkalten lassen.

3 Petersilie kalt abspülen, trockentupfen, die Blättchen von den Stängeln zupfen und hacken. Nach Belieben Salatblätter waschen und gut abtropfen lassen oder trockenschleudern.

4 Die Bohnenmischung in die erkalteten Wurstkörbchen füllen und auf den Salatblättern anrichten. Mit Petersilie bestreuen und servieren.

Beilage:
Bauernbrot oder Ciabatta (italienisches Weißbrot).

Tipp:
Anstelle der Katenwurst können Sie auch Pfeffersalami verwenden.
Nach Belieben zusätzlich 1–2 abgezogene, fein gewürfelte Zwiebeln und 1 abgezogene, durch die Knoblauchpresse gedrückte Knoblauchzehe unter die Bohnenmischung rühren.

Zucchini-Käse-Muffins

12 Stück
Zubereitungszeit: 50 Min.

Pro Stück:
E: 7 g, F: 9 g, Kh: 17 g,
kJ: 773, kcal: 185

- **1 Zucchini**
- **Salz**
- **3 mittelgroße Tomaten**

Für den Teig:

- **100 g alter Gouda-Käse**
- **150 g Weizenmehl**
- **2 gestr. TL Backpulver**
- **100 g Maismehl**
- **½ TL Fenchelsamen**
- **3 Eier (Größe M)**
- **5 EL Olivenöl**
- **125 ml (⅛ l) Milch**

Zum Bestreuen:

- **½ Bund Schnittlauch**

1 Zucchini waschen, abtrocknen, die Enden abschneiden und Zucchini auf einem Gemüsehobel der Länge nach in dünne Scheiben hobeln oder mit einer Aufschnittmaschine in Scheiben schneiden. Die Scheiben nebeneinander legen, mit Salz bestreuen und bis zur weiteren Verwendung Saft ziehen lassen.

2 In der Zwischenzeit Tomaten waschen, abtrocknen, die Stängelansätze herausschneiden und Tomaten in je 4 Scheiben schneiden.

3 Für den Teig Gouda auf der groben Seite der Haushaltsreibe reiben. Mehl mit Backpulver mischen und in eine Rührschüssel sieben. Maismehl, etwas Salz, Fenchelsamen und Gouda untermengen. Eier, Öl und Milch hinzufügen und mit Handrührgerät mit Rührbesen kurz unterrühren.

4 Zucchinischeiben trockentupfen und je 1 Scheibe in jede Vertiefung einer Muffinform (für 12 Muffins, gefettet, gemehlt) legen, dabei die Enden überstehen lassen. Den Teig hineinfüllen. Je 1 Tomatenscheibe auf den Muffinteig legen und die Zucchinienden darüber zusammenlegen. Die Muffinform auf dem Rost in den Backofen schieben.

Ober-/Unterhitze:
etwa 180 °C (vorgeheizt)
Heißluft: etwa 160 °C (vorgeheizt)
Gas: Stufe 2–3 (vorgeheizt)
Backzeit: etwa 30 Min.

5 Die Muffins 10 Minuten in der Form stehen lassen, dann aus der Form lösen (evtl. vorsichtig mit Hilfe eines Messers herausheben) und auf einem Kuchenrost erkalten lassen.

6 Schnittlauch kalt abspülen, trockentupfen, in Röllchen schneiden und auf die Muffins streuen.

Tipp:
Die Muffins schmecken heiß und kalt. Die übergeklappten Zucchinienden nach Belieben vor dem Backen mit Olivenöl bestreichen, dann trocknen sie nicht so aus.

Ausgebackene Cocktailtomaten und Basilikumblättchen

8–10 Portionen
Zubereitungszeit: 45 Min.

Pro Portion:
E: 4 g, F: 21 g, Kh: 12 g,
kJ: 1099, kcal: 263

- **20 Cocktailtomaten**
- **40 Basilikumblättchen**

Für den Teig:

- **125 g Weizenmehl**
- **Salz**
- **frisch gemahlener Pfeffer**
- **geriebene Muskatnuss**
- **2 Eier (Größe M)**
- **1 EL Speiseöl**
- **8–10 EL kaltes Wasser**

Zum Frittieren:

- **1 l Speiseöl**

1 Cocktailtomaten waschen, abtropfen lassen, kreuzweise einschneiden, kurz in kochendes Wasser legen und mit kaltem Wasser abschrecken. Tomaten enthäuten und die Stängelansätze herausschneiden. Basilikumblättchen kalt abspülen und trockentupfen.

2 Für den Teig Mehl in eine Schüssel sieben. Salz, Pfeffer und Muskatnuss hinzufügen und in die Mitte eine Vertiefung drücken.

3 Eier mit Öl verschlagen und in die Vertiefung geben. Von der Mitte aus die Eiermasse mit einem Teil des Mehls verrühren. Wasser hinzufügen und alles zu einem dickflüssigen Teig verarbeiten.

4 Frittierfett in einem hohen, schmalen Topf auf etwa 180 °C erhitzen. Basilikumblättchen und Cocktailtomaten mit Hilfe von 2 Gabeln in den Teig tauchen und kurz abtropfen lassen. Portionsweise in 1–2 Minuten in dem Fett ausbacken, herausnehmen und auf Küchenpapier abtropfen lassen.

Tipp:

Die ausgebackenen Tomaten und Basilikumblättchen schmecken heiß am besten, können aber auch gut kalt serviert werden. Die heißen Tomaten vorsichtig durchschneiden, da sie leicht spritzen.

Sie können die Fetttemperatur mit Hilfe eines Holzlöffels überprüfen. Bilden sich an dem in das Fett gehaltenen Löffelstiel Bläschen, hat das Fett die passende Temperatur.

Sie können die Tomaten und Basilikumblättchen auch in einer Fritteuse ausbacken.

Pikante Brandteigringe

20 Stück
Zubereitungszeit: 70 Min., ohne Abkühlzeit

Pro Stück:
E: 9 g, F: 10 g, Kh:10 g, kJ: 738 , kcal: 176

Für den Brandteig:
- **250 ml (1/4 l) Wasser**
- **50 g Butter oder Margarine**
- **150 g Weizenmehl**
- **30 g Speisestärke**
- **Salz**
- **frisch gemahlener Pfeffer**
- **Paprikapulver edelsüß**
- **4–5 Eier (Größe M)**
- **1 Msp. Backpulver**

Zum Bestreuen:
- **20 g Sesamsamen**

Für den Quark:
- **4 Frühlingszwiebeln**
- **2 rote Zwiebeln**
- **1 kg Speisequark**
- **6 EL Schnittlauchröllchen**
- **6 EL gehackte Petersilie**
- **4 EL Tomatenketchup**
- **2 EL Tomatenmark**
- **2 TL mittelscharfer Senf**
- **Salz**
- **frisch gemahlener Pfeffer**

1 Für den Teig Wasser mit Butter oder Margarine am besten in einem Stieltopf zum Kochen bringen. Mehl mit Speisestärke mischen, sieben und mit Salz, Pfeffer und Paprikapulver mischen. Auf einmal in die von der Kochstelle genommene Flüssigkeit schütten, zu einem glatten Kloß rühren und unter Rühren etwa 1 Minute erhitzen.

2 Den heißen Kloß sofort in eine Schüssel geben. Nach und nach Eier mit Handrührgerät mit Knethaken auf höchster Stufe unterarbeiten. Die Eiermenge hängt von der Beschaffenheit des Teiges ab, er muss stark glänzen und so von einem Löffel abreißen, dass lange Spitzen hängen bleiben.

3 Backpulver in den erkalteten Teig arbeiten. Den Teig in einen Spritzbeutel ohne Tülle geben und insgesamt 20 Ringe (Ø 6–8 cm) nicht zu dicht nebeneinander auf 3 Backbleche (gefettet, gemehlt) spritzen. Die Teigringe mit Sesam bestreuen. Die Backbleche nacheinander (bei Heißluft zusammen) in den Backofen schieben.

Ober-/Unterhitze:
200–220 °C (vorgeheizt)
Heißluft: 180–200 °C (vorgeheizt)
Gas: etwa Stufe 4 (vorgeheizt)
Backzeit: 25–30 Min. je Blech.

4 Die Gebäckringe von den Backblechen lösen, auf einen Kuchenrost legen, noch warm waagerecht durchschneiden und erkalten lassen.

5 Für den Quark Frühlingszwiebeln putzen, waschen, abtropfen lassen und in feine Streifen schneiden. Zwiebeln abziehen und fein würfeln. Beide Zutaten mit Quark, Schnittlauchröllchen und Petersilie verrühren.

6 Mit Tomatenketchup, Tomatenmark und Senf verrühren und mit Salz, Pfeffer und Paprikapulver würzen.

7 Die unteren Hälften der Gebäckringe mit der Quarkmasse bestreichen, die oberen Hälften darauf legen und etwas andrücken.

Tipp:
Sie können die Brandteigringe bereits einige Zeit vorher backen und bei Ober-/Unterhitze bei etwa 200 °C (Heißluft: etwa 180 °C, Gas: Stufe 3–4) etwa 3 Minuten aufbacken.

Tomaten-Buchteln

36 Stück
Zubereitungszeit: 75 Min., ohne Teiggehzeit

Pro Stück:
E: 2 g, F: 14 g, Kh: 10 g, kJ: 775, kcal: 185

- **½ Pck. (21 g) frische Hefe**
- **170 ml lauwarmes Wasser**
- **350 g Weizenmehl (Type 550)**
- **1 TL Zucker**
- **36 Cocktailtomaten (etwa 250 g)**
- **2 Knoblauchzehen**
- **1 TL getrocknete Kräuter der Provence**
- **50 g getrocknete Tomaten in Öl**
- **4 EL Olivenöl**
- **1 TL Salz**
- **125 ml (⅛ l) Schlagsahne**
- **125 ml (⅛ l) Gemüsebrühe**
- **500 g Aioli (Knoblauchmayonnaise)**

1 Hefe mit Wasser, 1 Esslöffel von dem Mehl und Zucker verrühren und zugedeckt an einem warmen Ort etwa 10 Minuten stehen lassen.

2 Cocktailtomaten waschen, abtropfen lassen und die Haut mehrmals mit einem Messer einritzen. Knoblauch abziehen und fein hacken. Cocktailtomaten, Knoblauch und Kräuter der Provence in eine kleine Schüssel geben. Mit 2 Esslöffel von dem Tomatenöl mischen und bis zur weiteren Verwendung durchziehen lassen.

3 Getrocknete Tomaten abtropfen lassen und fein würfeln. Das restliche Mehl in eine Schüssel geben. Olivenöl, Salz und den Teigansatz hinzufügen. Die Zutaten mit Handrührgerät mit Knethaken zunächst auf niedrigster, dann auf höchster Stufe in etwa 5 Minuten zu einem Teig verarbeiten. Den Teig zugedeckt an einem warmen Ort so lange stehen lassen, bis er sich sichtbar vergrößert hat (etwa 40 Minuten).

4 Den Teig leicht mit Mehl bestäuben, aus der Schüssel nehmen, auf der bemehlten Arbeitsfläche nochmals kurz durchkneten, zu einer Rolle formen und in 36 Stücke teilen. Jedes Teigstück zu einer Kugel formen, flach drücken, eine abgetropfte Cocktailtomate darauf geben, mit dem Teig umschließen und wieder zu einer Kugel formen.

5 Die Kugeln nebeneinander in eine gefettete, flache Auflaufform (etwa 2½ l Inhalt) setzen und zugedeckt nochmals etwa 30 Minuten gehen lassen.

6 Sahne und Brühe verquirlen und gleichmäßig über die Buchteln gießen. Die Auflaufform auf dem Rost in den Backofen schieben.

Ober-/Unterhitze:
etwa 200 °C (vorgeheizt)
Heißluft: etwa 180 °C (vorgeheizt)
Gas: Stufe 3–4 (vorgeheizt)
Backzeit: 30–35 Min.

7 Die Tomaten-Buchteln heiß oder kalt mit Aioli servieren.

Kasseler-Kürbis-Spiesschen

24 Stück
Zubereitungszeit: 35 Min., ohne Abkühlzeit

Pro Stück:
E: 4 g, F: 4 g, Kh: 1 g, kJ: 265, kcal: 63

- **4 dicke Scheiben Kasseler Rücken (je etwa 100 g)**
- **1 Glas eingelegter Kürbis (Abtropfgewicht 400 g)**
- **2 Zucchini (etwa 300 g)**
- **4 EL Speiseöl**
- **Salz**
- **frisch gemahlener Pfeffer**

1 Kasselerscheiben unter fließendem kalten Wasser abspülen, trockentupfen und in etwa 2 cm große Würfel schneiden.

2 Kürbis in einem Sieb abtropfen lassen und 48 gleichmäßige Würfel aussuchen. Zucchini waschen, abtrocknen, die Enden abschneiden und Zucchini in etwa 7 mm dicke Scheiben schneiden.

3 Öl in einer Pfanne erhitzen. Nacheinander Kasselerwürfel, Zucchinischeiben und Kürbiswürfel darin kurz braten. Mit Salz und Pfeffer würzen und abkühlen lassen.

4 Zucchinischeiben, Kürbis- und Kasselerwürfel auf kleine Holzspieße stecken und auf einer Platte anrichten.

Gepfefferte Aprikosen

24 Stück
Zubereitungszeit: 30 Min., ohne Abkühlzeit

Pro Stück:
E: 1 g, F: 3 g, Kh: 2 g, kJ: 177, kcal: 42

- **24 Aprikosenhälften (aus der Dose)**
- **3 EL Olivenöl**
- **Salz**
- **1 gestr. TL zerstoßener, schwarzer Pfeffer**
- **1 Bund Schnittlauch**
- **250 g Ricotta (italienischer Frischkäse)**
- **50 g Parmaschinken**

1 Aprikosenhälften in einem Sieb abtropfen lassen und trockentupfen. 2 Esslöffel Öl in einer Pfanne erhitzen. Aprikosen darin scharf anbraten. Mit Salz und der Hälfte des Pfeffers würzen, aus der Pfanne nehmen und erkalten lassen.

2 Schnittlauch kalt abspülen, trockentupfen und in feine Röllchen schneiden. Ricotta mit dem restlichen Öl und Schnittlauchröllchen verrühren und mit Salz und Pfeffer würzen. Schinken in feine Streifen schneiden.

3 Die Aprikosenhälften mit der runden Seite nach unten auf einer Platte anrichten. Die Ricottacreme in die Aprikosenhälften füllen. Die Aprikosen mit Schinkenstreifen garnieren und mit dem restlichen Pfeffer bestreuen.

Tipp:
Evtl. an den Rundungen der Aprikosenhälften eine kleine Scheibe abschneiden, damit sie besser stehen bleiben.

Tomaten mit Auberginen-Hähnchen-Füllung

Auch Titelfoto – 24 Stück
Zubereitungszeit: 70 Min., ohne Abkühlzeit

Pro Stück:
E: 4 g, F: 3 g, Kh: 3 g, kJ: 219, kcal: 52

- **2 mittelgroße Auberginen (je 200 g)**
- **Salz**
- **24 mittelgroße Tomaten (etwa 1,4 kg)**
- **je 1 kleine rote und gelbe Paprikaschote**
- **300 g Hähnchenbrustfilets**
- **6 EL Olivenöl**
- **frisch gemahlener Pfeffer**
- **1–2 Knoblauchzehen**
- **einige Spritzer Tabasco**
- **2–3 EL Tomatenmark**
- **2 Bund Schnittlauch**

1 Auberginen waschen, abtrocknen, die Enden abschneiden, Auberginen in etwa 1 cm große Würfel schneiden, salzen und etwa 20 Minuten stehen lassen.

2 In der Zwischenzeit Tomaten waschen und abtrocknen. Von jeder Tomate einen Deckel abschneiden und die Tomaten mit Hilfe eines Teelöffels aushöhlen. Das Innere pürieren und durch ein Sieb streichen.

3 Paprikaschoten halbieren, entstielen, entkernen, die weißen Scheidewände entfernen, die Schoten waschen und fein würfeln. Hähnchenbrustfilets unter fließendem kalten Wasser abspülen, trockentupfen und in kleine Würfel schneiden. Auberginenwürfel in einem Sieb abtropfen lassen.

4 Einen Esslöffel Öl in einer Pfanne erhitzen. Die Fleischwürfel darin rundherum anbraten, mit Salz und Pfeffer würzen und aus der Pfanne nehmen.

5 Vier Esslöffel Öl in der Pfanne erhitzen. Auberginen- und Paprikawürfel darin unter gelegentlichem Rühren etwa 5 Minuten braten.

6 Knoblauch abziehen, durch die Knoblauchpresse drücken und zum Gemüse geben. Die Masse mit Tabasco, Tomatenmark, Salz und Pfeffer würzen. Die Fleischwürfel mit dem Gemüse mischen. Die Füllung erkalten lassen.

7 Schnittlauch kalt abspülen, trockentupfen und in feine Röllchen schneiden. Die Hälfte des Schnittlauchs unter die Füllung heben. Die Füllung evtl. nochmals mit den Gewürzen abschmecken, dann in die Tomaten füllen.

8 Die Tomatendeckel mit dem restlichen Öl dünn bestreichen, mit der bestrichenen Seite leicht in die Schnittlauchröllchen drücken und auf die Tomaten legen.

Lachsröllchen

24 Stück
Zubereitungszeit: 35 Min., ohne Kühlzeit

Pro Stück:
E: 5 g, F: 11 g, Kh: 8 g, kJ: 377, kcal: 90

- **250 ml (1/4 l) Milch**
- **1 Beutel Kartoffelpüree mit Milch (für 3 Portionen)**
- **1 Bund Dill**
- **1 EL körniger Senf**
- **100 g Crème fraîche**
- **Salz**
- **frisch gemahlener Pfeffer**
- **1 Prise Zucker**
- **400 g Räucherlachs (in dünnen Scheiben)**

1 Milch aufkochen lassen und in eine Schüssel gießen. Die Püreeflocken mit einem Kochlöffel einrühren. Nach 1 Minute nochmals kräftig durchrühren und das Püree abkühlen lassen.

2 Dill kalt abspülen, trockentupfen, die Spitzen von den Stängeln zupfen und die Hälfte fein hacken. Den restlichen Dill beiseite stellen. Gehackten Dill, Senf und Crème fraîche mit dem Püree verrühren und mit Salz, Pfeffer und Zucker würzen. Aus der Masse 2 Rollen von je 36 cm Länge formen.

3 Ein etwa 50 cm langes Stück Klarsichtfolie auf die Arbeitsfläche legen. Die Hälfte der Lachsscheiben zu einem Rechteck (etwa 15 x 36 cm) darauf legen, dabei die Scheiben leicht überlappen lassen. Etwas von den zurückgelassenen Dillspitzen darauf verteilen.

4 Eine Püreerolle in die Mitte auf den Lachs legen. Den Lachs mit Hilfe der Folie um die Rolle wickeln, dann fest aufrollen. Die zweite Hälfte Lachs und Püree ebenso verarbeiten. Rollen etwa 60 Minuten kalt stellen.

5 Die Rollen aus der Folie lösen, in etwa 3 cm breite Stücke schneiden, auf einer Platte anrichten und mit den restlichen Dillspitzen garnieren.

Gefüllte Gurkenstücke

24 Stück
Zubereitungszeit: 20 Min.

Pro Stück:
E: 3 g, F: 6 g, Kh: 2 g, kJ: 325, kcal: 77

- **2 Salatgurken (je 500 g)**
- **24 runde Kräcker**
- **2 Dosen Thunfisch naturell (Abtropfgewicht je 150 g)**
- **100 g Schmand oder Crème fraîche**
- **2 EL Semmelbrösel**
- **Salz**
- **Cayennepfeffer**
- **3 EL schwarze Olivenringe**
- **25 g gesalzene Mandeln**

1 Gurken waschen, abtrocknen und einen Teil der Gurkenschale in Längsstreifen mit einem Ziseliermesser oder Zestenreißer abziehen. Gurken in 2 cm dicke Scheiben schneiden und mit einem Kugelausstecher aushöhlen, dabei einen dünnen Boden stehen lassen.

(Fortsetzung Seite 92)

2 Die Kräcker auf einer Platte anrichten und mit je einer Gurkenscheibe belegen.

3 Thunfisch in einem Sieb gut abtropfen lassen. Den Thunfisch dann mit Schmand oder Crème fraîche pürieren. Semmelbrösel unterrühren. Die Masse mit Salz und Cayennepfeffer würzen.

4 Die Thunfischmasse in die Gurkenscheiben füllen und mit Olivenringen und Mandeln garnieren.

■ Tipp:
Sie können die Mandeln auch grob hacken und die Gurkenstücke zum Schluss damit bestreuen.

Zucchini-Mortadella-Röllchen

Auch Titelfoto – 24 Stück
Zubereitungszeit: 60 Min., ohne Saftzieh- und Marinierzeit

Pro Stück:
E: 2 g, F: 7 g, Kh: 1 g, kJ: 338, kcal: 81

- **4 mittelgroße Zucchini (etwa 1,2 kg)**
- **Salz**
- **etwa 8 EL Olivenöl**
- **frisch gemahlener Pfeffer**
- **1 kleines Bund Majoran**
- **einige Zweige Basilikum**
- **2–3 EL heller Balsamico-Essig oder Weißweinessig**
- **Paprikapulver rosenscharf**
- **24 dünne, große Scheiben italienische Mortadella (etwa 350 g)**

1 Zucchini waschen, abtrocknen und die Enden abschneiden. 3 Zucchini auf einem Gemüsehobel oder einer Aufschnittmaschine der Länge nach in dünne (etwa 2 mm) Scheiben schneiden und mit Salz bestreuen.

2 Die restliche Zucchini der Länge nach in ½ cm dicke Streifen schneiden und ebenfalls salzen. Zucchinischeiben und -streifen etwa 20 Minuten Saft ziehen lassen.

3 Sechs Esslöffel Öl in einer Pfanne erhitzen. Die Zucchinischeiben trockentupfen und portionsweise darin von beiden Seiten braten, mit Pfeffer bestreuen und erkalten lassen.

4 In der Zwischenzeit Majoran und Basilikum kalt abspülen und trockentupfen. Die Blättchen von den Stängeln zupfen und die Hälfte davon hacken. Zucchinistreifen trockentupfen. Gehackte Kräuter, Essig, Salz, Pfeffer, Paprikapulver und das restliche Öl verrühren und die Zucchinistreifen darin 20 Minuten marinieren. Die Zucchinistreifen dann abtropfen lassen.

5 24 Zucchinischeiben zum Umwickeln beiseite legen. Mortadellascheiben auf der Arbeitsfläche nebeneinander ausbreiten. Zucchinistreifen und restliche Zucchinischeiben in die Mitte der Mortadellascheiben legen und einrollen. Die Rollen u-förmig zusammenklappen, mit den zurückgelassenen Zucchinischeiben in der Mitte umwickeln, auf einer Platte anrichten und mit den restlichen Kräutern garnieren.

■ Tipp:
Sie können die Mortadellascheiben nach Belieben durch dünne Schinken- oder Käsescheiben ersetzen.

Alphabetisches Register

Ein Paradies für alle, di

...ist der Dr. Oetker Back-Club. **Für nur 12,50 € (≈ 24,– DM) im Jahr** finden Back-Fans alles, was das Herz begehrt:

1. Pfiffige, neue Rezepte!

Für Mitglieder entwickelt und getestet von den Experten aus der Dr. Oetker Versuchsküche. Da gelingt Ihnen jedes Gebäck.

2. 6-mal im Jahr einen »Gugelhupf«

Im farbigen Club-Magazin finden Sie die neuesten Rezepte der Dr. Oetker Versuchsküche, dazu Infos und alle Club-Angebote.

Themenregister

Snacks mit Fleisch

Snacks mit Fisch

Vegetarische Snacks

Snacks aus dem Ofen

In dieser Reihe sind bisher außerdem erschienen: *Partysalate* und *Partysuppen*. Sie erhalten diese Bücher im Buchhandel.

Umwelthinweis Dieses Buch und der Einband wurden auf chlorfrei gebleichtem Papier gedruckt. Die Einschrumpffolie – zum Schutz vor Verschmutzung – ist aus umweltfreundlichem und recyclingfähigem PE-Material.

Wenn Sie Rezeptanregungen, Vorschläge oder Fragen zu unseren Büchern haben, rufen Sie uns unter folgender Nummer an (05 21) 155 25 80 oder 52 06 45 oder schreiben Sie uns:
Dr. Oetker Verlag KG, Redaktion, Am Bach 11, 33602 Bielefeld.

Redaktion Eva-Maria Dammeier

Fotos
Titelfoto Thomas Diercks, Hamburg

Innenfotos Bernd Lippert, Bielefeld
Thomas Diercks, Hamburg
Ulrich Kopp, Füssen
Brigitte Wegner, Bielefeld

Rezeptentwicklung und -beratung Anke Rabeler, Hamburg
Mechthild Plogmaker, Bielefeld
Annette Elges, Bielefeld

Grafisches Konzept Björn Carstensen, Hamburg
Gestaltung MDH Haselhorst, Bielefeld
Einbandgestaltung KonturDesign GmbH, Bielefeld

Reproduktionen Kruse Reproduktionen GmbH, Vreden
Satz JUNFERMANN Druck & Service, Paderborn
Druck MOHN Media • Mohndruck GmbH, Gütersloh

ISBN 3–7670–0611–1